全国城市轨道交通专业高职高专规划教材

Chengshi Guidao Jiaotong Yunying Anquan

城市轨道交通运营安全

（第2版）

主　编　耿幸福　宁　斌

副主编　黎新华

主　审　徐树亮 [南京地下铁道有限责任公司]

人民交通出版社

内 容 提 要

　　本书是全国城市轨道交通专业高职高专规划教材。主要内容包括:城市轨道交通运营安全概述、城市轨道交通运营安全管理、城市轨道交通危险源识别与控制、城市轨道交通运营安全技术、城市轨道交通应急设备及突发事件应急救援、城市轨道交通事故及事故处理、城市轨道交通事故案例分析,共七个单元。每个单元都附有自主学习项目供学习时选用。

　　本书是城市轨道交通专业的核心教材,可供高职、中职院校教学选用,也可作为城市轨道交通行业岗位培训或自学用书,同时可供城市轨道交通行业工程技术人员学习参考。

图书在版编目(CIP)数据

城市轨道交通运营安全 / 耿幸福,宁斌主编. —
2版. —北京:人民交通出版社,2012.8
全国城市轨道交通专业高职高专规划教材
ISBN 978-7-114-09910-6

Ⅰ. ①城… Ⅱ. ①耿…②宁… Ⅲ. ①城市铁路 – 交
通运输安全 – 高等职业教育 – 教材 Ⅳ. ①U239.5

中国版本图书馆 CIP 数据核字(2012)第 146159 号

全国城市轨道交通专业高职高专规划教材

书　　名:**城市轨道交通运营安全**(第2版)
著 作 者:耿幸福　宁　斌
责任编辑:袁　方　郝瑞苹
出版发行:人民交通出版社股份有限公司
地　　址:(100011)北京市朝阳区安定门外外馆斜街 3 号
网　　址:http://www.ccpress.com.cn
销售电话:(010) 59757973
总 经 销:人民交通出版社股份有限公司发行部
经　　销:各地新华书店
印　　刷:北京市密东印刷有限公司
开　　本:787×1092　1/16
印　　张:13
字　　数:287 千
版　　次:2010 年 6 月　第 1 版　2012 年 8 月　第 2 版
印　　次:2018 年 2 月　第 7 次印刷　总第 12 次印刷
书　　号:ISBN 978-7-114- 09910- 6
印　　数:41001~49000 册
定　　价:32.00 元

(有印刷、装订质量问题的图书由本社负责调换)

全国城市轨道交通专业高职高专规划教材
编 审 委 员 会

出版说明

21世纪初,随着我国城市轨道交通建设进入快速发展时期,各地职业院校面临这一大好形势,纷纷开设了城市轨道交通相关专业。为了满足我国城市轨道交通专业高职高专教育对教材建设的需求,我们在人民交通出版社2009年推出的"全国职业教育城市轨道交通专业规划教材"基础上,协同中国交通教育研究会职业教育分会城市轨道交通专业委员会,组织北京交通运输职业学院、南京铁道职业技术学院、上海交通职业技术学院、湖南铁道职业技术学院、广东交通职业技术学院、辽宁省交通高等专科学校等一线资深教师组成的编写团队,同时组建由北京交通大学交通运输学院、苏州大学城市轨道交通学院、香港地铁、北京地铁、京港地铁、上海地铁、南京地铁等资深专家组成的主审团队,联合编写审定了"全国城市轨道交通专业高职高专规划教材"。

为了做好教材编写工作,促进和规范城市轨道交通行业职业教育教材体系的建设,打造更为精品的城市轨道交通专业教材,我们根据目前职业教育"校企合作,工学结合"的教学改革形势,在多方面征求各院校的意见后,于2012年推出以下16种:

《城市轨道交通概论(第2版)》

《城市轨道交通客运服务英语(第2版)》

《城市轨道交通客运组织(第2版)》

《城市轨道交通行车组织(第2版)》

《城市轨道交通运营安全(第2版)》

《城市轨道交通票务管理(第2版)》

《城市轨道交通车站设备(第2版)》

《城市轨道交通客运服务(第2版)》

《城市轨道交通通信信号(第2版)》

《城市轨道交通车辆构造》

《城市轨道交通导论》

《城市轨道交通运营组织》

《城市轨道交通通信与信号系统》

《城市轨道交通安全管理》

《城市轨道交通设备管理》

《城市轨道交通调度指挥》

本套教材具有以下特点:

1. 体现了工学结合的优势。教材编写过程努力做到了校企结合,将北京、上海、广州、南京等地先进的地铁运营管理经验吸收进来,极大地丰富了教材内容。

2. 突出了职业教育的特色。教材内容的组织围绕职业能力的形成,侧重于实际工作岗位操作技能的培养。

3. 遵循了形式服务于内容的原则。教材对理论的阐述以应用为目的,以够用为尺度。语言简洁明了,通俗易懂;版式生动活泼、图文并茂。

4. 整套教材配有教学课件,读者可于人民交通出版社网站免费下载;单元后附有复习思考题,部分单元还附有实训内容。

5. 整套教材配有课程标准,以便师生教学参考。

希望该套教材的出版对职业院校城市轨道交通专业教材体系建设有所裨益。

全国城市轨道交通专业高职高专规划教材
编审委员会
2012 年 7 月

前言

　　城市轨道交通因其具有安全、快速、舒适、环保、运量大的特点，因而为现代化大城市广泛采用。城市轨道交通的迅速发展，对改善群众出行条件、解决城市交通拥堵、节约土地资源、促进节能减排、推进产业升级换代、引导城市布局调整和推动城市经济发展，发挥着重要作用。城市轨道交通本身的特点，决定了城市轨道交通运营必须把安全放在首要位置。

　　本书的编写采取了校企合作的模式，根据目前职业教育"推进模式改革，深化机制创新，提高教育质量"的改革发展新形势，按照教育部职业教育国家规划教材编写的指导思想和有关原则进行编写。

　　《城市轨道交通运营安全（第2版）》为全国城市轨道交通专业高职高专规划教材之一。内容包括：城市轨道交通运营安全概述、城市轨道交通运营安全管理、城市轨道交通危险源识别与控制、城市轨道交通运营安全技术、城市轨道交通应急设备及突发事件应急救援、城市轨道交通事故及事故处理、城市轨道交通事故案例分析，共七个单元。每个单元都附有自主学习项目供学习时选用。

　　参与本书编写工作的有：南京铁道职业技术学院耿幸福（编写单元1、3）、尚长城（编写单元4），苏州轨道交通有限公司史小俊（编写单元7），北京交通运输职业学院宁斌（编写单元2）、丁楠（编写单元5），广州市交通运输职业学校谭恒（编写单元1），广东交通职业技术学院黎新华（编写单元6）。全书由耿幸福担任主编并统稿，宁斌担任第二主编，黎新华担任副主编，南京地下铁道有限责任公司徐树亮担任主审。

　　本书在编写过程中得到了北京地铁、上海地铁、南京地铁、苏州地铁等公司的大力支持，在此表示衷心的感谢。本书还参考引用了许多国内外专家、学者发表的有关城市轨道交通的文献，部分城市轨道交通企业的运营资料及相关文献，在此谨向有关部门及专家致以衷心的感谢。

由于编者水平有限，书中不足之处，敬请读者批评指正。

编　者

2012 年 7 月

目录 MULU

单 元 1

城市轨道交通运营安全概述

教学目标

1. 掌握安全、危险、事故等基本概念；
2. 了解安全的相互关系；
3. 掌握安全问题的基本特性；
4. 了解城市轨道交通运营安全的特点；
5. 了解城市轨道交通运营安全的影响因素。

建议学时

6 学时

1.1 城市轨道交通运营安全基础知识

一 安全基本概念及相互关系

1 基本概念

（1）安全

关于安全的概念，可归纳为两种，即绝对安全和相对安全。

绝对安全观是人们较早时期对安全的认识，目前仍然有一部分现场生产管理人员和科技工作者有此认识。绝对安全观认为，安全指没有危险、不受威胁、不出事故，即消除能导致人员伤害、发生疾病、死亡，或造成设备财产破坏、损失以及危害环境的条件。无危则安，无损则全。例如，在《简明牛津词典》中，安全被定义为"不存在危险和风险"。有的学者认为，安全是"免于能引起人员伤亡或财产损失的条件"，"安全意味着系统不会引起事故的能力"，"安全即是无事故，没有遭受或引起创伤、损失或损伤"。这种安全观认为，发生死亡、工伤等的概率为零，这在现实生产系统中并不存在，是安全的一种极端理想的状态。由于绝对安全观过分强调安全的绝对性，使其应用范围受到了很大的限制，特别是在分析社会—技术系统的安全问题时，更是如此。

与绝对安全观相对应的就是人们现在普遍接受的相对安全观。相对安全观认为，安全是相对的，绝对安全是不存在的。例如，美国哈佛大学的劳伦斯教授将安全定义为"安全就是被判断为不超过允许极限的危险性，也就是指没有受到损害的危险或损害概率低的通用术语"；霍巴特大学的罗林教授指出，"所谓安全，是指判明的危险性不超过允许限度"；在《英汉安全专业术语词典》中，安全被定义为"安全意味着可以容许的风险程度，比较地无受损害之忧和损害概率低的通用术语"。

由相对安全的定义可知，安全是在具有一定危险性条件下的状态，安全并非绝对无事故。事故与安全是对立的，但事故并不是不安全的全部内容，而只是在安全与不安全这一对矛盾斗争过程中某些瞬间突变结果的外在表现。安全依附于生产过程，伴随生产过程而存在。但安全不是瞬间的结果，而是对系统在某一时期，某一阶段过程状态的描述，换言之，安全是一个动态过程，他是关于时间的连续函数。但在现有理论和技术条件下，确定某一生产系统的具体安全函数形式是非常困难的,通常采用概率法来估算系统处于安全状态的可能性,或者利用模糊数学来说明在非概率情形下的不精确性。

因此,安全是指在生产与生活活动过程中,能将人或物的损失控制在可接受的状态。换言之,安全意味着人或物遭受损失的可能性是可以接受的,若这种可能性超过了可接受的水平,即为不安全。该定义具有下述含义:

①这里所讨论的安全是指生产领域中的安全问题,既不涉及军事或社会意义的安全与保安,也不涉及与疾病有关的安全。

②安全不是瞬间的结果,而是对于某种过程状态的描述。

③安全是相对的,绝对安全是不存在的。

④构成安全问题的矛盾双方是安全与危险,而非安全与事故。因此,衡量一个生产系统是否安全,不应仅仅依靠事故指标。

⑤不同的时代,不同的生产领域,可接受的损失水平是不同的,因而衡量系统是否安全的标准也是不同的。

(2)危险

关于什么是危险,从文献上看,目前还没有统一的定义。作为安全的对立面,可以将危险定义为:危险是指在生产与生活活动过程中,人或物遭受损失的可能性超出了可接受范围的一种状态。危险与安全一样,也是与生产过程共存的过程,是一种连续型的过程状态。危险包含了尚未为人所认识的,以及虽为人们所认识但尚未为人所控制的各种隐患。同时,危险还包含了安全与不安全矛盾斗争过程中某些瞬间发生的突变从外在表现出来的事故结果。

(3)风险(危险性)

“风险”一词在不同场合含义有所不同。就安全而言,风险是描述系统危险程度的客观量,这主要有两种考虑:一是把风险看成是一个系统内有害事件或非正常事件出现可能性的量度;二是把风险定义为发生一次事故的后果大小与该事故出现概率的乘积。一般意义上的风险具有概率和后果的二重性,即可用损失程度 c 和发生概率 p 的函数来表示风险 R。

$$R = f(p, c) \tag{1-1}$$

为简单起见,大多数文献中将风险表达为概率与后果的乘积。

$$R = p \times c \tag{1-2}$$

上述风险定义中,无论损失或者后果,均是针对事故来定义的,包括已发生的事故和将会发生的事故。风险既然是对系统危险性的度量,则仅仅以事故来衡量系统的风险是很不充分的,除非能够辨识所有可能的事故形式。从整个系统的角度出发,风险是系统危险影响因素的函数,即风险可表达为如下的形式:

$$R = f(R_1, R_2, R_3, R_4, R_5) \tag{1-3}$$

式中:R_1——人的因素;

R_2——设备因素;

R_3——环境因素;

R_4——管理因素;

R_5——其他因素。

（4）安全性

从系统的安全性能讲，安全性为衡量系统安全程度的客观量。与安全性对立的概念是描述系统危险程度的指标——风险（又称危险性）。假定系统的安全性为 S，危险性为 R，则有 $S = 1 - R$。显然，R 越小，S 越大；反之亦然。若在一定程度上减少了危险因素，就等于创造了安全条件。

由于安全性与可靠性的联系十分密切，在实际应用中存在着将可靠性与安全性混用的现象，因而有必要明确二者之间的差别。可靠性是指系统或元件在规定条件下和规定时间内完成规定功能的能力，而安全性则是指系统的安全程度。可靠性与安全性有共同之处，从某种程度上讲，可靠性高的系统，其安全性通常也较高，许多事故之所以发生，就是由于系统可靠性较低所致。但是，可靠性不同于安全性，可靠性要求的是系统完成规定的功能，只要系统能够完成规定功能，他就是可靠的，而不管是否会带来安全问题。安全性则要求识别系统的危险所在，并将他从系统中排除。此外，故障的发生不一定导致损失，而且，也存在这样的情形，即当系统所有元件均正常工作时，也可能伴有事故发生。

（5）事故

"事故"一词极为通俗，事故现象也屡见不鲜，但对于事故的确切内涵，至今尚无一致的认识。牛津词典将"事故"一词定义为"意外的、特别有害的事件"；美国安全工程师海茵里希认为，事故是"非计划的、失去控制的事件"；甘拉塔勒等人从更为一般的意义上提出，"事故是与系统设计条件具有不可容忍的偏差的事件"；吉雷进一步补充说明了"事故是指任何计划之外的事件，可能引起或不会引起损失或伤害"。还有的学者从能量观点出发解释事故，认为事故是能量逸散的结果。现概括如下：

①事故是违背人们意愿的一种现象。

②事故是不确定事件，其发生形式既受必然性的支配，但也不可避免地受到偶然性的影响。

③事故发生的原因，可归结为以下三类：

a. 目前尚未认识到的原因；

b. 已经认识，但目前尚不可控制的原因；

c. 已经认识，目前可以控制而未能有效控制的原因。

④事故一旦发生，可以造成以下几种后果：

a. 人受到伤害，物受到损失；

b. 人受到伤害，物未受损失；

c. 人未受伤害，物受到损失；

d. 人、物均未受到伤害或损失。许多工业领域如铁路运输系统，将凡是造成系统运行中断的事件均归入事故的范畴，虽然系统运行中断不一定会造成直接的财产损失或人员伤害，但却严重干扰了系统的正常运行秩序，从而将带来严重的间接损失。

⑤事故的内涵相当复杂。从宏观的生产过程看，事故是安全与危险矛盾斗争过程中某

些瞬间突变结果的外在表现形式,是时间轴上一系列离散的点;从微观而言,每一个事故均可看作是在极短时间内相继出现的事件序列,是一个动态过程,可以表达为如下形式:

危险触发→以一定的逻辑顺序出现的一系列事件→产生不良后果

综上所述,事故是指在生产活动过程中,由于人们受到科学知识和技术力量的限制或者认识上的局限,当前还不能防止或能防止而未有效控制所发生的违背人们意愿的事件序列。事故的发生,可能迫使系统暂时或较长期地中断运行,也可能造成人员伤亡、财产损失或者环境破坏,甚至其中二者或三者同时出现。

⑥事故的特征主要包括:事故的因果性、事故的偶然性、必然性和规律性,事故的潜在性、再现性和预测性。

a. 事故的因果性。因果,顾名思义即原因和结果。因果性即事物之间一事物是另一事物发生的根据,这是一种关联性。事故是许多因素互为因果连续发生的结果,一个因素既是前一个因素的结果,又是后一个因素的原因。也就是说,因果关系有继承性,是多层次的。

事故的因果性决定了事故的必然性。事故是一系列因素互为因果、连续发生的结果。事故因素及其因果关系的存在,决定事故或迟或早必然要发生。其随机性仅表现在何时、何地、因何意外事件触发产生而已。

掌握事故的因果关系,采取措施中断事故因素的因果连锁,就消除了事故发生的必然性,从而可能防止事故的发生。

b. 事故的偶然性、必然性和规律性。从本质上讲,伤亡事故属于在一定条件下可能发生,也可能不发生的随机事件。就一特定事故而言,其发生的时间、地点、状况等均无法预测。

事故是由于客观存在不安全因素,随着时间的推移,出现某些意外情况而发生的,这些意外情况往往是难以预知的。因此,掌握事故的原因,可降低事故的概率;掌握事故的原因是防止事故发生的必要条件。但是,即使完全掌握了事故原因,也不能保证绝对不发生事故。

事故的偶然性还表现在事故是否产生后果(人员伤亡、物质损失),以及后果的大小难以预测。反复发生的同类事故并不一定产生相同的后果。事故的偶然性决定了要完全杜绝事故发生是困难的,甚至是不可能的。

事故的必然性中包含着规律性。既为必然,就有规律可循。必然性来自因果性,深入探查、了解事故因果关系,就可以发现事故发生的客观规律,从而为防止事故发生提供依据。应用概率理论,收集尽可能多的事故案例进行统计分析,就可以从总体上找出带有根本性的问题,为宏观安全决策奠定基础,为改进安全工作指明方向,从而做到"预防为主",实现安全生产的目的。

由于事故或多或少地含有偶然性,因而要完全掌握他的规律非常困难。但在一定范畴内,用一定的科学仪器或手段却可以找出他的近似规律。

从偶然性中找出必然性,认识事故发生的规律性,变不安全条件为安全条件,把事故消除在萌芽状态之中，这就是防患于未然、预防为主的科学根据。

c.事故的潜在性、再现性、预测性和复杂性。事故往往是突然发生的。然而导致事故发生的因素，即"隐患或潜在危险"早就存在，只是未被发现或未受到重视而已。随着时间的推移，一旦条件成熟，就会显现并酿成事故，这就是事故的潜在性。

事故一经发生，就成为过去。时间一去不复返，完全相同的事故不会再次显现。然而没有真正地了解事故发生的原因，并采取有效措施去消除这些原因，就会再次出现类似的事故。因此，应致力于消除这种事故的再现性。

人们根据对过去事故所积累的经验和知识以及对事故规律的认识，用科学的方法和手段，可以对未来可能发生的事故进行预测。

事故预测就是在认识事故发生规律的基础上，充分了解、掌握各种可能导致事故发生的危险因素以及他们的因果关系，推断他们发展演变的状况和可能产生的后果。事故预测的目的在于识别和控制危险，预先采取对策，最大限度地减少事故发生的可能性。

事故的发生取决于人、物和环境的关系，具有极大的复杂性。

⑦事故隐患。在我国长期的事故预防工作中经常使用事故隐患一词。所谓隐患，是指隐藏的祸患，事故隐患即隐藏的、可能导致事故的祸患，这是一个在长期工作实践中大家形成的共识用语，一般是指那些有明显缺陷、毛病的事物，亦即人的不安全行为和物的不安全状态。

从系统安全的角度来看，通常人们所说的事故隐患包括一切可能对人—机—环境系统带来损害的不安全因素。事故隐患可定义为：在生产活动过程中，由于人们受到科学知识和技术力量的限制，或者由于认识上的局限，而未能有效控制的有可能引起事故的一种行为（一些行为）、一种状态（一些状态）或二者的结合。隐患是事故发生的必要条件，隐患一旦被识别，就要予以消除。对于受客观条件所限而不能立即消除的隐患，要采取措施降低其危险性或延缓危险性增长的速度，减少其被触发的"几率"。

⑧危险源。系统安全研究认为，危险源的存在是事故发生的根本原因，防止事故就是消除、控制系统中的危险源。

"危险源"一词译自英文单词 Hazard，按英文词典的解释，"Hazard——a source of danger"，即危险的根源之意。哈默（Willie Hammer）定义危险源为可能导致人员伤害或财物损失事故的、潜在的不安全因素。按此定义，生产、生活中的许多不安全因素都是危险源。根据危险源在事故发生、发展中的作用，把危险源划分为两大类，即第一类危险源和第二类危险源。

第一类危险源是指系统中存在的、可能发生意外释放的能量或危险物质。在实际工作中，往往把产生能量的能量源或拥有能量的能量载体作为第一类危险源来处理。第一类危险源具有的能量越多，一旦发生事故其后果将越严重。相反，第一类危险源处于低能量状态时就比较安全；同样，第一类危险源包含的危险物质的量越多，干扰人的新陈代谢越严重，其危险性也越大。

第二类危险源是指导致约束、限制能量措施失效或破坏的各种不安全因素，包括人、物、环境三个方面的问题。人失误可能直接破坏对第一类危险源的控制,造成能量或危险物质的意外释放;同时,人失误也可能造成物的故障,进而导致事故。物的故障可能直接使约束、限制能量或危险物质的措施失效而发生事故。有时一种物的故障可能导致另一种物的故障,最终造成能量或危险物质的意外释放;物的故障有时会诱发人失误;人失误会造成物的故障,实际情况比较复杂。环境因素主要指系统运行的环境,包括温度、湿度、照明、粉尘、通风换气、噪声和振动等物理环境以及企业和社会的软环境。不良的物理环境会引起物的故障或人失误;企业的管理制度、人际关系或社会环境影响人的心理进而可能引起人失误。

第二类危险源往往是一些围绕第一类危险源随机发生的现象,他们出现的情况决定事故发生的可能性。第二类危险源出现得越频繁,发生事故的可能性越大。

② 相互关系

(1)安全与危险

安全与危险是一对矛盾,具有矛盾的所有特性。一方面,双方互相排斥、互相否定;另一方面,安全与危险两者互相依存,共同处于一个统一体中,存在着向对方转化的趋势。安全与危险这对矛盾的运动、变化和发展推动着安全科学的发展和人类安全意识的提高。

描述安全与危险的指标分别是安全性与危险性,安全性越高则危险性就越低,安全性越低则危险性就越高。即二者存在如下关系:

$$安全性 = 1 - 危险性$$

(2)安全与事故

安全与事故是对立的,但事故并不是不安全的全部内容,而只是在安全与不安全矛盾斗争过程中某些瞬间突变结果的外在表现。

系统处于安全状态并不一定不发生事故,系统处于不安全状态,也未必完全由事故引起。

(3)危险与事故

危险不仅包含了作为潜在事故条件的各种隐患,同时还包含了安全与不安全的矛盾激化后表现出来的事故结果。

事故发生,系统不一定处于危险状态;事故不发生,也不能否认系统不处于危险状态,事故不能作为判别系统危险与安全状态的唯一标准。

(4)事故与隐患

事故总是发生在操作的现场,总是伴随隐患的发展而发生在生产过程之中,事故是隐患发展的结果,而隐患则是事故发生的必要条件。

(5)危险源与事故

一起事故的发生是两类危险源共同起作用的结果。第一类危险源的存在是事故发生的前提,没有第一类危险源就谈不上能量或危险物质的意外释放,也就无所谓事故。另一方面,如果没有第二类危险源破坏对第一类危险源的控制,也不会发生能量或危险物质的意外释放。第二类危险源的出现是第一类危险源导致事故的必要条件。

在事故的发生、发展过程中,两类危险源相互依存、相辅相成。第一类危险源在事故时释放出的能量是导致人员伤害或财物损坏的能量主体,决定事故后果的严重程度;第二类危险源出现的难易程度决定事故发生的可能性的大小。两类危险源共同决定危险源的危险性。

二 安全问题的基本特性

作为伴随生产而存在的安全问题,对于所有的技术系统都具有普遍的意义,交通运输系统也不例外。安全问题的基本特性主要表现在如下几方面。

① 安全的系统性

安全涉及技术系统的各个方面,包括人员、设备、环境等因素,而这些因素又涉及经济、政治、科技、教育和管理等许多方面。特别对于像铁路运输这样的开放系统,安全既受系统内部因素的制约,也受到系统外部环境的干扰。而安全的恶化状态,即事故,不仅可能造成系统内部的损害,而且可能造成系统外部环境的损害。因此,研究和解决安全问题应从系统观点出发,运用系统工程的方法,进行综合治理。

② 安全的相对性

凡是人类从事的生产活动,都有安全问题,所不同的只是发生事故的可能性有大有小,危害程度有轻有重而已。安全的相对性表现在三个方面,首先,绝对安全的状态是不存在的,系统的安全是相对于危险而言的;其次,安全标准是相对于人的认识和社会经济的承受能力而言,抛开社会环境讨论安全是不现实的;再次,人的认识是无限发展的,对安全机理和运行机制的认识也在不断深化,即安全对于人的认识而言具有相对性。由安全的相对性可知,在各种生产和生活活动过程中,事故或危害事件是可以避免的,但难以完全避免;各种事故或危害事件的不良作用、后果及影响可能避免,但难以完全避免。但是,事故是可以预防的,可以利用安全系统工程的原理和技术,预先发现、鉴别、判明各种隐患,并采取安全对策,从而防患于未然。

③ 安全的依附性

安全是依附于生产而存在的,他不可能脱离具体的生产过程而独立存在,只要存在生产活动,就会出现安全问题。另外,安全是生产的前提和保障,安全工作做得不好,生产便无法顺利进行。因此,需要持久地抓好安全工作。

④ 安全的间接效益性

要保证生产安全,必须在人员、设备、环境和管理方面有相应适时的安全投入,但安全投入所产生的社会和经济效益却是间接的、无形的,难以定量计算。因此,安全投入往往被忽视,只有发生了事故造成了损失之后才会意识到安全投入的必要性和重要性。事实上,安全的效益除了减少事故的直接和间接经济损失外,更重要的是在提高人员素质、改进设备性能、改善环境质量和加强生产管理等方面所创造的积极的社会和经济效益。

⑤ 安全的长期性和艰巨性

人对安全的认识在时间上往往是滞后的,很难预先完全认识到系统存在和面临的各种危险,而且即使认识到了,有时也会由于受到当时技术条件的限制而无法予以控制。随着技术进步和社会发展,旧的安全问题解决了,新的安全问题又会产生。所以,安全工作是一个长期的过程,必须坚持不懈、始终如一地努力做好安全工作。

此外,高技术总是伴随着高风险,随着现代科学技术的发展,各种技术系统的复杂化程度增加了。以现代交通运输系统为例,无论从规模、速度、设备和管理上都发生了极大的飞跃,一旦发生事故,其影响之大、伤亡之多、损失之重、补救之难,都是传统运输方式不可比拟的。此外,事故是一种小概率的随机偶发事件,仅仅利用已有的事故资料不足以及时、深入地对系统的危险性进行分析,而现代社会的文明进步又不容许通过事故重演来深化对安全的研究。因此,认识事故机理,不断揭示系统安全的各种隐患,确实是艰巨的任务。

1.2 城市轨道交通运营安全特点

要做好城市轨道交通运营安全工作,首先必须了解城市轨道交通运营企业安全工作的特点,然后针对其特点,采取相应措施,确保运营质量。城市轨道交通是靠通过乘客的位移来完成的,而乘客的位移又是在多部门、多工种共同配合下,在列车的运行中实现的。所以,城市轨道交通运营管理的安全工作,一方面,与其他行业有着共同的要求,即在运营管理过程中,防止和消除人身伤亡事故和设备损毁事故,变危险为安全,变有害为无害;另一方面,由于城市轨道交通本身的特点,决定了城市轨道交通运营管理在安全上有其自己的特点。其特点主要体现在以下几个方面。

① 城市轨道交通是一架大联动机,安全工作影响面广

城市轨道交通运营都是在地下、地面、高架等复杂的运行条件下进行,外界自然环境、社会环境以及城市轨道交通运营系统内部环境等多方面的因素对运营安全的干扰和影响较大。城市轨道交通运营是由车辆、车站、工务、电务等多部门组成的一架巨大联动机,每个工作环节必须紧密联系、协同动作,才能确保安全运营。否则,一个部门、一个环节出了问题都会影响其运营安全。特别是行车安全方面更为突出。如果一个地方发生行车重、特大事故,就会影响一线、一片,甚至波及整个企业的运营。

② 城市轨道交通运营过程复杂,安全工作贯穿始终

城市轨道交通运送乘客,要经过若干工序、若干人员的共同劳动才能实现乘客的位移,将其运送到目的地。安全工作贯穿运营管理过程的始终,涉及运营管理环节中的每一道工序、每一个人。因此,在城市轨道交通运营过程中,各个工作环节都必须严格遵章守纪。只有这样,才能确保乘客的安全。

③ 城市轨道交通运营安全受外界自然环境影响大

城市轨道交通运营受外界自然环境变化的影响大。如天阴、下雨、刮风、下雪、下雾等,会影响司机瞭望信号和观察线路情况,稍不注意就可能发生事故;一到防洪季节,就可能发生塌方落石,或线路、桥梁被毁坏,影响行车安全;一到寒冷季节,就可能造成运营设备冻坏,影响安全运营;强烈的雷电,有可能毁坏或干扰通信、信号设备,也可能影响行车安全等。

④ 城市轨道交通线网覆盖整个城市,安全工作受社会环境影响大

城市轨道交通运送乘客是在复杂的城市轨道交通线上完成的。因此,社会治安秩序的好坏,沿线人民群众对城市轨道交通安全知识的了解,或一些乘客违章携带危险品、易燃和易爆品上车等,都将影响城市轨道交通的安全。

⑤ 城市轨道交通是城市现代化交通工具,技术性强

城市轨道交通是城市现代化的交通工具,设备先进、结构复杂,因而,技术性很强。各种车辆、车站设备、调度设备、通信设备、养路机械、修车设备等结构复杂,要求有相应的安全技术措施和有关的技术知识。因此,各类操作人员都必须经过技能培训并严格考试考核合格后才能任职。只有这样,才能确保运营安全。

⑥ 城市轨道交通运营是动态的,时间因素对安全影响大

城市轨道交通运营是通过列车使乘客发生位移,把他们运送到目的地。由于行车的密度大,列车运行间隔时间短,因此,在运营时要求有关人员特别注意时间因素,要做到分秒不差、准确无误,才能确保运营安全。否则,一分一秒之差,可能导致重、特大事故,造成不可挽回的损失。

1.3

城市轨道交通运营安全影响因素

城市轨道交通运营系统是一个在时间、空间上分布很广的开放的动态系统,运营安全影响因素错综复杂,涉及很广,从系统论的观点出发,与运营安全有关的因素可以划分为四类,即人、机器、环境和管理。这种分类具有下述优点:

(1)它是从构成运营系统的最基本元素出发,从事故的最基本原因着手,具有普遍意义。

(2)充分体现安全是一项全员、全要素、全过程的活动。因为,系统中的"人"是指作为工作主体的人;"机"是指人所控制的一切对象的总称(包括固定设备和移动设备);"环境"是指人、机共处的特定的工作条件(包括内部环境和外部环境)。

(3)考虑了人、机、环境对安全的影响,尤其考虑了三者之间的相互作用,包括:人-人、人-机、机-机、机-环境、人-环境、人-机-环境之间对安全的影响和相互作用等。

(4)以管理作为控制、协调手段,协调人、机、环境之间的相互关系,并通过反馈作用将系统状态的信息反馈给管理系统,从而改进安全管理方法,最终得到更为安全的系统。城市轨道交通运营安全影响因素之间的关系,如图 1-1 所示。

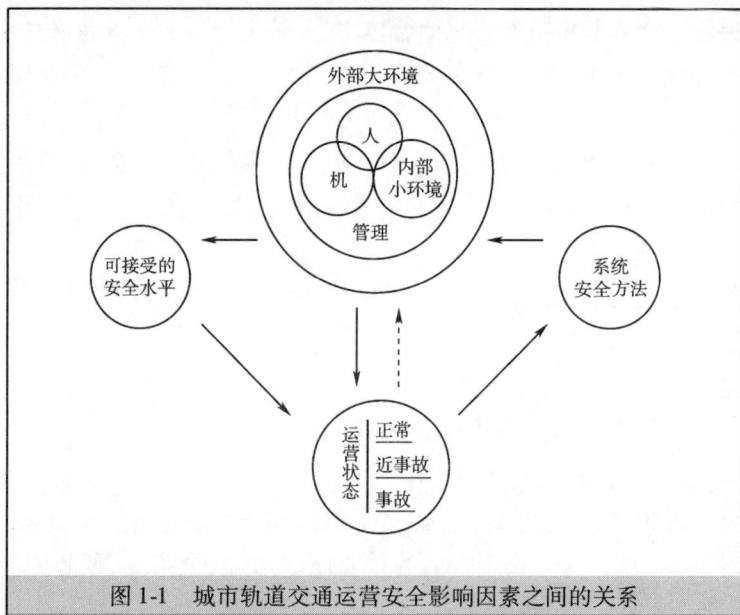

图 1-1　城市轨道交通运营安全影响因素之间的关系

一 单因素影响分析

1 人员因素影响分析

(1)人在保障运营安全方面的重要性

随着自动化程度的不断提高,表面上看起来似乎系统对人的依赖程度减少了,但在系统设计、生产和使用阶段,人扮演着重要角色。根据 Meisterde 研究表明,人为差错占所有设备故障的20% ~50%。人为差错或失控产生的因素是多方面的,如操作者负担过重、疲劳及其综合素质等。

在安全问题中,人是矛盾的主要方面,因为即使是高度自动化的系统也不可能完全避免人的介入,不可能完全不受人的操纵和控制。联邦德国安全专家库尔曼认为,人是一种安全因素和防护对象,机器只是一种安全因素,环境也只是一种安全因素和应予以保护的财富。在人-机-环境系统中,只有人才能向安全问题提出挑战,一个掌握足够技能和装备的人能够发现并纠正系统故障,并且使其恢复到正常状态。不幸的是,绝大多数事故的发生均与人的不安全行为有关。众所周知,韩国大邱地铁火灾事故与伦敦发生的地铁列车脱轨事故均与人的差错有关。

城市轨道交通运营安全与许多活动有关,所有各项活动都依赖于高效、安全和可靠的人的行为。在城市轨道运营工作的每一个环节、每一项作业中,都是由人来参与并处于主导地位的。人操纵、控制、监督各项设备,完成各项作业,与环境进行信息交流,与其他作业协调一致。正是由于人在运营工作中的重要地位,使得人的因素在运营安全中起着关键性作用。

人对运营安全的特殊作用,可归纳为下述三点:

①人的主导性。在人和设备的有机结合体中,人是主导方面。设备必须由人来设计、制造、使用和维护,即使是技术状态良好的安全设备,也只有通过人的正确使用才能发挥它的作用。

②人的主观能动性。当情况突然变化时,人能立即采取相应的措施,排除故障等不安全因素,使系统恢复正常运转。只有人,才具有主观能动性,从而具有合理处置意外情况的能力。

③人的创造性。人能够通过研究和学习,不断提高和改进现有系统的安全水平。

(2)运营安全对人员的素质要求

影响交通运营安全的人的因素,是指上述人员的安全素质,包括思想素质、技术业务水平、生理素质,以及群体素质,且对不同人员有不同的素质要求。

①对运营系统内人员的安全素质要求。

a. 思想素质。思想素质包括职业道德、劳动纪律和安全观念等。安全思想素质差,责任心不强,是导致"违章违纪"等不安全行为的重要原因。"安全第一、预防为主"的思想树立不牢,往往会制约一个单位的安全状况。

b.技术业务素质。技术业务素质包括业务知识、文化素养、安全法律知识和安全技能，以及处理各种非正常情况的作业能力等。由于城市轨道交通运营作业经常可能面临各种意外情况，所以工作人员的应变能力非常重要。此外，对安全管理人员而言，还应具备相应的安全管理知识和能力。

c.生理素质。生理素质是指影响运营安全的人体生命活动，包括身体条件及生理状况。主要有年龄、性别、记忆力、体力、耐力、血型、视力、视觉（色觉、形觉、光觉）、听觉、动作反应时间和疲劳强度等，均与城市轨道交通运营安全有着十分密切的关系。例如，司机的视觉功能障碍，如果不能准确瞭望，就极易发生行车事故。

d.心理素质。心理素质是指影响运营安全的人的心理过程及个性心理特征，主要包括个体的气质、能力、性格、情绪、需要、动机、态度、爱好、兴趣、意志等各个方面。例如，在气质方面，胆汁质的人往往容易冲动，表现为性急而粗心，多血质的人注意力容易转移，缺乏耐性，都可能成为引发事故的条件；黏液质的人表现为稳定、细心、工作有持久性，比较适合于在安全和要害部门工作。在性格方面，表现为勤劳、认真、细致、具有自信心和控制能力的人，以及富有稳定和持久的情绪特征的人，都有利于做好各项安全工作。因此，正确判断员工的气质，培养他们良好的性格和其他心理特征，是保障安全运营的重要前提。

e.群体素质。群体是个体的集合，群体素质是指影响运营安全的群体特征，包括群体目标、群体内聚力、群体的信息沟通、群体的人际关系等。由于城市轨道交通运营工作要求所有工种协同动作，涉及多个环节，因而它对于运营系统内部与部门之间、部门内人员之间以及同一作业的操作者之间的协调性要求很高，这就使群体的作用变得十分突出。群体对运营安全的影响，主要表现在群体意志影响其成员的行为，包括社会从众作用、群体助长作用和群体规范作用。

②对运营系统外人员的安全素质要求。

运营系统外人员不直接从事运营活动，因此，对他们的安全素质要求主要体现在：要严格遵守交通安全法规有关规定，具备城市轨道交通安全常识，同时具有较强的安全意识和一定的安全技能。

运营安全对不同人员的素质要求，如图 1-2 所示。

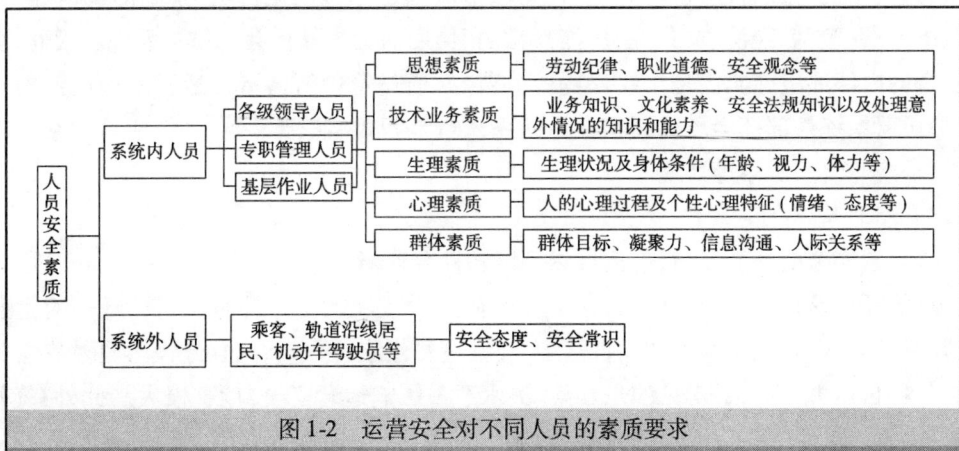

图 1-2　运营安全对不同人员的素质要求

② 设备因素影响分析

城市轨道交通运营设备,是除人之外影响运营安全的另一个重要因素。质量良好的设备,既是运营的物质基础,又是运营安全的重要保证。

与运营安全有关的设备类型,包括以下两个方面:

(1)运营基础设备

运营基础设备,包括固定设备和移动设备。

①固定设备——线路(路基路面、桥隧建筑物、轨道)、车站、信号设备(交通信号、连锁设备、闭塞设备)等。

②移动设备——电动车辆、通信设备(各种业务电话、电报)等。

(2)运营安全技术设备

运营安全技术设备,包括安全监控设备、安全检测设备、自然灾害预报与防治设备、事故救援设备。

①安全监控设备——对运营系统员工操作正确性进行监督,防止在实际运营作业过程中由于人的精力和体力出现不适应而造成行车事故。

②安全检测设备——对各种运营基础设备的技术状态进行检测。

③自然灾害预报与防治设备,如塌方报警装置、地震报警系统、火灾报警系统等。

④事故救援设备,如消防、抢修、排障等设备。

③ 环境因素影响分析

影响运营安全的环境条件,包括内部环境和外部环境两部分。

(1)内部环境

对于一般微观的人-机-环境系统而言,内部环境通常是指作业环境,即作业场所人为形成的环境条件,包括周围的空间和一切运营设施所构成的人工环境。然而,运营系统是一个非常复杂的宏观大系统,它是由系统硬件(运营基础设备和运营安全技术设备)、系统工作人员(运营系统内的各级管理人员和作业人员)、组织机构(管理、运行机构,维修机构等)以及社会经济因素(政治、经济、文化、法律等)等互相作用而构成的社会–技术系统。因此,影响运营安全的内部环境绝非仅是作业环境,它还包括通过管理所营造的运营系统内部的社会环境,即运营系统外部社会环境因素在运营系统内的反映,它涉及面广,包括运营系统内部的政治、经济、文化、法律等环境。

(2)外部环境

影响运营安全的外部环境,包括自然环境和社会环境。

①自然环境是指自然界提供的、人类一时尚难以改变的生产环境。自然环境对运营安全的影响很大。运营线路暴露在大自然中,经常遭受洪水、雷电、台风、地震等自然灾害的威胁。在各种自然灾害中,最常见的是暴雨、洪水严重影响运营安全,危害极大。此外,气候因素(风、雨、雷、电、雾、雪、冰等)、季节因素(春、夏、秋、冬)、时间因素(白天、黑夜),以及运营

线路沿线的地形地貌等,也是不容忽视的事故因素。

②社会环境包括社会的政治环境、经济环境、技术环境、管理环境、法律环境,以及社会风气、家庭环境等,它们对运营安全均有不同程度的影响,较为直接的是运营线路沿线治安和站场秩序状况。

影响运营安全的环境因素,如图 1-3 所示。

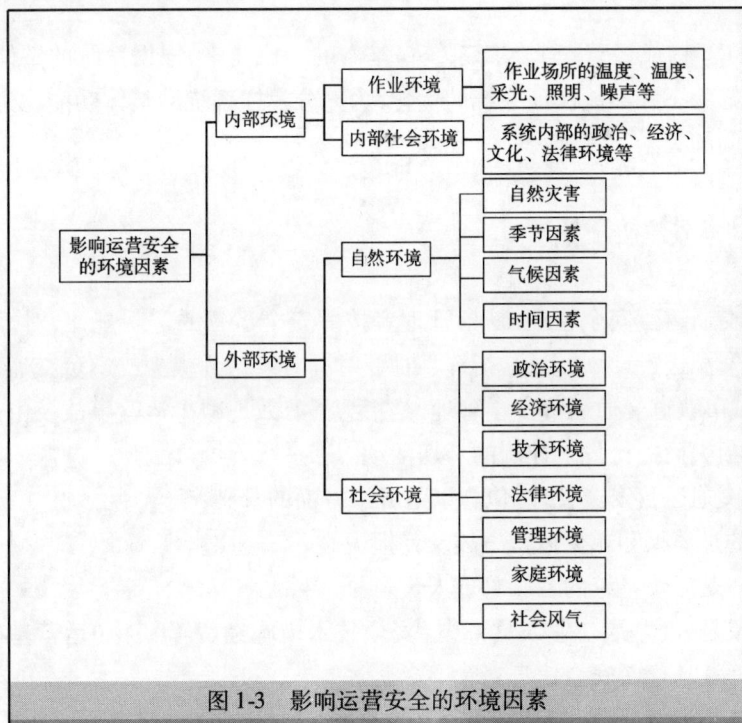

图 1-3　影响运营安全的环境因素

二　各种因素相互影响分析

人、机、环境三者之间相互作用的方式有以下四种。

1 "人-人"之间

城市轨道交通运营是由多部门、多层次人员分工与协作来实现的。人与人之间相互作用、相互影响、相互依赖、相互制约,必须协调配合,才能有效保证运营的顺利进行。如果人与人之间的协调配合不好,就会造成事故隐患乃至发生运营事故。

2 "人-机"之间

在"人"与"机"的关系中,"人"是行为的主体,由人操纵"机"运转,人的劳动能力、劳动态度直接影响"机"的运转状况。同时,自动化"机"可以部分地监督人的行为,减少人为偏差。所以"人－机"之间是相互作用和相互影响的关系。

③"人-环境"之间

人的活动是在一定的环境中进行的,受环境的影响和制约。一方面,人从环境中获取物质、能量和信息,可以创造、改造环境;另一方面,环境反作用于人,使人必须适应环境。

④"人-机-环境"之间

"人-机-环境"构成运营安全保障系统最基本的组成要素,根据系统的整体性思想,单纯一个要素的良好状态并不能保证系统的优化,为充分发挥系统的整体功能,必须有效地组合与协调三者之间的关系。

三 管理因素影响分析

城市轨道交通运营安全管理,是指管理者按照安全运营的客观规律,对运营系统的人、财、物、信息等资源进行计划、组织、指挥、协调和控制,以达到减少或避免交通运营事故的目的。换言之,城市轨道交通运营安全管理,是指为了有效地减少运营事故及由运营事故所引起的人和物的损失而进行危险控制的一切活动。

城市轨道交通运营安全管理,包含以下五个方面的含义:

(1)其目的是消灭和减少运营事故及其损失。

(2)其主体是运营系统的各级管理人员。

(3)其对象是人(基层作业人员)、财(安全技术措施经费等)、物(运营基础设备和运营安全技术设备等)、信息(安全信息)等。

(4)其方法是计划、组织、指挥、协调和控制。

(5)其本质是充分发挥人的积极性和创造性,调动一切积极因素,促使各种矛盾向有利于运营安全的方面转化。

管理具有计划、组织、指挥、协调、控制的职能,管理使人、机械组成一个能够有效实现预期目标的系统。虽然人、机、环境往往是造成事故的直接原因,而管理看似间接原因,但追根溯源的确是根本的、本质的原因。这是因为前者都是受后者"管理"要素支配的,所以安全工作的关键是管理。

管理对运营安全的重要性,主要体现在以下三个方面:

(1)管理有助于提高运营系统内人员、设备和环境的安全性,如进行人员教育与培训等。

(2)管理具有协调运营系统内人、机、环境之间关系的功能,包括人-人关系、人-机关系、人-环境关系、人-机-环境关系。

(3)管理具有优化运营系统人-机-环境整体安全功能的能力,亦即管理具有运筹、组合、总体优化的作用。

影响城市轨道交通运营安全管理的因素较多,主要有安全组织、安全法制、安全信息、安全技术、安全教育和安全资金(图1-4)。

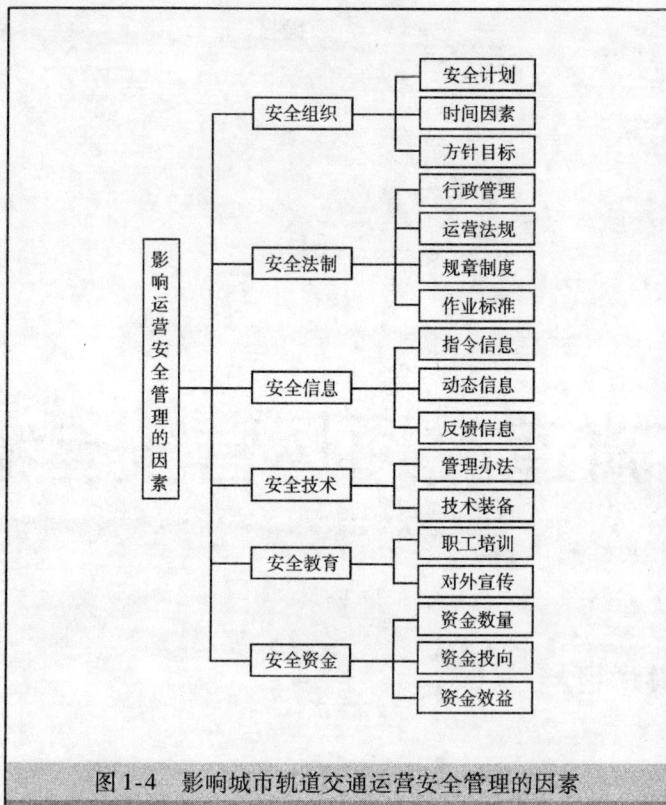

图 1-4　影响城市轨道交通运营安全管理的因素

复习思考题

1．你对安全、危险、风险、事故、隐患、危险源等概念是如何理解的？简述他们之间的相互关系。

2．安全有哪些基本特性？了解安全的基本特性有何作用？

3．事故有哪些基本特征？如何在实际工作中加以应用？

4．为什么说事故是可以预防的？

5．简述安全与效益的辩证关系。

6．何谓人-机-环境系统工程？

单 元 2

城市轨道交通运营安全管理

教学目标

1. 掌握安全生产与安全管理的概念；
2. 了解城市轨道交通安全管理的内容；
3. 熟悉安全法规管理；
4. 掌握人员管理。

建议学时

14 学时

2.1 城市轨道交通运营安全管理概述

一 安全生产与安全管理

1 安全生产

《辞海》中将"安全生产"解释为：为预防生产过程中发生人身、设备事故、形成良好劳动环境和工作秩序而采取的一系列措施和活动。《中国大百科全书》中将"安全生产"解释为：旨在保护在生产过程中安全的一项方针，也是企业管理必须遵循的一项原则，要求最大限度地减少劳动者的工伤和职业病，保障劳动者在生产过程中的生命安全和身体健康。前者将安全生产解释为企业生产的一系列措施和活动，后者则解释为企业生产的一项方针、原则和要求。

根据现代系统安全工程的观点，上述解释只表述了一个方面，都不够全面。概括地说，安全生产是为了生产过程在符合物质条件和工作秩序下进行的，防止发生人身伤亡、财产损失和环境破坏等生产事故，消除或控制危险、有害因素，保障人身安全与健康、设备和设施免受损坏、环境免遭破坏的总称。

2 安全管理

(1)安全管理的定义

安全管理是企业管理的一个组成部分，是以安全为目的，进行有关决策、计划、组织、指挥、控制和协调等一系列活动的总称。

(2)安全管理的主要内容

安全管理的范畴包括安全生产和劳动保护两大方面。安全管理的主要内容是为贯彻执行国家安全生产的方针、政策、法律和法规，确保生产过程中的安全而采取的一系列组织措施。例如：建立健全安全组织机构，制定和完善安全管理制度，编制和实施安全技术措施计划，进行安全宣传教育，组织安全检查，开展安全竞赛以及总结评比，奖励、处分等。

(3)安全管理的基本任务

安全管理的基本任务是发现、分析和消除生产过程中的各种危险，防止发生事故和职业病,避免各种损失,保障员工的安全健康,从而推动企业生产的顺利发展,为提高经济效益和社会效益服务。

(4)安全管理的目标

安全管理的目标是减少和控制危害,减少和控制事故,尽量避免生产过程由于事故所造成的人身伤害、财产损失、环境污染以及其他损失。

(5)安全管理的基本对象

安全管理的基本对象是企业的员工,涉及企业中的所有人员、设备设施、物料、环境、财务、信息等各个方面。安全生产管理的内容包括:安全生产管理机构和安全生产管理人员、安全生产责任制、安全生产管理制度、安全生产策划、安全教育培训、安全生产档案等。

(6)安全管理的基本特征

安全管理具有长期性、预防性、全员性及重要性的基本特性。

①长期性。安全问题存在于生产活动的始终,因此,安全管理活动贯穿于一切生产活动之中,是一项经常性、长期性的工作。从宏观角度来衡量,在人类生产领域中,随着科学的发展以及新技术的应用,会不断出现新的安全技术问题,而人们对安全问题的认识也会进一步深化,更加体现出安全管理活动的长期性和艰巨性。

②全员性。保证企业能够安全地生产,这是一项与企业全员的行为和切身利益密切相关的工作,必须靠企业的全员来保证。事故率是一个综合性的指标,事故率的高低,体现了企业的综合管理水平,而不仅仅是安全管理人员的事情。因此,全员参与安全管理便构成了安全管理的基础。

③重要性。安全问题之所以重要,就在于它遍及生产活动过程的每一个角落,同时又牵涉千千万万个家庭。一起重大事故,不仅使企业蒙受经济损失,还会在广大职工心灵上蒙上一层阴影。而良好的安全生产环境和秩序,则有利于促进经济繁荣,保证广大职工安居乐业,促进经济快速发展。因此,安全管理十分重要,它与企业的经济效益有直接的联系。

(7)安全管理工作中的专业安全工作者

在企业安全管理系统中,专业安全工作者起着非常重要的作用。他们既是企业内部上下沟通的纽带,更是企业领导者在安全方面的得力助手。在掌握充分资料的基础上,为企业安全生产实施日常监管工作,并向有关部门或领导提出安全改造、管理方面的建议。归纳起来,专业安全工作者的工作可分为以下四个部分:

①分析。对事故与损失产生的条件进行判断和估计,并对事故的可能性和严重性进行评价,即进行危险分析与安全评价,这是事故预防的基础。

②决策。确定事故预防和损失控制的方法、程序和规划,在分析的基础上制订出合理可行的事故预防、应急措施及保险补偿的总体方案,并向有关部门或领导提出建议。

③信息管理。收集、管理并交流与事故和损失控制有关的资料、情报信息,并及时反馈给有关部门和领导,保证信息的及时交流和更新,为分析与决策提供依据。

④测定。对事故和损失控制系统的效能进行测定和评价,并为取得最佳效果做出必要的改进。

二　安全生产方针政策

恩格斯曾经指出："组织劳动，保护劳动，以使无产阶级利益不受资本势力的侵犯，这是共产主义原则。"

安全生产方针是安全工作的总的指导方针。安全生产方针可以概括为"安全第一，预防为主"。

"安全第一"，就是在进行工业生产时，时刻把安全工作放在重要位置，当作头等大事来做好。必须正确处理安全与生产的辩证统一关系，明确"生产必须安全，安全促进生产"的道理。任何生产活动中都存在着不安全因素，存在着发生伤亡事故的危险性。要进行生产，就必须首先解决其中的各种不安全问题。"安全寓于生产之中"，安全与生产密不可分。无数事实证明，工业伤亡事故不仅给受伤害者本人及其家属带来巨大的不幸，也干扰生产的顺利进行，给企业带来严重的经济损失。做好安全工作，创造安全的生产劳动条件，不仅可以避免或减少各种事故，而且还能更好地发挥职工的积极性和创造性，促进工业生产迅速发展。

"预防为主"，就要掌握工业伤亡事故发生和预防的规律，针对生产过程中可能出现的不安全因素，预先采取防范措施，消除和控制他们，做到防微杜渐，防患于未然。科学技术的进步，安全工程的发展，使得人们可以在事故发生之前预测事故，评价事故危险性，先行采取措施消除或控制不安全因素，实现"预防为主"。

"安全第一"与"预防为主"两者相辅相成，前者是明确认识问题，后者是明确方法问题。"安全第一"明确指出了安全工作的重要性，他是处理安全工作与其他工作关系的总原则、总要求。在组织生产活动时，必须优先考虑安全，并采取必要的安全措施；当安全和生产发生矛盾时，必须先解决安全问题再生产。"预防为主"则要求一切安全工作必须立足于预防；一切生产活动必须在初始阶段就考虑安全措施，并贯彻于生产活动的始终。

三　安全管理制度

❶ 我国现行安全生产管理体制

我国实行"企业负责、行业管理、国家监察、群众监督"的安全管理体制。20世纪90年代之前，我国的安全管理体制是"国家监察、行政管理、群众监督"。随着改革的深入、政府职能的转变以及企业自主权的扩大，企业在事故预防方面担负的责任加重了。20世纪90年代初，确立了现行的安全管理体制。企业负责、行业管理、国家监察、群众监督有一个共同目标，就是从不同的角度、不同层次、不同的方面来推动"安全第一、预防为主"方针的贯彻，协调一致地抓好安全生产。

（1）企业负责

企业是国民经济的基本单位，是从事生产和经营活动的实体。随着社会主义市场经济的建立和企业运行机制的转变,企业已经成为独立的法人。事故预防工作也像其他工作一样,不能像计划经济时期那样等靠上级的指示和安排,而应该承担起事故预防工作的责任。安全生产是企业自身的需要,是参与市场竞争、寻求发展的前提和保证。企业必须提高自己的安全管理水平,做好事故预防工作,才能适应社会主义市场经济的要求。否则,一旦发生重大伤亡事故,不仅给企业造成巨大的经济损失,而且直接威胁企业的生存和发展。

企业的法人代表是企业的安全生产第一负责人,是企业事故预防工作的直接组织者和指挥者,要全面负责企业的事故预防工作,企业领导要牢固树立"安全第一"的观念,提高各级管理人员和全体职工的安全意识,正确处理安全与生产、安全与效益、安全与稳定的关系,把"安全第一、预防为主"的安全生产方针贯彻于企业一切生产经营活动的全过程。

企业必须遵守国家有关安全生产的法规、制度、规范,依法进行安全管理。

企业要建立健全安全组织机构,完善内部激励机制和监督、约束机制,认真建立和执行安全生产责任制等安全生产管理制度。

企业要在发展生产的同时,不断改善劳动生产条件,消除、控制生产过程中的各种不安全因素,提高企业预防事故的能力。

(2)行业管理

行业归口管理部门与企业主管部门必须根据"管生产必须管安全"的原则,在组织管理本行业、本部门经济工作中,加强对所属企业的安全管理。

行业安全管理是对行业所属企业贯彻执行国家安全生产方针、政策、法规和标准,进行计划、组织、指挥、协调、宏观控制,以提高整个行业的安全管理和技术装备水平,控制和防止伤亡事故的发生,保障职工安全健康和生产任务顺利完成。行业安全管理的职责,主要有以下七个方面:

①贯彻执行国家安全生产方针、政策、法规和标准,制定本行业的具体规章制度和安全规范,并组织实施。

②实行安全目标管理,制订本行业安全生产的长期规划和年度计划,确定方针、目标、具体措施和实施办法,并严格执行。

③在重大经济、技术决策中提出有关安全生产的要求和内容,组织和指导企业制订和落实安全措施计划,督促企业改善劳动条件。

④在新建、改建、扩建工程和技术引进、技术改造中,贯彻执行主体工程与安全卫生设施同时设计、同时施工、同时投产的"三同时"规定;在组织开发新材料、新产品、新技术、新工艺中,执行有关劳动保护的规定。

⑤参与组织对本行业的职工进行安全教育和培训工作。

⑥对本行业所属企业安全生产工作进行督促检查,解决存在的问题和隐患;组织或参与伤亡事故的调查处理,并协助国家监察部门查处违章失职行为。

⑦组织本行业的安全检查、评比和考核,表彰先进,总结和交流安全生产经验。

行业安全管理包含着监督检查的职能。有些行业设置了事故预防工作机构,具体负责本行业的安全管理和安全检查工作。这种行业安全检查的性质是属于按行业归口或行政隶属关系自上而下地进行的自我监督和业务监督,他与国家劳动安全监察在性质、地位和职权上都有很大的不同。

（3）国家监察

国家监察是国家安全监察部门对安全生产工作进行的监察,具有权威性和相对的独立性、公正性。

安全监察的对象主要是企事业单位,也包括国家法规中所确定的负有安全生产职责的有关政府机关、企事业主管部门、行业主管部门等。

安全监察的任务主要是依法对上述被监察对象履行安全生产职责和执行安全法规、政策的情况进行监督检查;及时发现和揭露存在的问题和偏差,纠正和惩戒违章失职行为,以保证国家安全生产方针、政策和法规的贯彻执行,保护职工的安全与健康,促进社会主义建设事业的发展。安全监察在客观上对于调整劳动关系、改善企业管理、提高经济效益、改进生产技术也能起到积极的作用。

安全监察的工作程序因被监察对象的不同而不完全相同,一般来说是一检查、二处理、三惩罚。检查是为了了解企事业单位遵循安全法规的情况,发现存在的问题。处理是就检查发现的问题,向企事业单位提出监察意见,令其改正。企事业单位按照监察意见进行整改,达到监察目的。如果企事业单位不按监察意见进行整改,监察部门便可依法惩罚,强迫其改正。

（4）群众监督

群众监督是广大职工通过工会或职工代表大会监督和协助各级领导贯彻落实安全生产方针、政策、法规,做好事故预防工作。

工会作为劳动关系中的一方、工人群众的代表,具有广泛的群众性。工会组织可以在监督领导执行安全生产方针、政策、法规和标准方面,充分行使自己的权利。例如,企业制订重大安全技术措施计划以及安全技术措施费用的提取、使用等,都应提交职工代表大会讨论。对于领导的严重官僚主义、忽视安全生产等问题,工会有权提出批评和建议,并督促有关方面及时改进。在生产中,如遇有领导违章指挥,强令工人冒险作业,生产设备有重大隐患或尘毒危害严重,有条件解决而不解决;发生急性中毒和重大事故以后,险情尚未排除,没有采取必要的安全措施;在新建、改建、扩建工程中,安全卫生设施与主体工程没有实行"三同时",存在严重危害职工安全与健康的情况等,工会可以作出决定,支持工人拒绝操作,并督促领导限期解决。由于工会组织不直接参与企业的经营和管理工作,所以在安全监督方面能够比较客观公正地履行职责,发挥重要作用。

工会是群众团体,他代表的群众监督只是通过批评、建议、揭发、控告等手段来实现,因而他通常不具有法律的权威性。

② 企业安全管理制度

在我国,企业必须建立以安全生产责任制为核心的安全管理制度。根据"五项规定"的要求,企业必须建立安全生产责任制度、安全生产教育制度、安全生产检查制度、安全技术措施计划以及伤亡事故报告和处理制度,他们构成了我国企业安全管理基本制度,称为"五项制度"。在此基础上,国家又制定了建设项目安全审查制度。

(1)安全生产责任制度

安全生产责任制度规定各级领导应对本单位安全生产负总的领导责任,以及各级工程技术人员、职能科室和生产工人在各自的职责范围内,对安全生产应负的责任。

安全生产责任制度根据"管生产必须管安全"的原则,对企业各级领导和各类人员明确地规定了在安全生产中应负的责任。他是企业岗位责任制度的重要组成部分,是企业中一项最基本的安全生产制度,是安全管理制度的核心。

我国企业实行以"一把手"负责制为核心的安全生产责任制。企业法人代表对整个企业的安全生产负责,各部门、单位的"一把手"对自己管辖部门、单位的安全生产负责。他们的任务是贯彻执行国家有关安全生产的法令、制度和保证管辖范围内职工的安全和健康。在管理生产、经营的同时,必须负责管理安全工作,做到"五同时",即,在计划、布置、检查、总结、评比生产的时候,同时计划、布置、检查、总结、评比事故预防工作。在明确了"一把手"的安全生产责任的基础上,规定各级人员的安全生产责任。

(2)安全生产教育制度

安全生产教育制度是对企业各类人员进行安全生产教育的制度。他包括"三级教育"、特种作业人员的专门训练、经常性的安全教育等内容。

三级教育制度是厂矿企业必须坚持的基本安全教育制度和主要形式。所谓"三级教育",是对新工人、参加生产实习的人员、参加生产劳动的学生和新调到本厂工作的工人集中一段时间,连续进行入厂教育、车间教育和岗位教育三个级别的安全教育。

对从事特种作业的人员,要进行专门的安全技术和操作知识的教育和训练,经过国家有关部门考核合格后,发给"特种作业人员操作证"。特种作业人员在进行作业时,必须随身携带"特种作业人员操作证"。对操作者本人,尤其对他人和周围设施的安全有重大危害的作业,称为特种作业。直接从事特种作业者,称为特种作业人员。特种作业范围包括电工作业、锅炉司炉、压力容器操作、起重机械作业、爆破作业、金属焊接(气割)作业、煤矿井下瓦斯检验、机动车辆驾驶、机动船舶驾驶和轮机操作、建筑登高架设作业以及符合特种作业基本定义的其他作业。

企业应进行经常性安全生产教育,建立安全活动日和在班前班后会上布置、检查安全生产情况等制度,对职工经常进行安全教育,并且注意结合职工文化生活,进行各种安全生产的宣传活动。在采用新的生产方法,增添新的技术、设备,制造新的产品或调换工人工作的时候,要对工人进行新操作法和新工作岗位的安全教育。企业的经常性安全教育可按下列形式进行:

①在每天的班前班会上说明安全注意事项,讲评安全生产情况。

②开展安全活动日,进行安全教育、安全检查、安全装置维护。

③召开安全生产会议,专题计划、布置、检查、总结、评比安全生产工作。

④召开事故现场会,分析造成事故的原因及其教训,确认事故的责任者,制订防止事故重复发生的措施。

⑤总结发生事故的规律,有针对性地进行安全教育。

⑥组织工人参加安全技术交流,观看安全生产展览、电影、电视等;张贴安全生产宣传画、宣传标语等,时刻提醒人们注意安全。

(3)安全生产检查制度

安全生产检查是安全生产管理工作的一项重要内容,是多年来从生产实践中创造出来的一种好形式;是安全生产工作中运用群众路线的方法,发现不安全状态和不安全行为的有效途径;是消除不安全因素,落实整改措施,改善劳动条件,防止事故的重要手段。

企业要制定安全生产检查制度,除了进行经常的检查外,每年还应该定期地进行 2~4 次群众性的检查。这些检查包括普遍检查、专业检查和季节性检查,也可以把这几种检查结合起来进行。

开展安全生产检查,必须有明确的目的、要求和具体计划,并建立由企业领导负责、有关人员参加的安全生产检查组织,以加强领导,做好这项工作。安全生产检查应该始终贯彻领导与群众相结合的原则,依靠群众,边检查、边改进,并及时地总结和推广先进经验;有些限于物质技术条件当时不能解决的问题,也应制订计划,按期解决。

(4)安全技术措施计划

安全技术措施计划是企业计划的重要组成部分,是有计划地改善劳动条件的重要手段;也是做好安全生产工作,防止工伤事故和职业病的重要措施。

企业在编制生产技术、财务计划的同时,必须编制安全技术措施计划。企业领导应对安全技术措施计划的编制和贯彻执行负责。通过编制和实施安全技术措施计划,可以把改善劳动条件工作纳入企业的生产经营计划中,有计划、有步骤地解决企业中一些重大安全技术问题,使企业劳动条件的改善逐步走向计划化和制度化。把安全技术措施中所需要的费用、设备、器材以及设计、施工力量等纳入了计划,就可以统筹安排、合理使用,使企业在改善劳动条件方面的投资发挥最大的作用。

编制安全技术措施计划主要依据:国家安全生产政策、法规,安全检查中发现的问题,职工提出的安全生产方面的建议,针对事故发生的主要原因所采取的措施,以及采用新技术、新工艺、新设备等应采取的安全措施。安全技术措施计划的范围包括以改善劳动条件、防止伤亡事故和职业病为目的的一切技术措施,大体分为下列六个方面:

①安全技术措施。以防止事故为目的的各种技术措施,如防护、保险、信号等装置或设施。

②工业卫生技术措施。以改善作业环境和劳动条件,防止职业中毒和职业病为目的的各种技术措施,如防尘、防毒、防噪声及通风、降温、防寒等。

③辅助房屋及设施。确保生产过程中职工安全卫生方面所必需的房屋及一切设施,如淋浴室、更衣室、消毒室、妇女卫生室、休息室等。但集体福利设施,如公共食堂、浴室、托儿所、疗养所等不在其内。

④宣传教育。购买和印刷安全教材、书报、录像、电影、仪器,举办安全技术训练班、安全技术展览会以及建立安全教育室。

⑤安全科学研究与试验设备仪器。

⑥减轻劳动强度等其他技术措施。

（5）伤亡事故报告和处理制度

根据《企业职工伤亡事故报告和处理规定》，伤亡事故发生后负伤者或事故现场有关人员应当立即直接或逐级报告企业负责人。企业负责人接到重伤、死亡、重大死亡事故报告后，应当立即报告企业主管部门和企业所在地安全部门、公安部门、人民检察院、工会。企业主管部门和安全部门接到死亡、重大死亡事故后，应当立即按系统逐级上报，死亡事故报至省、自治区、直辖市企业主管部门和劳动部门；发生死亡、重大死亡事故的企业应当保护事故现场，并迅速采取必要措施抢救人员和财产，防止事故扩大。

轻伤、重伤事故由企业负责人或其指定人员组织生产、技术、安全等有关人员以及工会成员参加的调查组进行调查。死亡事故由企业主管部门会同企业所在地设区的市（或者相当于设区的市一级）安全部门、公安部门、工会组成调查组进行调查。重大死亡事故，按照企业的隶属关系由省、自治区、直辖市企业主管部门或国务院有关主管部门会同安全部门、公安部门、工会组成事故调查组进行调查。

事故调查组成员应当具有事故调查所需的某一方面专长，并与所发生的事故没有直接利害关系。死亡事故或重大死亡事故的事故调查组应当邀请人民检察院派员参加，也可以邀请其他部门有关人员和有关专家参加。

事故调查组的职责是查明事故发生的原因、过程和人员伤亡、经济损失情况；确定事故责任者；提出事故处理意见和防范措施的建议；写出事故调查报告。

在整理和阅读调查材料的基础上，首先进行事故的伤害分析，然后分析和确定事故的直接原因和间接原因，最后进行事故的责任分析，确定事故的责任者。

在处理伤亡事故时要坚持"四不放过"的原则，即事故原因分析不清不放过，事故责任者和群众没有受到教育不放过，没有制订出防范措施不放过，事故责任者没受到处理不放过。事故处理结束后，应当把事故资料归档。事故档案是企业技术档案的一个组成部分。事故档案建立后，应送企业技术档案室编号归档。

（6）建设项目安全审查制度

建设项目的安全审查包括由可行性研究报告开始到初步设计、施工直至竣工验收的全过程的审查。我国境内的新建、改建、扩建的基本建设项目（工程）、技术改造项目（工程）和引进的建设项目（工程）的安全设施必须符合国家规定的标准，必须与主体工程同时设计、同时施工、同时投产使用。习惯上，把建设项目安全审查称为"三同时"审查。做好建设项目的安全审查工作，是管理部门、设计部门、监督检查部门和建设单位的共同责任，也是广大工程技术人员、安全专业工作者的重要使命。

借助设计消除和控制事故危险性是安全工程的重要组成部分和原则，也是安全审查的重点。安全审查包含着对建设项目安全性的分析、评价、监督和检查。实施安全审查就是运用科学技术原理、技术知识和标准识别、消除或控制不安全因素，保证从早期的设计阶段就把事故危险性降到最低的程度。

①对可行性研究报告的审查。对可行性研究报告的审查是根据国民经济发展近期和远期规划、地区规划、行业规划的要求,对工程项目的安全技术、工程等方面进行多方案综合分析论证。主要包括技术先进性、经济合理性、生产可行性、各种指标的定性与定量的初步分析等,以确定建设项目的安全措施方案是否可行。

可行性研究报告的审查以建设项目劳动安全预评价的方式进行。

②初步设计审查。初步设计审查是在可行性研究报告的基础上,根据有关标准、规范对《劳动安全卫生专篇》进行全面深入的分析,提出建设项目中劳动安全卫生方面的结论性意见。

初步设计中的《劳动安全卫生专篇》主要包括:设计依据,工程概述,建筑及场地布置,生产过程中危险、危害因素的分析,安全设计中采用的主要防范措施,安全机构设置及人员配备情况,专用投资概算,建设项目安全预评价的主要结论,预期效果,存在的问题与建议等。

③竣工验收审查。竣工验收审查是按照《劳动安全卫生专篇》规定的内容和要求,对安全工程质量及其方案的实施进行全面系统的分析和审查,并对建设项目作出安全措施的效果评价。

四 城市轨道交通运营安全管理的组织机构和主要内容

1 城市轨道交通运营安全管理的组织机构

为了保证安全法规的贯彻执行,加强安全的监督管理,必须设立安全管理机构。公司设立安全委员会,委员由公司领导和各部经理组成,常设办公室在安全监察室。三大部设立安全领导小组、专职安全监察员,各车间、班组设有兼职安全员,如图 2-1 所示。

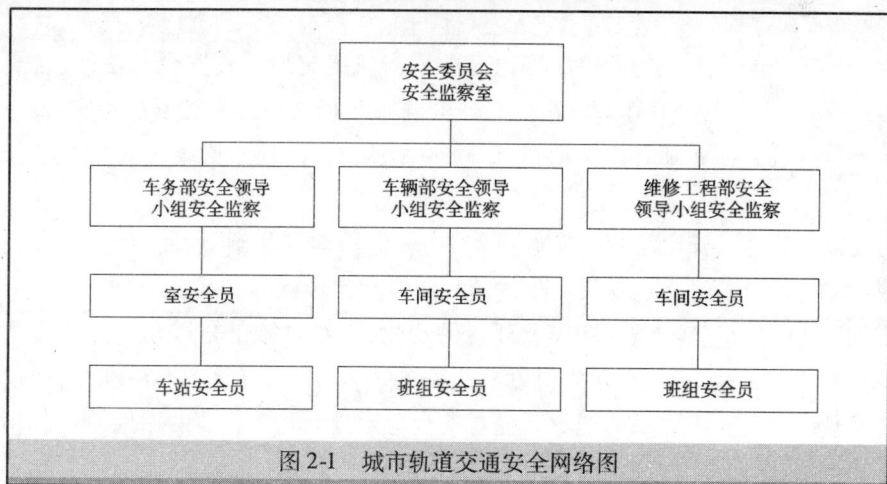

图 2-1　城市轨道交通安全网络图

2 城市轨道交通运营安全管理的主要内容

城市轨道交通运营安全管理,涉及面很广,内容非常丰富,包括安全组织管理、安全法规管理、安全信息管理、安全技术管理、安全教育管理及安全资金管理等。如图 2-2 所示。

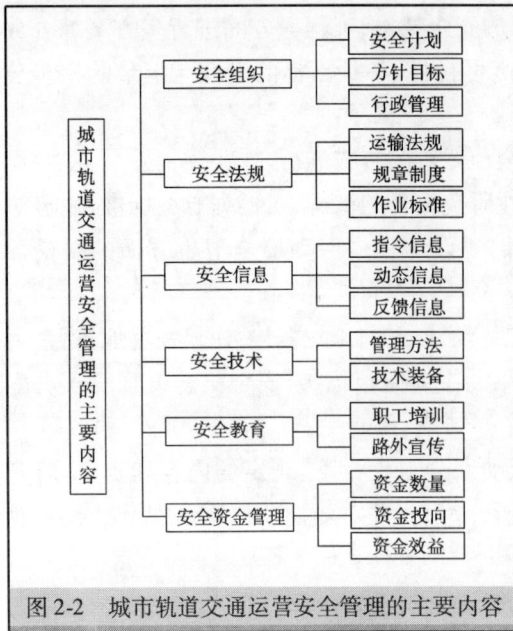

图 2-2　城市轨道交通运营安全管理的主要内容

（1）安全组织管理

安全组织管理是安全管理的实施主体，负责安全的组织领导、协调平衡、监督检查工作，使运输企业安全管理体制有效地正常运转，保证安全目标的实现。其主要内容如下。

①安全计划管理。负责城市轨道交通运营安全的中长期规划和近期计划的编制和组织实施，以及方针、目标和政策的制定与落实。

②安全行政管理。包括各级安全管理机构的设置和职责划分，安全工作组织领导的原则和方法的确定，以及保证职工安全生产的组织手段，后者包括：

a. 安全劳动管理。对直接制约城市轨道交通运营安全的关键因素如人员配备与组合、定员与班制、劳动定额和分配关系等合理地规定与协调。

b. 职工生活管理。为保证职工以饱满的热情和旺盛的精力投入安全生产，在职工物质生活、精神生活和医疗卫生等方面作出妥善的安排。

c. 安全行为管理。主要是运用各种安全管理手段对个人行为、群体行为、管理行为及人际关系进行激励、约束和协调。

（2）安全法规管理

安全法规管理的任务是严格遵循国家有关城市轨道交通运营安全的法律、法规等条文规定，对各种运输规章制度和作业标准进行研究、制订、修改、完善、贯彻和落实，使城市轨道交通运营安全管理工作做到有法可依，有章可循，违法必究，违章必查。其主要工作包括以下两项：

①建立健全工作。安全法规要在尊重实践、尊重科学的基础上，通过建立、修订、补充，逐步形成相对稳定、协调一致、切实可行的规章制度和作业标准体系。

②增加废止工作。技术条件和作业环境的变化，必然对城市轨道交通运营安全规章制度和作业标准的针对性、有效性和规范性提出新的要求，在原有基础上，及时增加运输生产急需的规章规定和废止不适用的规章制度对安全运输具有同等重要的作用，不可偏废。

（3）安全信息管理

安全信息一般是指在运营生产过程中，对一切有利于安全生产的指令和系统安全状态的描述或反映。安全信息既是安全管理的对象，又是安全管理的重要支持。安全信息包括：

①安全指令信息。指各种城市轨道交通运营安全法规和安全方针、政策、目标、计划和

措施等。

②安全动态信息。指在完成运营任务,执行指令信息过程中的正面和负面效应的反映。

③安全反馈信息。从执行指令信息结果获得,能反馈用来调整和控制安全生产的信息。

④ 其他安全信息。如安全科学技术和管理信息等。

从某种意义上说,城市轨道交通运营安全管理就是准确、及时、经济地收集、加工、传递、存储、检索、输出一切对城市轨道交通运营安全有用、有利的信息管理,并用城市轨道交通运营安全所需的安全指令信息、安全动态信息、安全反馈信息和其他先进的安全科技和管理信息,精心指挥、精心组织、精心管理运输生产,不断开创城市轨道交通运营安全生产的新局面。为此,就要有严密的组织和先进的手段加以保证,如建立健全各种信息中心和网络,并广泛应用电子计算机和各种先进的信息处理技术。

(4)安全技术管理

技术,除泛指操作技能外,广义地讲,还包括相应的生产工具和其他物资设备,以及生产工艺过程或作业程序、方法。安全技术管理的任务是正确执行国家有关技术政策、标准、规程和铁路主要技术政策,为城市轨道交通运营安全提供可靠的技术依据和技术措施;充分发挥科技是第一生产力的作用,不断吸收现代科技先进成果,促进城市轨道交通运营安全管理科技含量的日益提高。由此可见,城市轨道交通运营安全技术管理包括对城市轨道交通运营安全硬技术设备的维护与管理和对城市轨道交通运营安全软技术的开发与应用。

①城市轨道交通运营安全硬技术设备的管理,是指对运输基础设施和安全技术设备的研制、试验、引进、装配、维护和安全质量管理等。

②城市轨道交通运营安全软技术的开发与应用,包括与城市轨道交通运营安全有关的各种操作办法、管理方法、城市轨道交通运营安全管理基础理论及安全科学理论的研究与应用。

(5)安全教育管理

为了实现城市轨道交通运营安全,必须通过各种形式和方法,对广大干部和职工进行经常性的安全教育,其内容主要包括:

①安全思想教育。这是安全教育的重点所在,内容包括安全生产方针、政策、重要意义;劳动纪律、作业纪律;各项规章制度和典型事故案例教育等。通过正反两方面的教育,使基层作业人员和各级管理人员牢固树立"安全第一"的思想,强化"预防为主"的意识,正确处理好安全与效率、效益的关系。

②安全知识教育。包括安全生产技术知识和安全管理知识教育,目的是解决应知的问题。前者包括运输生产特点、安全特性、设备性能、各部门作业方法及规范要求、事故成因及预防等;后者主要是对针安全管理人员而进行的安全教育,内容包括城市轨道交通运营安全管理体制和各部门安全管理体系的构成与运作、事故预测和预防;系统安全评价的基本原理和方法;人一机工程学、安全心理学、行为科学等有关知识与应用。

③安全技能教育。这是通过对作业人员进行长期、反复训练及本人实践,把所学到的安全知识转化为动手能力的过程,主要是解决应会的问题。内容包括岗位熟练操作、防止误操

作和处理异常情况的技术、知识和能力。

④事故应急处理教育。一般应包括事故应急处理知识教育、自我保护和自救互援教育、事故现场保护方法教育和事故应急处理演习等。通过上述教育，能有效地防止事故损失扩大，为清理事故现场和迅速恢复正常运输秩序创造有利条件。

此外，城市轨道交通运营安全是一项全员参与的活动，对各种城市轨道交通运营参与者进行的城市轨道交通运营安全知识、城市轨道交通运营安全常识及安全法制宣传、教育也是安全教育管理的重要内容，应与地方政府配合进行。

（6）安全资金管理

要做好城市轨道交通运营安全工作，必须有相应的安全资金保证。安全资金管理包括对保证城市轨道交通运营安全所需资金的筹集、调拨、使用、结算、分配等，并进行安全投资的经济评价与经济分析，实行财务监督等。

2.2 城市轨道交通运营安全法规管理

一 安全法规的一般原理

1 概述

城市轨道交通运营安全法规管理是安全管理的重要组成部分。依法规范组织和个人在生产活动中的行为，坚持"安全第一，预防为主"的基本方针，强化安全管理、安全监察和安全技术培训是安全生产的保证。《中华人民共和国宪法》第四十二条规定：中华人民共和国公民有劳动的权利和义务。国家通过各种途径，创造劳动就业条件，加强劳动保护，改善劳动条件，并在发展生产的基础上，提高劳动报酬和福利待遇。国家对就业前的公民进行必要的劳动就业训练，这从宪法的高度奠定了安全法规管理的基础。

安全法规不是从来就有的，他是人类社会发展到一定阶段出现和存在的历史现象。安全法规是一种社会规范，是任何社会存在和发展的内在需要。社会是一个由各种复杂的社会关系组成的动态系统，为了保证这个动态系统有秩序（安全）地运行并向前发展，要求必须采用一种有力量、有效应的手段来调整各种社会关系，以维持一定的秩序（安全状态）。这种手段就是社会行为规范,他告诉人们怎样行动,怎样处理和对待各种社会关系,什么应该做,什么可以做,什么不可以做。

社会行为规范的功能就是通过社会的力量,调整社会关系,实现社会控制,维护社会秩序,从而保证整个社会正常运转和协调发展。由于社会生活的多样性、社会关系的复杂性,社会规范也是复杂多样的,他包括法律、宗教、习惯、道德、纪律等。安全法规是法的一类,是法的一个组成部分。

2 安全法规的本质和特征

(1)安全法规的本质

①安全法规是劳动者意志的体现。安全生产是保证人民幸福、社会安定、经济繁荣的重要前提,安全生产是劳动者自身的第一需要。每个劳动者都希望自己有一个舒适而又安全的工作环境。人们在生活中的衣、食、住、行离不开安全,在生产活动以及工程设计、科学研究等方面也都要讲究安全。为了将劳动者的这些意愿得以实现,国家经过一定的立法程序将其加以规范、条文化,由国家强制力保证执行,形成安全法规。

②安全法规是社会关系的调整器。安全法规通过调整社会生产、生活中人与人的关系,特别是人与自然的关系,保证整个社会生产、生活和其他活动所必需的安全环境和正常秩序,使社会作为一个整体协调发展。安全法规有一个显著的特点,即将调整人类与自然的关系的安全技术规范的特定内容移植到法律条文中而具有法律规范的性质。遵守、执行这些安全技术规范是一种法律义务。在工业生产中,有关安全的法规涉及劳动保护法规、安全技术规程、劳动卫生规程、环境保护法规等各个方面。《中华人民共和国宪法》第一章总纲中第十四条指出:"国家通过提高劳动者的积极性和技术水平,推广先进的科学技术,完善经济管理体制和企业经营管理制度,实行各种形式的社会主义责任制,改进劳动组织,不断提高劳动生产率和经济效益,发展社会生产力。"

③安全法规建立在一定的经济基础之上。安全法规的性质是由一定的社会经济基础决定的,劳动者的意志不是天生的,也不是为所欲为的主观臆断,而是由劳动者所处的物质生活条件决定的。离开了一定的物质条件,劳动者的意志无所依托,安全法规也就无法产生。

(2)安全法规的特征

安全法规的特征是其本质在各个方面的外部表现,是反映安全法规本质的法的现象。

①安全法规是一种特殊的社会规范。安全法规规定了人们在某种情况下,可以做什么,应该做什么和禁止做什么。向人们提供了非常明确的行为模式、标准和方向。

②安全法规由国家制定或认可。安全法规由国家制定或认可,是指他具有国家意志性或国家权威性。国家制定,是指国家立法机关,通过一定的法律程序,创立新的安全法规,修改、废止过去的安全法规。国家认可,是指国家根据需要,对社会生产活动中已经存在的某些行为规范加以确认,赋予法律的效力。

③安全法规由国家强制力保证实施。用国家的强制力来保证安全法规的实施,这就是安全法规的国家强制性,也是区别于其他社会规范的最根本特征。如《中华人民共和国刑

法》第一百一十四条规定:"工厂、矿山、林场、建筑企业或其他企业、事业单位的职工,由于不服管理,违反规定制度,或者强令工人违章冒险作业,因而发生重大伤亡事故,造成严重后果的,处三年以下有期徒刑或者拘役;情节特别恶劣的,处三年以上,七年以下有期徒刑。"

❸ 安全法规的法律规范、法律关系和法律责任

(1)安全法规的法律规范

法和法律规范是紧密联系又相互区别的两个概念。如果说法是法律规范的整体,那么法律规范就是构成法的细胞。

①安全法规法律规范的结构和种类。

a. 安全法规法律规范的概念和结构。安全法规规范是由国家制定或认可、反映劳动者意志的,并由国家强制力保证实行的一般行为规则。

安全法规有自己特定的结构,就是指形成安全法规内容的各要素及其相互关系。安全法规的规范结构可以分为条件、行为模式和后果(包括制裁和奖励)三要素。条件就是指适用该规范的必要条件,只有当这种条件出现的情况下才能适用该规范;行为模式就是规范本身的基本要求,也就是规定人们应该做什么,允许做什么,禁止做什么,是规范的中心部分;后果就是对违反规范所导致的法律后果的规定。

安全法规的法律规范是通过一定的法律条文来表现的。但是法律条文并不等于法律规范。构成安全法规规范的三要素,并不一定都明确规定在同一法律条文或同一法律文件中,也不是任何一条安全法规规范都必须具备三个要素。

b. 安全法规规范的种类。安全法规规范从不同的角度,按不同的特征,有不同的分类方法:按照调整的性质和方式可分为义务性规范(要求人们必须做出一定的行为的法律规范)、禁止性规范(禁止人们做出一定行为的法律规范)和授权性规范(规定人们有权做出一定行为的法律规范);按照表现形式和强制程度可分为强制性规范(规定人们必须做出或禁止做出一定行为的法律规范)和任意性规范(允许人们在规定的范围内自行确定权利和义务具体内容的法律规范);按照内容的明确程度可分为确定性规范(明确规定某一行为规则的内容和制裁方式的法律规范)和非确定性规范(没有明确规定行为规则内容,而只是指出由某一专门机关来加以规定的法律规范)。

②安全法规规范的效力和解释。

a. 安全法规规范的效力。安全法规规范的效力就是指其适用的范围,也就是安全法规规范在什么地方、什么时间、对什么人发挥效力。正确理解安全法规的效力,是正确运用安全法规的必要条件。

时间效力指安全法规何时生效、何时失效等问题。

空间效力指安全法规适用的地域范围。这里所说的地域,一是指国家的全部领域;二是指拥有立法权的地方国家机关所管辖的行政区域。

对人的效力指安全法规对什么人有效的问题。

b. 安全法规的解释。安全法规的解释就是指对其内容以及使用的术语、概念和定义所作的解说、注释。安全法规是概括的、原则的,不可能对生产活动中所涉及的一切安全情况都做出详尽的规定。同时,在具体实施过程中,各地、各企业的具体情况不同,人们对他的理解也不尽一致。因此,安全法规的解释对于正确运用是十分必要的。安全法规的解释按解释的主体和效力不同可分为有权解释和无权解释。

(2)安全法规的法律关系

安全法规的适用和遵守,都是为了将其规范中设定的权利和义务转化为现实生产活动中的权利和义务关系,从而实现劳动者的意志,达到调整社会关系的目的,建立稳定的安全生产秩序。

安全法规的法律关系就是安全法规规范所确认的人与人之间的权利和义务关系。他是一种特殊的社会生产关系。安全法规的法律关系必须具有主体、客体和内容三要素。

①主体,是指安全法规的法律关系的参加者,也就是在法律关系中享有权利并承担义务的人。

②客体,是指安全法规的法律关系主体的权利和义务所指的对象。如果没有客体,权利和义务就失去了目标,成为无实际内容、不能落实的东西。客体主要包括物、行为、精神产品。

③内容,是指安全法规的法律关系主体所享有的权利和应尽的义务。

(3)安全法规的法律责任

安全法规的法律责任就是指违法者应该承担的具有强制性的法律责任。法律责任是因违法行为而引起的法律后果,追究法律责任只能由国家专门机关进行,任何人、任何团体都没有这个权力。

法律责任和违法、法律制裁具有内在的联系。法律责任和法律制裁都是以违法为前提的。对违法行为要追究法律责任,而追究法律责任一般导致法律制裁。法律责任是法律制裁的根据。根据违法行为的性质、情节和法律责任的不同,法律制裁可分为刑事制裁、民事制裁、经济制裁和行政制裁。

❹ 安全法规的作用

安全法规的作用是其本质和特征的外在表现和具体化,可以从规范作用和社会作用两个方面来认识。

(1)安全法规的规范作用

①指引作用。用安全法规对人们的行为加以指引,明确告诉人们应该怎样做,不应该怎么做,鼓励人们实施安全法规允许的行为,防止或杜绝人们违反安全法规的行为。

②预测作用。安全法规的指引作用扩大到人们的相互关系上,就是一种预测作用。安全法规使人们能够预测自己和别人依法行事的方式和后果,也就同时能够预测别人对自己依法行事的反应。

③评价、教育作用。安全法规也是判断、衡量人们行为是否合法的标准。人们可用这个标准去评价任何人的行为。在评价的同时,也带来教育作用。安全法规的实施、宣传和学习

对人们是一种教育。

④强制作用。对违反安全法规的行为进行制裁,这是一种强制作用。安全法规的强制作用是对上述作用的保证。

(2)安全法规的社会作用

经济建设是国家的中心任务。任何物质的生产都需要保护生产力。然而,事故的发生却造成人员伤亡或机器设备的损坏,直接破坏生产力。做好安全生产便可有效地保护生产力,也就有力地促进了经济建设的发展。

马克思主义政治经济学认为,商品价值由不变资本补偿、可变资本补偿和剩余价值所组成。厂矿企业发生事故,产品价值的基本构成不变,但各个组成部分的数值发生了变化。例如,发生事故损坏了设备,需要增加不变资本的补偿额;造成人员伤亡,需要增加可变资本的补偿额。由于增加了不变资本和可变资本的补偿额,其经济损失只能由剩余价值来承担,这是与企业的生产目的(即增加经济效益)相违背的。随着我国经济体制改革的不断深入,安全生产与经济规律的关系更加重要,安全法规的社会作用也就越加明显和重要。

5 安全法规与科学技术

安全法规是法律,属于上层建筑;科学技术是生产力。安全法规作为调整人们行为的重要手段,同时也是保护和促进科学技术发展的有力武器。而科学技术又是安全法规立法的一个重要依据。特别是现代突飞猛进的科学技术,使得人们有可能利用先进的技术和设备进行生产并对生产过程中的安全状态进行预测、预报、预防,大大提高和优化了生产过程的安全状态。"知识就是力量",17世纪的英国大法官弗兰西斯·培根的这句名言集中地反映了人类利用科学技术发展生产、战胜自然的意志。通过安全法规的杠杆作用,保护和促进安全科学技术的发展,其道理是很明显的,安全科学技术尽管主要涉及自然界,但总是在一定的社会关系中发展的,同社会的经济、政治、思想、文化等方面有着密切的联系。

法律保护促进了科学技术的发展,科学技术的发展又推动了法律的完善和更新,两者相辅相成、相得益彰。良性循环的基础是尊重客观规律。只有尊重客观规律,体现劳动者的意志的法律,才能适应科学技术的发展,成为主观通向客观的桥梁或中介,产生巨大的物质力量,否则良性循环就要中断。如果法律窒息了科学,法律也就丧失了赖以发展的科学基础和经济基础,良性循环将转化为恶性循环。

安全法规是建立在客观规律和科学基础上的,法律和科学技术的相互作用正逐渐被人们所重视,加强安全立法已成为劳动者的共同愿望和我国经济建设的迫切要求。

二 安全法规的主要内容

1 安全法规的立法

安全法规的立法就是依据《中华人民共和国宪法》,按照一定的立法程序所进行的一系列工作。安全法规立法的主要内容如下：

（1）国家和政府对劳动保护和安全生产的基本方针、政策和原则。

（2）各有关部门直到厂矿企业领导和职工对劳动保护和安全生产所应有的责任、权力和利益。责任，包括遵守执行劳动保护和安全法规，采取预防为主的措施，接受上级有关部门的监督检查；权力，包括有权拒绝违反劳动保护和安全法规的瞎指挥，要求上级有关部门的安全监察人员到厂矿进行检查等；利益，包括对劳动保护和安全生产作出贡献的人员，根据其贡献的大小应受到国家有关部门和厂矿企业的奖励。

（3）安全技术、工业卫生和其他有关劳动保护和安全技术的要求和系列标准。

（4）新建、扩建厂矿企业和引进新技术的劳动保护和安全技术要求。

（5）厂矿企业改善劳动条件和安全装备的经费、渠道和筹款方式。

（6）职工进行安全技术培训的要求、标准和考核制度。

（7）工伤事故的调查、分析和统计呈报程序以及工伤事故的诊断标准。

（8）对违反劳动保护和安全法规发生事故的处理程序和处罚规定。

（9）厂矿企业中安全管理机构的设置、管理和人员的配置及其纵横关系。

（10）厂矿企业接受上级安全监察部门检查的有关规定。

（11）对事故的救护、工伤事故的医疗制度、个人安全防护用品标准以及劳动保护和安全管理的科学研究等方面的规定。

劳动保护和安全管理的立法内容将随着经济的发展和科学的进步而不断扩展、更新。

❷ 安全监察

劳动保护和安全管理立法的另一重要方面，就是安全监察。安全监察的主要内容如下。

（1）确定国家的安全监察执法机构

我国企业安全管理的体制是：实行国家安全监察、行业安全管理、群众安全监督相结合。根据这一原则，设立国家、地方的安全监察机构，并向有关行业企业派驻安全监察机构或安全监察员。

（2）明确安全监察性质

国家安全监察是企业生产发展到一定阶段的必然产物，是保证企业安全生产的法律保障。安全监察具有国家监督、外部监督、法律监督和专业监督四种基本属性。

①国家监督。国家安全监察就是在国家赋予的职权范围内，监督企业及其主管部门贯彻执行安全生产方针和安全法规。

②外部监督。国家安全监察机构或人员与被监督的企业必须无隶属关系和直接的利害冲突，这在形式上表现为外部监督。

③法律监督。国家安全监察的性质、职权和任务是由国家法律规范所确定的。

④专业监督。按照国家安全监察的职权，对企业生产的关键环节和技术实行专门监督。

（3）安全监察的任务

安全监察的任务就是监督劳动保护和安全法规的贯彻执行，保护劳动者在生产过程中的安全、健康,保护国家和社会财产,促进企业的生产发展。

(4)安全监察的职权

安全监察的职权分国家安全监察机构的职权和国家安全监察员的职权。

①国家安全监察机构的职权。

国家安全监察机构的职权如下:

a.宣传安全生产方针和劳动保护政策、法令,监督安全法规的贯彻执行。

b.拟定行业安全法规和标准,审批行业安全规程。

c.规划和指导行业安全和职业卫生(工程技术)工作,开展安全科学研究。

d.监督企业开展安全教育和技术培训,对企业负责人进行安全资格审查。

e.参加企业设计审查和工程竣工验收,参加企业安全科研成果和有关新技术的鉴定。

f.检查企业安全技术措施的完成情况和安全技术措施经费的使用情况。

g.检查企业安全工作,对违反安全法规和危害职工安全健康的情况提出处理意见。必要时,向有关企业或企业的主管部门发出"企业安全监察意见通知书",要求他们限期改正或限期解决。

h.统计、分析企业事故和职业病情况,提出预防措施。参加企业事故调查,监察事故处理。

i.对严重违反安全法规的企业和有关人员,有权处以罚款。

j.对严重违反安全法规的企业及其主管部门的责任者和领导者,有权提请上级机关给予行政处分或提请司法机关依法惩处。对不具备基本安全生产条件的企业,有权提请有关部门令其停产整顿或予以封闭。

②国家安全监察员的职权。

国家安全监察员在其所负责的范围内,具有如下职权:

a.有权随时进入现场检查。

b.有权参加企业召开的有关会议。

c.有权调阅有关资料、向有关单位或人员了解情况。

d.发现有危及职工安全健康的情况时,有权要求立即改正或限期解决;情况紧急时,有权要求立即从危险区域内撤出所有人员。

(5)制定安全监察的工作方法

安全监察的工作方法可按生产过程或工作方式来制定。

①按生产过程其工作方法可分为:前期监督,即在生产活动开始前的监督活动,也称为基础监督;同期监督,即与生产活动同时进行的监督,其对象主要是制度的执行、设备的运转、设施的使用、有害因素的控制;后期监督,是指对生产活动造成的事故后果的监督。

②按工作方式的不同,安全监察的工作可分为:发布有关安全的规定、办法和文件,并通过各种手段强制执行;监督企业管理部门制定贯彻国家劳动保护和安全法规的落实细则、行业安全规程和安全管理制度;监督企业管理部门制定行业安全技术规划和发展规划;对现场进行监察,实施全面监察、专业监察和重点监察。

（6）安全监察手段

国家安全监察机构有着特殊的法律地位，他是由国家法律赋予特定权力的专门机构，他可以同时利用法制手段、行政手段和经济手段从事安全监察活动。

实行国家监察、行业安全管理和群众监督相结合，确保劳动保护和安全法规的贯彻执行。有了这样一整套完整、系统、统一的国家劳动保护和安全管理的立法，就能使劳动保护和安全管理的各项规章制度做到系列化、标准化，厂矿企业的劳动保护和安全管理就可做到有章可循、有法可依，真正做到安全生产人人有责，责任有考核，考核有标准，标准有奖惩。

三　安全生产及基本要求

我国对安全生产的指导方针是："生产必须安全，安全促进生产；安全第一，预防为主。"

安全与生产是矛盾的统一体，不进行生产就不存在安全问题，生产必然有安全问题。安全始终贯穿整个生产过程之中，安全对于生产起着既制约又促进的作用。安全工作做不好，事故就会频繁发生，不仅会造成巨大的经济损失，增加生产成本，使劳动者在肉体和精神上都受到严重创伤，而且会造成恶劣的社会影响，这些都会严重地阻碍生产的顺利进行。安全生产就是要保护人这个生产力中最积极、最活跃的因素，亦即从根本上保护了生产力，对促进和发展生产起着重要作用。

不同的行业有不同的具体要求，不同的作业又有不同的防护措施。这里仅就安全生产的基本要求作必要的讨论。

（1）企业必须按照国家的法令和规定进行建设，并取得主管部门颁发的生产许可证。

（2）在资金许可的前提下，尽量采用先进技术实现机械化、自动化，对危险岗位实现无人操作和远距离控制。

（3）选用符合安全生产要求的设备。

（4）创造良好的工作环境。

（5）有严密的管理制度和切实可行的岗位责任制、安全操作规程。

（6）工人上岗前经过良好的教育和技术培训。

（7）在发生事故时有报警设备、消防设备以及充分的防护抢救设备。

（8）有良好的通信联络及城市轨道交通运营工具，以便一旦发生事故，及时联系抢救。

（9）有从上到下对安全工作重视的良好风气和责任感。

知识链接

城市轨道交通运营有关的安全法规摘要

中华人民共和国安全生产法

第三条　安全生产管理，坚持安全第一、预防为主的方针。

第十六条 生产经营单位应当具备本法和有关法律、行政法规和国家标准或者行业标准规定的安全生产条件;不具备安全生产条件的,不得从事生产经营活动。

第二十一条 生产经营单位应当对从业人员进行安全生产教育和培训,保证从业人员具备必要的安全生产知识,熟悉有关的安全生产规章制度和安全操作规程,掌握本岗位的安全操作技能。未经安全生产教育和培训合格的从业人员,不得上岗作业。

第三十条 生产经营单位使用的涉及生命安全、危险性较大的特种设备,以及危险物品的容器、运输工具,必须按照国家有关规定,由专业生产单位生产,并经取得专业资质的检测、检验机构检测、检验合格,取得安全使用证或者安全标志,方可投入使用。

第三十四条 生产经营场所和员工宿舍应当设有符合紧急疏散要求、标志明显、保持畅通的出口。禁止封闭、堵塞生产经营场所或者员工宿舍的出口。

第四十五条 生产经营单位的从业人员有权了解其作业场所和工作岗位存在的危险因素、防范措施及事故应急措施,有权对本单位的安全生产工作提出建议。

第四十六条 从业人员有权对本单位安全生产工作中存在的问题提出批评、检举、控告;有权拒绝违章指挥和强令冒险作业。

第四十七条 从业人员发现直接危及人身安全的紧急情况时,有权停止作业或者在采取可能的应急措施后撤离作业场所。

第四十九条 从业人员在作业过程中,应当严格遵守本单位的安全生产规章制度和操作规程,服从管理,正确佩戴和使用劳动防护用品。

第五十条 从业人员应当接受安全生产教育和培训,掌握本职工作所需的安全生产知识,提高安全生产技能,增强事故预防和应急处理能力。

中华人民共和国劳动法

第五十二条 用人单位必须建立、健全劳动安全卫生制度,严格执行国家劳动安全卫生规程和标准,对劳动者进行劳动安全卫生教育,防止劳动过程中的事故,减少职业危害。

第五十四条 用人单位必须为劳动者提供符合国家规定的劳动安全卫生条件和必要的劳动防护用品,对从事有职业危害作业的劳动者应当定期进行健康检查。

第五十五条 从事特种作业的劳动者必须经过专门培训并取得特种作业资格。特种作业是指在劳动过程中易发生伤亡事故,对操作者本人,尤其是他人或生产设备的安全有重大危害因素的作业。

第五十六条 劳动者在生产劳动过程中,既享有劳动安全卫生保护的权利,又必须履行劳动安全卫生保护的义务。

中华人民共和国刑法

刑法规定,由于人的过失,在生产活动中发生重大事故,造成严重后果,构成犯罪,要受到法律惩罚。

第十二条 应当预见自己的行为可能发生危害社会的结果,因为疏忽大意而没有预见,或者已经预见而轻信能避免,以致发生这种后果的,是过失犯罪。

四 城市轨道交通运营主要安全法规

为了加强城市轨道交通运营管理,保证城市轨道交通正常、安全运营,维护城市轨道交通运营秩序,保障乘客和城市轨道交通运营者的合法权益,住房和城乡建设部制定了适用于城市轨道交通运营及相关管理活动的《城市轨道交通运营管理办法》。在此基础上,许多城市根据国家相关法律、法规,结合地域特点制定了《轨道交通管理条例》。进一步规范城市轨道交通管理,确保建设的顺利进行和运营安全。

2.3

城市轨道交通人员安全管理

一 人员心理与生理的管理

1 心理现象与城市轨道交通运营安全的关系

在人-机-环境系统中,人的心理现象及其规律性与城市轨道交通运营安全密切相关,因此,研究和揭示运输生产过程中人的心理现象及其规律性,已越来越受到国内外城市轨道交通运营安全管理部门和专家学者的高度重视。

按照心理学原理,心理现象是人的大脑对客观现实的反映,包括心理过程和个性心理特征两个互相联系又相互制约的方面,且各自都包含一些复杂的心理要素和具体表现形式。影响城市轨道交通运营安全的心理要素主要有感觉、知觉、记忆、思维、注意、情绪、能力、疲劳、需要、动机、意识、气质和性格等。

在运输生产活动中,人的操作过程主要有三个环节,即辨认接收信息、操纵控制设备、观察调整运作,所有这些行为均受心理现象影响。当人的心理现象处于积极状态时,感知快速,思维敏捷,动作可靠,能保证系统正常运转。否则,人的感知觉、思维和反应机能就不能正常发挥,差错增多,导致事故发生的可能性就很大。因此,积极的心理现象是保证城市轨道交通运营安全的内在依据,消极的心理现象及由此产生的侥幸、麻痹、惰性、烦闷、自满和好奇等心理倾向,是人的差错(辨认不清、主观臆测、理解不当、判断失误等)引发事故的深层次原因。人的心理现象状态及其转变程度,成为运输生产中事故与安全相互转化的制约因素,城市轨道交通运营安全的心理保障关键就在于采取各种有效的手段和措施以提高人的心理素质。

❷ 心理要素与城市轨道交通运营安全

(1)感觉和知觉与城市轨道交通运营安全

感觉是人通过感觉器官对客观事物个别属性的直接反映。知觉是客观事物的各种表面现象和诸多属性通过人的各种感官在大脑中的综合反映。知觉不仅依赖现实的感觉,而且也依赖于以往感觉经验的积累。感觉和知觉二者密不可分,通常将这两种心理现象称之为感知或感知觉。

在运输生产过程中,有些事故是由于人的感知觉发生错误(如误认信号、误听或误传命令等)而造成的。引起错觉的原因很复杂,既有心理因素,也有心理因素和生理因素。错觉现象也很多,其中,视觉错误对城市轨道交通运营安全的影响较大。

(2)记忆和思维与城市轨道交通运营安全

记忆是人脑对所经历过的人和事的识记、保持和重现。思维是大脑在感知和记忆的基础上,对客观信息进行分析、综合、判断和推理的心理过程。如在运输工作中,运输指挥人员忘记将计划变更内容及时准确地通知作业人员,或因情况变化,不能立即分析判断,采取对策,就会因贻误时机而直接危及城市轨道交通运营安全。

记忆和思维是铁路员工重要的心理要素,没有较好的记忆能力,就不能很好地按章办事,执行计划。没有较强的思维能力就难以对非正常情况下的各种作业进行妥善处理。

(3)注意与城市轨道交通运营安全

注意是一种心理活动状态,按其作用或功能分为三种情况:一是注意力集中,即把心理活动重点指向特定对象,对其他无关的心理活动进行抑制,不因无关刺激源的干扰而分散精力;二是注意分配,即在同时进行两种及其以上活动时,把注意有目的地指向不同对象;三是注意转移,即根据活动需要,主动有序地把注意从一个对象转移到另一个对象上。

注意是保证城市轨道交通运营安全的基本心理条件。任何一项工作都是由多个作业环节组成的,如果作业人员的注意不集中,或过分集中而不能及时转移,或注意分配不当等,都有可能导致运输事故发生。

(4)情绪与城市轨道交通运营安全

情绪是人对客观事物是否满足自身需要,或是否符合自己的愿望和观点而表现出来的肯定(满意、愉快、高兴等)或否定(不满、不快、憎恨等)的态度体验。按其程度不同,情绪可分为心境、激情和热情三种状态。心境是一种比较平静而持久的情感体验;激情是一种迅速、强烈爆发出的短暂情感状态;热情是属于富有理性、稳定而深厚的情感表现。情绪和情感状态有积极和消极之分,良好的情绪和情感是保证城市轨道交通运营安全的充分必要条件;情绪不稳、心境不佳则是发生事故的重要原因。

(5)气质和性格与城市轨道交通运营安全

气质系指人的心理过程在强度、速度、灵活性和稳定性等方面的心理动力特征;性格是人对周围人和事的稳定态度和行为方式的心理特征。二者互相渗透、相互影响。

因为气质和性格的外在表现都是围绕着"做什么"(表现为对现实的态度)、"怎样做"(表现为行为方式)展开的,因此,从事运输生产人员的性格和气质对城市轨道交通运营安全直接相关。良好的气质和性格是作业人员实现自控的心理保证。而气质较差、性格有缺陷的职工,因客观存在的心理障碍而导致自控能力较差的问题,应通过各种安全管理手段促使矛盾向有利于安全的方面转化。

(6)能力与城市轨道交通运营安全

能力是完成某种活动所必需的并直接影响活动效率的身心发展基本品质,是个性心理重要特征之一。能力可分为一般能力和特殊能力,观察力、记忆力、注意力、思维能力和想象力等属于一般能力范畴。他们适应于广泛的范围,为人们认识客观事物,掌握科学文化知识提供了智力保证。诸如色彩鉴别力、音响辨别力、图像识别力等均系特殊能力,只能在特定范围和条件下发生作用。例如在列车技术作业过程中,列检所车辆检修人员通过锤敲耳听就能探测出车辆部件或零件的故障或隐患所在,这就是一种特殊能力。运输职工能力强弱直接关系到运输生产的安危,如细心观察、牢靠记忆、沉着应变、敏捷思维、准确判断及清楚表达等能力是广大职工安全高效地完成运输生产任务的重要保证。反之,观察不细、记忆不好、判断不准、表达不清和反应迟缓等,就会使运输事故发生的可能性增加。

(7)疲劳与城市轨道交通运营安全

疲劳是人在连续工作一定时间后,体力和精力消耗超过正常限度所出现的生理、心理机能衰退的现象,其表现是:生理机能下降,肌肉酸痛,身体困乏,头痛头晕,视觉模糊,呼吸急促,心率加快,血压升高等;心理机能下降,注意力分散,感知觉失调,记忆和思维减退,反应迟缓等。疲劳在生理上"不能再干下去"和心理上"不想再干下去"的综合影响,轻则使工作效率降低,重则因判断失误或操作不当而导事故发生。

铁路运输工作中,客货列车运行速度高,噪声大,露天作业自然环境条件差,职工连续工作时间长,加之安全正点要求高,使生产和管理人员心理压力大,耗费的身心能量多。因此,研究和减轻疲劳,对保证城市轨道交通运营安全有重要意义。

(8)需要和动机与城市轨道交通运营安全

需要是人为了生存发展而产生的生理需求和对社会的需求在大脑中的反映;动机是人由于某种需要或愿望而引起的一种心理活动,是激励人们以行为达到目的的内因和动力。按照心理学揭示的一般规律,需要产生动机,动机支配行为。

人对安全的需要是马斯洛"需要层次理论"的重要组成部分。来自安全需要的安全动机有两方面的含义:一方面是保护自身不受伤害的动机;另一方面是保护他人、财产和设备等不被伤害和损坏的动机。前者是人的本能,一般情况下人不可能做出有意伤害自身的事情,这种自卫的动机基本上不需要培养和激励,但应经常告诫和提醒。而后者涉及他人、集体和国家利益,需要加强培养和激励。

人的安全行为是在一定条件下,受安全动机指使的主观努力的结果,城市轨道交通运营安全心理保障所要研究解决的核心问题,就是如何强化人的安全意识和动机,助长遵章守纪、按标准化作业的安全行为,最大限度地减少消极心态对安全生产的不良影响。

❸ 城市轨道交通运营安全心理的保障条件

(1)增强安全意识

意识是人对客观事物的认识、思维和需求等心理活动发展到高级阶段时的心理沉淀,人的意识来自于实践,并在实践中得到发展。意识的自觉性和能动性,具有改变客观现实的作用。

牢固的安全意识是城市轨道交通运营安全的重要前提和保证,是广大干部和职工对城市轨道交通运营安全的认识、情感和态度发展到严于律己时的思维定式,是形成安全动机和行为的先决条件。增强个人安全意识可确保安全自控;增强群体安全意识可实现安全互控和联控。其主要途径如下:

①坚持正面教育。不断进行安全教育和定期培训,使广大职工正确认识并处理好安全与效率、效益的关系;安全与国家、集体、个人之间的关系;安全与自控、互控、联控之间的关系,使安全意识的能动性得到充分发挥。

②强化三种安全管理意识。一是人本意识,人是安全生产中最富有主观能动性、创造性和积极性的要素。二是长远意识,警钟长鸣,长治久安是安全运输的根本所在,来不得半点松懈和麻痹。三是辩证意识,硬性制度、严格检查和加大奖惩力度是必要的,但更需要在提高职工队伍综合素质及促进安全习惯行为的养成上下工夫。

③树立典型示范员工。通过树立典型示范员工,使班组成员学比有榜样,赶超有对象,牢固树立"安全生产光荣,违章违纪可耻"的观念,自觉为安全生产多作贡献。

④利用从众心理。充分发挥班组优良作风和集体荣誉的作用,加大制度和纪律的约束力,增强群体一致向上的凝聚力,形成"要我安全变成我要安全"的氛围。

(2)激励安全动机

激励是指运用精神和物质手段去激发人的动机的心理过程。一个人有多种多样的动机,各种动机因强度不同,对人的行为所起的支配作用也不同,城市轨道交通运营安全管理必须通过强有力的激励措施,使安全动机在职工心理上占有主导地位。对安全生产进行激励的目的是通过激励引导职工的安全需要,强化安全动机,促成安全行为。在职工角色定位(职责、任务等)和一定思想业务素质条件下,运用激励手段,鼓励他们忠于职守,努力工作,在安全生产上取得成绩,并获得应有的奖励,从而使他们在精神和物质上得到暂时的满足。如果因违章违纪造成事故损失受到惩罚后,通过认真总结经验教训,避免事故再次发生。然而,不论是暂时满足还是吸取教训,都会使职工面对新的机遇和挑战,应调整自己的行为。

随着经济和社会发展,激励的手段和方法呈多元化趋势,主要有奖励与惩罚、竞赛与升级、职工参加民主管理和对管理行为实施监督等。城市轨道交通运营安全生产的长期实践证明,竞赛与奖励相结合的方法是激励广大干部和职工提高安全生产积极性的有效途径。

应该指出的是,在激励安全动机的同时,还要注意遏制不安全的动机。如少数职工为图省事而简化作业程序,为逞强好胜而故意违章违纪,为逃避事故惩罚而推卸责任或隐瞒事故等。消除这些消极心态,对防患于未然是十分重要的。

（3）提高技术业务能力

能力是一个人比较稳定的心理特征,与知识、技能关系密切。知识是人类历史经验的总结和概括,对个人来说是学习的结果;技能是实际的操作技术,是训练的结果。知识和技能是人的能力形成的基础,并能促进能力的发展。为了提高职工的技术业务能力,必须坚持教育和实践。

①持续开展全员业务知识、安全知识和安全技能教育,尤其要将新职工、班组长作为培训重点,强化非正常情况下的作业应变能力,进行系统超前培训,严格"先培训、后上岗"制度。

②对职工教育应坚持重现场需要、重实际操作、重实际成效的原则,大力改进培训方式、方法。借鉴国际劳工组织推出的先进的模块式技能培训方式(MES法),结合实际,对城市轨道交通运营运输各业务工种的实际操作技能分解成单项模块式教学内容,进行组合式培训。

③经常性地开展学标、对标、达标活动。本着干什么学什么的原则,组织各工种所有在岗职工按照作业标准,反复学、反复教、反复练,直到熟知熟练为止。

（4）改善城市轨道交通运营安全环境

①城市轨道交通运营安全的工作环境。一定的工作环境会使人们产生一定的心理状态,而心理状态决定人们工作的竞技状态。良好的工作环境,能使人们以饱满的热情,充沛的精力投入安全生产。如果室温不宜、噪声严重超标、照明太亮或过暗,就会使人感到烦躁或因疲劳导致操作失误。因此,应根据人的感知、注意、记忆、思维、反应能力在不同环境因素下的变化规律,对不同作业场所的照明、色彩、温度、湿度、粉尘、布局等,从对人的心理产生积极影响的效果出发进行设计和安排。

②城市轨道交通运营安全的内部社会环境。在运输生产过程中,除了人与自然的关系即工作环境外,还有人与人之间的关系或称人际关系,即运输系统内部的社会环境问题。不同的人际关系会引起不同的情绪体验,产生不同的安全生产效果。融洽的人际关系,良好的内部社会环境是保证城市轨道交通运营安全的重要条件。这除了与职工个人修养有直接关系外,主要取决于领导的管理行为所营造的宽松环境。

在运输生产过程中,各级组织对安全工作的领导必须坚持严字当头、严格要求、严肃管理,但同时也要正确处理好人与人之间的关系,包括领导、干部与职工之间的关系。协调干群关系的关键在于要树立廉洁奉公的干部形象,切实转变干部作风,重点解决好作风不实、工作飘浮、官僚主义、形式主义和好人主义的问题,真心实意地关心职工生活,满腔热情地体察职工的思想、情感和困难,尽最大努力满足他们多层次的需要,帮助他们解除后顾之忧,使广大职工身体健壮、精力充沛、情绪饱满地投身到运输生产中去。

二 团队合作

① 团队合作的意义

在现代的城市轨道交通运营管理中,团队合作是十分重要的问题。良好的团队合作对组织的每个成员都有激励和约束作用。在城市轨道交通运营运输的各个系统中,都要求团队发挥整体的工作效能,由此形成了各种作业"班组"的概念。随着城市轨道交通运营运输系统变得越来越复杂,自动化程度越来越高,分工越来越细,反过来抑制了团队工作和信息交流。城市轨道交通运营作业本身涉及多方面的知识和技能,例如,航空运输中,完成起落架维修可能涉及多个专业,包括液压、电气和装配技能,班组正是适应这种要求建立的。一个作业班组(如航空器维修班组)具有为完成某个工作目标包含的大量任务所必需的各种技能,小组成员间需要不断相互支持和进行信息沟通,从而激发思考能力和创新能力。

通常在小组成员间还存在一定的竞争以获得领导地位,这可成为改善小组表现的积极动力。在团队合作中,强调信息沟通、领导能力、判断和决策以及应激管理等,这对改善工作质量,调动小组成员的主观能动性、积极性和创造性,使他们认识到工作的重要性和价值,并参与决策,想方设法完成工作具有重要的作用。

② 班组资源管理

(1)班组成员的搭配

人是万物之灵,又有千差万别。任何两名工作人员,无论个人性格、工作经验、业务技能、调配习惯、工作作风都是不尽相同的。每名工作人员都有自身的优点,也有各自的缺点。在工作实践中发现,好的班组能分工合作、协调配合、相互提醒、相互弥补,从而使班组形成多层次安全防护系统;而不好的班组互相冲突、互相制约,即使每个人员都极其优秀,班组依然十分脆弱。加强对班组成员的合理搭配,可从以下方面入手:

①性格互补。每名工作人员都有自己不同的个性,气质不同,性格也不同。有的性格粗犷,有的温和雅致;有的内向,有的外向;有的急躁冲动、性情激烈;有的处事冷静、不温不火。假如班组成员都是急性子,躁脾气,必然很难相处;同样,班组成员都性格内向,则很难沟通,久而久之势必难以配合。班组中,各成员的性格会相互作用,相互影响,有的相互促进,有的相互妨碍,互补搭配应是一种较好的配置。

②能力互补。不同的人员在能力上有各自的特点。有的理论知识扎实,有的特殊情况处置经验丰富。建立一个智能互补型的班组,有利于人员之间的知识互用,优势能力互补,扬长避短,有利于整个班组发挥整体效能。

③能形成团结的班组气氛。两名工作人员在生活中有了矛盾,在矛盾化解之前,如果安排他们搭配工作,结果势必是 $1+1<1$。这就是说,对班组成员的搭配,必须事先作出调查分

析,了解人员之间的人际关系,考虑到人员搭配在一起是互相猜测、挑剔、妒忌、怨恨、拆台,还是互相帮助、体贴、关心,能否形成和谐、融洽、宽松、团结、谦和的工作环境。

④年龄、性别互补。年龄、性别不同的成员,不仅身体状况、心理状况、工作资历、人生经历不同,而且智力、体力、能力、作用也不一样。而同一年龄段、同一性别的人员又常常表现出相同的特点。班组的组建以老、中、青相互搭配的年龄结构比较理想。

⑤职位、资历、能力成梯度搭配。对于职位、资历、能力而言,有的人员高,有的人员低。当高者与低者落差相当大时,即使高者的指令不当,低者慑于高者的威望,一般不敢提出自己的主张,达不到交叉监视和检查的目的。而低者在指挥过程中,往往畏畏缩缩,没有自信心,时刻担心出错,心理压力很大。过于平坦的搭配,有可能互相挑剔,谁也不服谁,产生逆反心理,反其道而行之。不合理的梯度使工作人员产生微妙的心理效应,干扰班组成员正常的交流协作,合理的匹配梯度使工作人员之间有一定的梯度,但不能过于陡峭或平坦,班组长应是资历和能力综合素质的最高者。

(2)班组资源的实施

班组资源管理体现了集体的智慧和力量。避免和减少人员差错最有效的办法就是组建协调默契的班组。虽然个人会犯错误,但集体的力量、团队和班组的行为可以弥补个人的失误,班组资源的优点在于 $1+1>2$。

职工的个人素质是城市轨道交通运营安全管理的基础,也是班组资源的基础。班组的建设和班组资源是降低城市轨道交通运营事故率和保证安全的关键。不同的职工,其知识和技能不尽相同,且对信息的获取及情况的判断难免有偏差失误,长时间的工作难免有疏漏,处置特殊情况也难免顾此失彼。只有班组分工合作、协调配合、相互提醒、取长补短、相互弥补,才能发挥班组整体强有力的安全堡垒作用。所以安全系于班组整体,而不是个别成员。

加强班组资源管理,首先必须明确,班组成员之间保证安全的责任完全相同,发生城市轨道交通运营事故、差错时承担的责任完全相同,立功受奖人人相同。只有这种责任共担的制度才能消除各人管各人的现象,才能保证组员之间形成既有分工、又有合作的局面。

沟通是班组成员之间的交流和联络,也是配合协作的先决条件。沟通对于班组无异于血液循环对于生命有机体,沟通能确保班组成员获得的信息得到共享,增进合作。沟通应注意时效问题(例如,空中城市轨道交通运营管制、铁路行车调度指挥等工作具有较强的时效性),信息的发出一定要及时,并与对方接收的信息在内容上完全一致。如果不能达到正确的理解,则意味着信息沟通发生了障碍。工作人员之间的沟通包括态度、情感、思想、观念、意图的交流。

①切忌固执己见。城市轨道交通运营管理工作虽然有分工,但目标是一致的,即保证城市轨道交通运营安全。必须明确在具体城市轨道交通运营管理工作中,有的人员不愿意接纳他人正确的意见,不仅会造成管理失误,还会影响班组的团结。

②大胆陈述自己的观点和疑问。城市轨道交通运营管理过程中,当我们对城市轨道交通运营动态和组员的调配存在疑问或者有好的建议,应坦诚、公开、及时地提出来,供大家商

讨和参考。

③先接受补救措施,再追究个人失误原因。对于其他人员提出的安全隐患、事故苗头,主管应无条件,不带半点情绪和侥幸心理,立刻作出反应,挽回局面,至于查找个人失误原因则在其次。

④不过分干涉组员力所能及的工作,多建议,少命令和指责。鼓励组员公开讲明自己的意图,形成透明的工作环境,以便于组内监督和配合。

⑤鼓励组员在模棱两可的情况下,执行建议者的指挥意图。无论是接受建议还是向别人建议,努力做到减少个人情感的参与。谁是正确的并不重要,重要的是什么是正确的。

三 安全教育与培训

1 安全教育的意义

安全教育是事故预防与控制的重要手段之一。根据事故致因理论,要想控制事故,首先是通过技术手段(如报警装置等)、通过某种信息交流方式告知人们危险的存在或发生;其次则是要求人在感知到有关信息后,正确理解信息的意义,即何种危险发生或存在,该危险对人会有何种伤害,以及有无必要采取措施和应采取何种应对措施等。而上述过程中有关人员对信息的理解认识和反应的部分均是通过安全教育的手段实现的。

诚然,用安全技术手段消除或控制事故是解决安全问题的最佳选择。但在科学技术较为发达的今天,即使人们已经采取了较好的技术措施对事故进行预防和控制,人的行为仍要受到某种程度的制约。相对于用制度和法规对人的制约,安全教育是采用一种和缓的说服、诱导的方式,授人以改造、改善和控制危险的手段和指明通往安全稳定境界的途径,因而更容易为大多数人所接受,更能从根本上起到消除和控制事故的作用;而且通过接受安全教育,人们会逐渐提高安全素质,使得其在面对新环境、新条件时,仍有一定的保证安全的能力和手段。

所谓安全教育,实际上包括安全教育和安全培训两大部分。安全教育是通过各种形式,包括学校的教育、媒体宣传、政策导向等,努力提高人的安全意识和素质,学会从安全的角度观察和理解要从事的活动和面临的形势,用安全的观点解释和处理自己遇到的新问题。安全教育主要是一种意识的培养,是长时期的甚至是贯穿于人的一生的,并在人的所有行为中体现出来,而与其所从事的职业并无直接关系。而安全培训虽然也包含有关教育的内容,但其内容相对于安全教育要具体得多,范围要小得多,主要是一种技能的培训。安全培训的主要目的是使人掌握在某种特定的作业或环境下正确并安全地完成其应完成的任务,故也有人称在生产领域的安全培训为安全生产教育。

安全教育的内容非常广泛,学校教育是最主要的教育途径之一。无论是小学、中学,还是大学,都应通过各种形式对学生进行安全意识的培养,包括组织活动,开设有关课程等。

在高等教育中,国外一般均采用两种方式进行安全教育:一是培养安全专业人才的专业教育,二是对所有大学生的普及教育,包括开设辅修专业或选修、必修课程等。我国基本上也采用了这种模式。目前,已有近50所高等院校培养安全工程及相关专业的本科生,近30所院校招收硕士研究生,并通过函授进修等方式对在职安全技术干部进行教育培训,努力提高其安全素质和专业知识水平。另外,部分院校也采用开设选修课程等方式进行安全教育。但总的说来,由于观念上的差异及学时、师资等方面的限制,高校中对非安全类专业学生的安全教育迄今尚停留在较低的水平上,这也使得在培养了极少量的专业安全人才的同时,却输出了一大批不具备基本的安全素质的工程技术人才和管理人才。实际上这也成为近年来恶性事故频发、安全类诉讼急升的间接原因。

安全培训,亦称安全生产教育,主要是指企业为提高职工安全技术水平和防范事故能力而进行的教育培训工作,也是企业安全管理的主要内容。他与消除事故隐患、创造良好的劳动条件相辅相成,二者缺一不可。

开展安全教育既是企业安全管理的需要,也是国家法律法规的要求。新中国成立至今,党和国家先后对安全教育工作作出了多次具体规定,颁布了多项法律、法规,明确提出要加强安全教育。同时,在重大事故调查过程中,是否对劳动者进行安全教育也是影响事故处理决策的主要因素之一。

另一方面,开展安全教育,是企业发展经济的需要,是适应企业人员结构变化的需要,是发展、弘扬企业安全文化的需要,是安全生产向广度和深度发展的需要,也是做好安全管理的基础性工作、掌握各种安全知识、避免职业危害的主要途径。

❷ 安全教育的内容

安全教育的内容可概括为三个方面,即安全态度教育、安全知识教育和安全技能教育。

（1）安全态度教育

要想增强人的安全意识,首先应使之对安全有一个正确的态度。安全态度教育包括两个方面,即思想教育和态度教育。

思想教育包括安全意识教育、安全生产方针政策教育和法纪教育。

安全意识是人们在长期生产、生活等各项活动中逐渐形成的。由于人们实践活动经验的不同和自身素质的差异,对安全的认识程度不同,安全意识就会出现差别。安全意识的高低将直接影响安全效果。因此,在生产和社会活动中,要通过实践活动加强对安全问题的认识并使其逐步深化,形成科学的安全观,这就是安全意识教育的主要目的。

安全生产方针政策教育是指对企业的各级领导和广大职工进行党和政府有关安全生产的方针、政策的宣传教育。党和政府有关安全生产的方针、政策是为适应生产发展的需要,结合我国的具体情况而制定的,是安全生产先进经验的总结。不论是实施安全生产的技术措施,还是组织措施,都是在贯彻安全生产的方针、政策。只有安全生产的方针、政策被各级领导和工人群众理解和掌握,并得到贯彻执行,安全生产才有保证。在此项教育中要特别认真开展的是"安全第一,预防为主"这一安全生产方针的教育。只有充分认识、深刻理解其含义,才能在实践中处理好安全与生产的关系。特别是安全与生产发生矛盾时,要首先解决好安全问题,切实把安全工作提高到关系全局及稳定的高度来认识,把安全视作企业头等大事来抓,从而提高安全生产的责任感与自觉性。

法纪教育的内容包括安全法规、安全规章制度、劳动纪律等。安全生产法律、法规是方针、政策的具体化和法制化。通过法纪教育,使人们懂得安全法规和安全规章制度是实践经验的总结,他们反映安全生产的客观规律;自觉地遵章守法,安全生产就有了基本保证。同时,通过法纪教育还要使人们懂得,法律带有强制的性质,如果违章违法,造成了严重的事故后果,就要受到法律的制裁。企业的安全规章制度和劳动纪律是劳动者进行共同劳动时必须遵守的规则和程序,遵守劳动纪律是劳动者的义务,也是国家法律对劳动者的基本要求。加强劳动纪律教育,不仅是提高企业管理水平,合理组织劳动,提高劳动生产率的主要保证,也是减少或避免伤亡事故和职业危害,保证安全生产的必要前提。据统计,我国因职工违反操作规程,不遵守劳动纪律而造成的工伤事故占事故总数的60% ~70%。为此,全国总工会提出要贯彻"一遵二反三落实",即教育职工遵守劳动纪律,反对违章指挥、违章作业,监督与协助企业行政部门落实各级安全生产责任制,监督与协助企业行政部门落实预防伤亡事故的各种措施,组织落实"人人为安全生产和劳动保护做一件好事"活动。这些,对于加强劳动纪律教育,认真执行安全生产规章制度,确保安全生产具有重大意义。

(2)安全知识教育

安全知识教育包括安全管理知识教育和安全技术知识教育。对于带有潜藏的只凭人的感觉不能直接感知其危险性的危险因素的操作,安全知识教育尤其重要。

①安全管理知识教育。

安全管理知识教育的内容包括对安全管理组织结构、管理体制、基本安全管理方法及安全心理学、安全人机工程学、系统安全工程等方面的知识。通过对这些知识的学习,可使各级领导和职工真正从理论到实践上认清事故是可以预防的;避免事故发生的管理措施和技术措施要符合人的生理和心理特点;安全管理是科学的管理,是科学性与艺术性的高度结合。

②安全技术知识教育。

安全技术知识教育的主要内容包括:一般生产技术知识、一般安全技术知识和城市轨道交通安全技术知识教育。

一般生产技术知识教育主要包括:企业的基本生产概况,生产技术过程,作业方式或工艺流程,与生产过程和作业方法相适应的各种机器设备的性能和有关知识,工人在生产中积累的生产操作技能和经验及产品的构造、性能、质量和规格等。

一般安全技术知识是企业所有职工都必须具备的安全技术知识,主要包括:企业内危险设备所在的区域及其安全防护的基本知识和注意事项,有关电气设备(动力及照明)的基本安全知识,起重机械和厂内运输的有关安全知识,生产中使用的有毒有害原材料或可能散发的有毒有害物质的安全防护基本知识,企业中一般消防制度和规划,个人防护用品的正确使用以及伤亡事故报告方法等。

城市轨道交通企业安全技术知识是指从事城市轨道交通企业某一岗位的职工必须具备

的安全技术知识。专业安全技术知识比较专业和深入,其中包括运营安全技术知识、安全卫生技术知识以及根据这些技术知识和经验制定的各种安全操作技术规程等。其内容涉及城市轨道交通运营各个方面。

(3)安全技能教育。

①安全技能培训和安全技能的形成。

仅有了安全技术知识,并不等于能够安全地从事操作,还必须把安全技术知识变成进行安全操作的本领,才能取得预期的安全效果。要实现从"知道"到"会做"的过程,就要借助于安全技能培训。

技能是人为了完成具有一定意义的任务,经过训练而获得的完善化、自动化的行为方式。技能达到一定的熟练程度,具有高度的自动化和精密的准确性,便称为技巧。技能是个人全部行为的组成部分,是行为自动化的一部分,是经过练习逐渐形成的。

安全技能培训包括正常作业的安全技能培训、异常情况处理的技能培训。

安全技能培训应按照标准化作业要求来进行,预先制定作业标准或异常情况时的处理标准,有计划、有步骤地进行培训。

安全技能的形成是有阶段性的,不同阶段显示出不同的特征。一般来说,安全技能的形成可以分为三个阶段,即掌握局部动作的阶段、初步掌握完整动作阶段、动作的协调和完善阶段。在技能形成过程中,各个阶段的变化主要表现在行为结构的改变,行为速度和品质的提高及行为调节能力的增强三个方面。

行为结构的改变主要体现在动作技能的形成,表现为许多局部动作联系为完整的动作系统,动作之间的互相干扰以及多余动作的逐渐减少;智力技能的形成表现为智力活动的多个环节逐渐联系成一个整体,概念之间的混淆现象逐渐减少以至消失,内部趋于概括化和简单化,在解决问题时由开展性的推理转化为"简缩推理"。

行为速度和品质的提高主要体现在动作技能的形成,表现为动作速度的加快和动作的准确性、协调性、稳定性、灵活性的提高;智力技能的形成则表现为思维的敏捷性与灵活性、思维的广度与深度、思维的独立性等品质的提高,掌握新知识的速度和水平是智力技能的重要标志。

行为调节能力的增加主要体现在一般动作技能的形成,表现为视觉控制的减弱与动作控制的增强以及动作的紧张性的消失;智力技能则表现为智力活动的熟练化、大脑劳动的消耗减少等。

②安全技能培训计划。

在制订安全技能培训计划时,一般要考虑以下几个方面的问题:

a. 要循序渐进。对于一些较困难、较复杂的技能,可以将其划分成若干简单的局部的成分,有步骤地进行练习。在掌握了这些局部成分以后,再过渡到比较复杂的、完整的操作。

b. 正确掌握练习的速度和质量的要求。在开始练习的阶段可以要求慢一些,而对操作的准确性则要严格要求,使之打下一个良好的基础。随着练习的进展,要适当地增加速度,逐步提高效率。

c.正确安排练习时间。一般来说,在开始阶段,每次练习的时间不宜过长,各次练习之间的间隔可以短一些。随着技能的掌握,可以适当地延长各次练习之间的间隔,每次练习的时间也可延长一些。

d.练习方式要多样化。多样化的练习可以提高兴趣,促进练习的积极性,保持高度的注意力。练习方式的多样化还可以培养人们灵活运用知识的技能。当然,方式过多、变化过于频繁也会导致相反的结果,即影响技能的形成。

在安全教育中,第一阶段应该进行安全知识教育,使操作者了解生产操作过程中潜在的危险因素及防范措施等,即解决"知"的问题;第二阶段为安全技能训练,掌握和提高熟练程度,即解决"会"的问题。第三阶段为安全态度教育,使操作者尽可能地使用安全技能。三个阶段相辅相成,缺一不可。只有将这三种教育有机地结合在一起,才能取得较好的安全教育效果。在思想上有了强烈的安全要求,又具备了必要的安全技术知识,掌握了熟练的安全操作技能,才能取得安全的结果,避免事故和伤害的发生。

❸ 企业管理岗位和生产岗位的安全教育

按照教育的对象,可把安全教育分为对管理岗位的安全教育和对生产岗位职工的安全教育两大部分。

(1)各级管理岗位的安全教育

管理人员安全教育是指对企业管理人员、工程技术人员的安全教育。

企业管理人员,特别是上层管理人员对企业的影响是重大的,他们既是企业的计划者、经营者、控制者,又是决策者。其管理水平的高低、安全意识的强弱、对国家安全生产方针政策理解的深浅、对安全生产的重视与否、对安全知识掌握的多少,直接决定了企业的安全状态。因此,加强对管理人员的安全教育是十分必要的。为此,原劳动部于1990年颁发了《厂长、经理职业安全卫生管理资格认证规定》、《厂长、经理职业安全卫生管理知识培训大纲》,对企业厂长、经理安全教育的内容、目标考核等作了详细的、法律性的规定。1995年,原劳动部颁发的《企业职工劳动安全卫生教育管理规定》,对各级管理人员的安全教育内容、教育时间及组织管理作了详细规定。上述三个法规使对管理人员的安全教育达到制度化和法制化。

①高层管理人员的安全教育。

本着"管生产必须管安全"的原则,高层管理人员是本单位安全生产的第一责任者,对本单位的安全生产负全面领导责任。高层管理人员的安全教育实行资格认证制度,只有通过相应劳动安全管理部门的培训,获得资格认证,才可对本企业实施劳动安全卫生管理。高层管理人员取得《安全管理资格证书》后,每隔四年需进行一次培训考核,考核情况记入证书中。调动工作时,到新单位仍任高层管理职务者,应在到任10天内(遇有特殊情况最迟不超过30天),持发证部门的培训、考核、认证登记表到调入地区的考核发证部门验证。

高层管理人员劳动安全卫生管理知识培训目标是:树立"安全第一,预防为主"的思想,熟悉国家安全生产方针、政策、法规、标准,增强安全意识和法制观念,掌握劳动安全卫生基本知识,具有一定的管理本企业安全生产工作和安全决策的能力。

②一般管理人员的安全教育。

一般管理人员安全教育的培训要求如下:

a.熟悉国家安全生产的方针、政策、法规、制度及不执行上述内容应承担的责任。

b.懂得一般安全技术、工业卫生知识,并能针对本单位情况提出改进措施。

c.懂得怎样支持专、兼职技术安全人员做好安全生产工作。

d.明确本岗位安全生产责任。

③企业安全卫生管理人员的安全教育。

企业安全卫生管理人员的安全教育要求如下:

a.企业安全卫生管理人员必须经过安全教育并经考核合格后方能任职,安全教育时间不得少于120学时。

b.安全教育内容包括:国家有关的劳动安全卫生方针政策、法律、法规和标准,企业安全生产管理、安全技术、劳动卫生、安全文化、工伤保险等方面的知识,职工伤亡事故和职业病统计报告及事故调查处理程序,有关事故案例及事故应急处理措施等。

④企业职能部门、车间负责人、工程技术人员的安全教育。

企业职能部门、车间负责人、工程技术人员的安全教育要求如下:

a.企业职能部门、车间负责人、工程技术人员的安全教育由企业安全卫生管理部门负责实施,安全教育时间不少于24学时。

b.安全教育内容包括:劳动安全卫生法律、法规及本部门、本岗位安全生产职责,安全技术、劳动卫生和安全文化的知识,有关事故案例及事故应急处理措施等。

(2)生产岗位职工的安全教育

生产岗位职工的安全教育一般包括:三级安全教育,特种作业人员安全教育,经常性安全教育,"五新"作业安全教育,复工、调岗安全教育等。

①三级安全教育。

三级安全教育制度是厂矿企业必须坚持的基本安全教育制度和主要构成。他包括厂级教育、车间教育和班组教育。教育时间不得少于40学时。

厂级安全教育是对新入厂的工人(包括到工厂参观、生产实习的人员和参加劳动的学生以及外单位调动工作来厂的工人)的厂一级的安全教育,由企业主管厂长负责,企业安全卫生管理部门会同有关部门组织实施。厂级安全教育应包括劳动安全卫生法律法规、通用安全技术、劳动卫生和安全文化的基本知识、本企业劳动安全卫生规章制度及状况、劳动纪律和有关事故案例等项内容。

车间教育是新工人或调动工作的工人被分配到车间后所进行的车间一级安全教育,由车间负责人组织实施。教育内容包括本车间劳动安全卫生状况和规章制度,主要危险、危害因素及注意事项,预防工伤事故和职业病的主要措施,典型事故案例,事故应急处理措施等项内容。

班组安全教育是新工作或调动工作的人到达生产班组之前的安全教育。由班组长组织实施。班组安全教育内容应包括遵章守纪，岗位安全操作规程，岗位间工作衔接配合的安全卫生注意事项，典型事故案例，劳动防护用品的性能及正确使用方法等内容。

企业新职工应按规定通过"三级安全教育"并考核合格后方可上岗。考核情况要记录在案，六个月后一般还应进行复训教育，考试成绩要记录。

②特种作业人员安全教育。

特种作业是指容易发生人员伤亡事故，对操作者本人、他人及周围设施的安全有重大危害的作业。直接从事特种作业的人员为特种作业人员。

1999年7月原国家经济贸易委员会（注：由于体制改革，现为国家安全生产监督管理局）颁布了《特种作业人员安全技术培训考核管理办法》，该办法中所称特种作业包括：电工作业、金属焊接切割作业、起重机械（含电梯）作业、企业内机动车辆驾驶、登高架设作业、锅炉作业（含水质化验）、压力容器操作、制冷作业、爆破作业、矿山通风作业（含瓦斯检验）、矿山排水作业（含尾矿坝作业）及由省、自治区、直辖市安全生产综合管理部门或国务院行业主管部门提出并经原国家经济贸易委员会批准的其他作业。

特种作业人员在独立上岗作业前，必须进行与本工种相适应的、专门的安全技术理论学习和实际操作训练。培训内容和要求按原劳动部颁布的《特种作业人员安全技术培训大纲》执行，培训教材由省级安全监察部门统一指定。特种作业人员培训单位的资格需经地市级安全监察部门考核认可。特种作业人员的考核与发证工作，由特种作业所在单位负责按规定申报，地市级安全监察部门负责组织实施，安全监察部门对特种作业人员的安全技术考核与发证实施国家监察。取得"特种作业人员操作证"者，每两年进行一次复审；未按期复审或复审不合格者，其操作证自行失效。离开特种作业岗位1年以上的特种作业人员，须重新进行技术考核，合格者方可从事原工作。

锅炉司炉、压力容器操作、电工作业、金属焊接（气割）作业、建筑登高架设作业和企业内的机动车辆驾驶等人员，由市劳动行政部门或其指定的单位考核发证。其他特种作业人员分别由公安（对爆破作业人员）、铁路（对铁路机车驾驶人员）、煤炭（对煤矿井下瓦斯检验人员）、电业（对电业系统的电工作业人员）等部门考核发证。

③经常性安全教育。

由于企业的生产方法、环境、机械设备的使用状态及人的心理状态都处于变化之中，因此安全教育不可能一劳永逸。对于人来说，由于其大部分安全技术知识与技能均为短期记忆，必然随时间而衰减，因而必须开展经常性的安全教育，进一步强化人的安全意识与知识技能。经常性安全教育的形式多种多样，如班前班后会、安全活动月、安全会议、安全技术交流、安全水平考试、安全知识竞赛、安全演讲等。不论采取哪种形式都应该切实结合企业安全生产情况，有的放矢，以加强教育效果。

在安全教育中，安全思想、安全态度教育最重要。进行安全思想、安全态度教育，要采取多种多样的形式，通过各种安全工作，激发职工进行安全生产的积极性，使全体职工重视和真正实现安全生产。在企业的安全工作中，一项重要内容就是开展各种安全活动，推动安全工作深入发展。安全活动是在企业广大职工群众中开展的、旨在促进安全生产的工作。这些安全活动最重要的作用,就是提高职工的安全意识。

当开展某项安全活动取得了一定安全效果后,无论该项活动多么有效,如果把他作为最好的方法继续使用,就不会继续取得良好的效果。这是因为人们有适应外界刺激的倾向。尽管一项活动开始时对每个职工都有一定的刺激作用,但长期继续下去,人们对刺激的敏感性会降低,反应迟钝,直至最后刺激不起作用。当出现这种情况时,就应根据企业的安全状况,有目的地、间断地改变刺激方式,以新的刺激唤起人们对安全的关心。

④"五新"作业安全教育。

"五新"作业安全教育是指凡采用新技术、新工艺、新材料、新产品、新设备,即进行"五新"作业时,由于其未知因素多,变化较大,且根据变化分析的观点,与变化相关联的失误是导致事故的原因,因而"五新"作业中极可能潜藏着不为人知的危险性,并且操作者失误的可能性也要比通常进行的作业更大。因而,在作业前,应尽可能应用危险分析、风险评价等方法找出存在的危险,应用人机工程学等方法研究操作者失误的可能性和预防方法,并在试验研究的基础之上制定出安全操作规程,对操作者及有关人员进行专门的教育和培训,包括安全操作知识和技能培训及应急措施的应用等。这是"五新"作业教育的目的所在,也是我国安全工作者在几十年的工作实践中总结出的防止重大事故的有效方法之一。

⑤复工、调岗安全教育。

"复工"安全教育,是针对离开操作岗位较长时间的工人进行的安全教育。离岗1年以上重新上岗的工人,必须进行相应的车间级或班组级安全教育。

"调岗"安全教育,是指工人在本车间临时调动工种和调往其他单位临时帮助工作的,由接受单位进行所担任工种的安全教育。

❹ 安全教育的方式

安全教育应利用各种教育形式和教育手段,以生动活泼的方式,来实现安全生产这一严肃的课题。

安全教育方式大体可分为以下七种:

①广告式,包括安全广告、标语、宣传画、标志、展览、黑板报等形式,他以精炼的语言,醒目的方式,在醒目的地方展示,提醒人们注意安全和怎样才能安全。

②演讲式,包括教学、讲座的讲演,经验介绍,现身说法,演讲比赛等。这种教育形式可以是系统教学,也可以专题论证、讨论,用以丰富人们的安全知识,提高对安全生产的重视程度。

③会议讨论式,包括事故现场分析会、班前班后会、专题研讨会等,以集体讨论的形式,使与会者在参与过程中进行自我教育。

④竞赛式,包括口头、笔头知识竞赛,安全、消防技能竞赛,以及其他各种安全教育活动评比等,以激发人们学安全、懂安全、会安全的积极性,促进职工在竞赛活动中树立安全第一的思想,丰富安全知识,掌握安全技能。

⑤声像式,即用声像等现代艺术手段,使安全教育寓教于乐,主要有安全宣传广播、电影、电视、录像等。

⑥文艺演出式,即以安全为题材编写和演出的相声、小品、话剧等文艺演出的教育形式。

⑦学校正规教学,利用国家或企业办的大学、中专、技校,开办安全工程专业,或穿插渗透于其他专业的安全课程。

5 安全教育效果

在进行安全教育过程中,为提高安全教育效果,应注意以下五个方面。

(1)领导者要重视安全教育

企业安全教育制度的建立,安全教育计划的制订、所需资金的保证及安全教育的责任均由企业领导者负责。因此,企业领导者对安全教育的重视程度决定了企业安全教育开展的广泛与深入程度,决定了安全教育的效果。

(2)安全教育要注重效果

安全教育要想取得良好的效果,应注意以下四点:

①教育形式要多样化。安全教育形式要因地制宜,因人而异,灵活多样,采取符合人们的认识特点的、感兴趣的、易于接受的方法。

②教育内容要规范化。安全教育的教学大纲、教学计划、教学内容及教材要规范化,使受教育者受到系统、全面的安全教育,避免由于任务紧张等原因在安全教育实施中走过场。

③教育要有针对性。要针对不同年龄、工种、作业时间、工作环境、季节、气候等进行预防性教育,及时掌握现场环境和设备状态及职工思想动态,分析事故苗头并及时有效地处理,避免问题累积扩大。

④充分调动职工积极性。应深入群众,了解工人所需、所想,并启发工人提出合理化建议,使之感到自己不仅仅是受教育者,同时也在为安全教育的实施和完善作贡献,从而充分调动他们的积极性。

(3)要重视初始印象对学习者的重要性

对学习者来说,初始获得的印象非常重要。如果最初留下的印象是正确的、深刻的,他将会牢牢记住,时刻注意;如果最初的印象是错误的、不重要的,他也将会错下去,并对自己的错误行为不以为意。例如,在对刚入厂的新工人进行安全教育时,如果使他认为不仅操作规程重要,所有的安全技术措施、安全操作规程也同样重要,他对安全会非常重视;反之,如果教新工人学习操作技术,第一次教授的操作方法不正确,再让他改正就很困难。因此,必须严密组织安全技能培训和安全知识教育工作,为提高操作者安全素质奠定基础。

(4)要注意巩固学习成果

多年的实践表明,进行安全教育,不仅应注重学习效果,更应注重巩固学习所获得的成果,使学习的内容更好地为学习者所掌握,安全教育也是如此。因而,在安全教育工作中,应注意以下三个问题:

①要让学习者了解自己的学习成果。每一个人都愿意知道其所从事的工作收效如何,学习也是如此。因此,将学习者的进展、成果、成绩与不足告知他们,就会增强其信心,明确方向,有的放矢地、稳步地使自己各方面都得到改善。

此外,人在学习过程中有时会出现停滞时期,有些人往往在这时丧失勇气,使学习受到影响。如使其了解学习的成果和进步,同时说明出现这种情况在学习过程中是正常情况,也会起到鼓励人们树立信心、坚持学习的作用。

②实践是巩固学习成果的重要手段。当通过反复实践形成了使用安全操作方法的习惯之后,工作起来就会得心应手,安全意识也会逐步增强。

③以奖励促进、巩固学习成果。心理学家通过实验发现,对于学习效果的巩固,给予奖励比不用奖励效果好得多。对某个工人通过学习取得进步的奖励和表扬,不仅能够巩固其本人的学习效果,对其他人也会产生很大影响。

(5)应与企业安全文化建设相结合

安全文化是企业文化的重要组成部分,他包含人的安全价值观和安全行为准则两方面内容。前者主要是安全意识、安全知识和安全道德以及企业的向心力和凝聚力,是安全文化的内层,是最重要、最基本的方面;后者则属于物质范畴,主要包括一些可见的规章制度以及物质设施。

企业安全文化主要体现在以下方面:

①高层次管理人员始终贯彻执行"安全第一,预防为主"的指导方针。

②指导和实施有效的政策和规章,确保实践活动的正确性。

③具有良好的行为规范、行为监督和信息反馈。

④具有畅通的上下级关系和高尚和谐的人际关系。

⑤工作人员普遍重视安全。

⑥具有良好的纪律和有效的奖惩制度。

⑦具有明确的授权界限、清晰的接口关系。

⑧具有严格的自检、自查制度。

⑨具有牢固的科学技术基础。

⑩具有严密的安全生产责任制度。

⑪具有强有力的资金保证制度。

⑫具有良好的职工生存和工作环境。

⑬具有科学的资料管理系统。

企业安全文化教育是通过强化职工安全意识,达到提高安全素质的目的。由此可见,安全文化教育是传播和建立工业文明、提高职工安全文化素质的重要途径,是建立良好企业安全文化氛围的重要手段。同时,企业安全文化氛围的建立,为进一步做好安全教育创造了条件。因此,在市场经济体制下倡导和建立企业安全文化是企业安全生产的重要举措和科学方法,也是做好安全教育、保证安全教育取得良好效果的前提。

复习思考题

1. 何谓安全管理? 主要内容有哪些?

2. 我国的安全生产方针是什么? 请简要说明。

3. 简述我国现行安全生产管理体制。

4. 我国现行企业安全生产管理制度有哪些? 请简要说明。

5. 简述安全法规的本质、特征及作用。

6. 简述城市轨道交通安全与心理现象的关系。

7. 与城市轨道交通安全相关的主要心理要素有哪些? 城市轨道交通安全心理的保障条件有哪些?

8. 如何加强班组资源管理?

9. 安全教育的内容有哪些?

10. 提高安全教育效果的方法有哪些?

城市轨道交通危险源识别与控制

教学目标

1. 掌握危险源、危险源识别的概念；
2. 了解危险源的类别；
3. 熟悉危险源识别的方法；
4. 了解危险源识别范围及事故类型；
5. 掌握城市轨道交通危险源控制方法；
6. 了解安全标志及安全色。

建议学时

10 学时

随着城市化进程的逐步加速,"十二五"期间城市轨道交通建设将迎来黄金发展期。为做好城市轨道交通运营服务工作,确保运营安全是城市轨道交通运营的职责。建立城市轨道交通运营危险源查找、识别、分析、评价、管控体系,消除影响地铁运营安全的各个危险源可能带来的不安全性,能够为城市轨道交通运营安全提供有力保障。

3.1 危险源识别

一 危险源的概念

1 危险源

具有潜在危险性的物质与能量,并可能对人身、财产、环境造成危害的设备、设施或场所,即通常所指的危险源。从能量释放的角度,危险源可理解为:系统存在的可能发生意外能量释放的危险物质。

2 重大危险源

在《重大危险源辨识》(GB 18218—2000)标准中,将重大危险源定义为:长期或临时生产、加工、搬运、使用或储存危险物质,且危险物质的数量等于或超过临界量的单元。单元指一个(套)生产装置、设施或场所,或同属一个工厂的且边缘距离小于 500m 的几个(套)生产装置、设施或场所。

3 重大危险源辨识

根据危险物质的特性及其数量,若等于或超过了临界量即为重大危险源。其中,单元内存在危险物质的数量,根据物质种类的多少分两种情况:若存在的危险物质为单一品种,则其数量等于或超过《重大危险源辨识》(GB 18218—2000)标准中规定的临界量即为重大危险源;若存在的危险物质为多种,则按下式计算,满足该式即为重大危险源。

$$q_1/Q_1 + q_2/Q_2 + q_3/Q_3 + \cdots + q_n/Q_n \geq 1$$

式中:$q_1, q_2, q_3 \cdots q_n$——各种危险物质实际存在量;

$Q_1,Q_2,Q_3\cdots Q_n$——与各种危险物质相对应的生产场所或储存区的临界量。

二　城市轨道交通运营危险源及相关基本概念

危险源识别是确认危险源的存在并确定其特性的过程,实质是找出组织中存在的人的不安全行为、物的不安全状态、作业环境中存在的危害因素及管理缺陷。

城市轨道交通运营危险源可能造成人员伤害、职业病、财产损失、作业环境破坏、行车等各类事故或是其组合的根本原因或状态。

(1)城市轨道交通运营危险源识别是确认危险源的存在并确定其特性的过程。

(2)城市轨道交通运营事件是造成或可能造成事故的事情。

(3)城市轨道交通运营事故是造成死亡、职业病、伤害、财产损失、行车运转异常或其他损失的意外事件。

(4)城市轨道交通运营风险是特定危险事件发生的可能性与后果的组合。

(5)城市轨道交通运营风险评价是评价风险程度并确定风险是否可容许的全过程。

(6)职业健康与安全是影响运营单位所属场所内所有人员,包括正式员工、临时工、委外人员、访问者和其他人员的安全和健康的条件和因素。

三　危险源类别

危险源的主要类别,有物理性危险源,化学性危险源,生物性危险源,心理、生理性危险源,行为性危险源,其他危险源六个方面,如表3-1所示。

危险源的主要类别　　　　　　　　　　　　　　　　表3-1

类别	主要内容
物理性危险源	设施、设备缺陷(强度不够、刚度不够、稳定性差、密封不良、外露运动件等)
	防护缺陷(无防护、防护装置和设施缺陷、防护不当、防护距离不够等)
	电危害(带电部位裸露、漏电、雷电、静电、电火花等)
	噪声危害(机械性噪声、电磁性噪声、流体动力性噪声等)
	振动危害(机械性振动、电磁性振动、流体动力性振动等)
	电磁辐射(电离辐射:X射线、γ射线、α粒子、β粒子、质子、中子、高能电子束等;非电离辐射:紫外线、激光、射频辐射、超高压电场等)
	运动物危害(固体抛射物、液体飞溅物、反弹物、岩土滑动、气流卷动、冲击地压等)
	明火
	能造成灼伤的高温物质(高温气体、高温固体、高温液体等)
	能造成冻伤的低温物质(低温气体、低温固体、低温液体等)
	粉尘与气溶胶(不包括爆炸性、有毒性粉尘与气溶胶)

续上表

类别	主 要 内 容
物理性危险源	作业环境不良(基础下沉、安全过道缺陷、有害光照、通风不良、缺氧、空气质量不高、给排水不良、气温过高、气温过低、自然灾害等)
	信号缺陷(无信号设施、信号选用不当、信号不清、信号有时不准等)
	标志缺陷(无标志、标志不清、标志不规范、标志位置缺陷等)
	其他物理性危险源
化学性危险源	易燃易爆性物质(易燃易爆性气体、易燃易爆性液体、易燃易爆性固体、易燃易爆性粉尘与气溶胶等)
	自燃性物质
	有毒物质(有毒气体、有毒液体、有毒固体、有毒粉尘与气溶胶等)
	腐蚀性物质(腐蚀性气体、腐蚀性液体、腐蚀性固体等)
	其他化学性危险源
生物性危险源	致病微生物(细菌、病毒、其他致病微生物)
	传染病媒介物
	致害动物
	致害植物
	其他生物性危险源
心理、生理性危险源	负荷超限(体力负荷超限、听力负荷超限、视力负荷超限等)
	健康状况异常
	从事禁忌作业
	心理异常(情绪异常、冒险心理、过度紧张等)
	辨识功能缺陷(感知延迟、辨识错误、其他辨识功能缺陷等)
	其他心理、生理性危险源
行为性危险源	指挥错误(指挥失误、违章指挥等)
	操作失误(误操作、违章作业等)
	监护失误
	其他错误
	其他行为性危险源

想一想

危险源的类别还有哪些?

四 危险源识别的方法、要求和步骤

1 危险源识别的方法

在识别过程当中应充分发挥集体的力量,结合使用脑力风暴、经验判断、失效模式与效应分析、危害与操作性分析、工作安全分析等方法。

2 危险源识别的要求

危险源识别时要考虑三种状态、三种时态、六种类型和城市轨道交通运营事故类型。

(1)三种状态

①常规状态。指正常生产过程中危险源的存在方式。

②非常规状态。非常规状态可以分成以下三种情况:

a.异于常规、周期性的或临时性的作业、活动。

b.偶尔出现、频率不固定,但可预计出现的状态。

c.由于外部的原因(如天气)导致的非常规状态,如启动、关闭、试车、停车、清洗、维修、保养等。

③潜在的紧急情况。

a.往往是不可预见其后果的情况。

b.后果是灾难性的,不可控制的情况,如火灾、爆炸、严重的泄漏、碰撞及事故。

(2)三种时态

①过去:在本企业过去的某些活动中,或在类似企业的某些活动中存在的危险源或发生过事故。

②现在:目前正在从事的有危险源的活动。

③将来:在可以预见的将来还会存在危险源的活动。

(3)六种类型

六种类型指物理性、化学性、生物性、心理生理性、行为性和其他危险源。

3 危险源识别的步骤

(1)识别准备。

①确定分工。

②收集识别范围内的资料。

③列出识别范围内的活动或流程设计的所有方面。

(2)分类识别危险源。从厂址、厂区平面布局、建(构)筑物、生产工艺过程、生产设备、装置、作业环境及管理措施六个方面进行分类识别。

(3)划分识别单元。识别单元式分类识别危险源的细化,可以按照工艺、设备、物料、过程来细化;同类的过程或设备可以划为一类识别对象;识别对象不宜过粗或过细。

(4)危险源的识别。先找出可能的事故伤害方式,再找出其原因。

(5)填写危险源登记表。

五 危险源识别对象划分

在各部门所列出识别范围内的活动或流程所涉及的所有方面后,选用合适的设备分析法、工艺流程分析法或其他划分方法,根据事故类型划分危害事件,并根据以下过程划分危险源识别对象:

(1)对车辆设备大修的活动,可按照其工艺流程分析法划分识别对象。

(2)对设备维护及保养的活动,可按照设备分析法依据划分的设备作为危险源识别对象,并结合活动实施过程划分。

(3)使用设备时可根据具体操作过程划分识别对象。

(4)根据采购、存放、检测设备的过程划分识别对象。

(5)根据行车组织、客运组织过程划分识别对象。

(6)针对每一危险源辨识对象,参考危险源事故类型表,识别可能存在的事故/事件,并登记在表3-2所示的危险源辨识及风险评价等级表中"危害事件"栏以及"事故类型"栏内。

危险源识别与风险评价登记表   表3-2

序号	部门/地点	活动	设施/设备/物料	危害事故/事件	事故类型	危险源	危险源类别	风险评价			风险级别	控制措施	备注
								风险发生的可能性	事故后果严重程度	风险值			

3.2 危险源识别范围及事故类型

城市轨道交通危险源识别,涉及员工、乘客及相关方的健康与安全,也涉及行车安全、设备安全、消防安全、交通安全、财产损失和列车延误等范畴。

一　危险源识别范围

危险源识别范围,包括城市轨道交通覆盖范围内工作区域及其他相关范围内的生产经营活动、人员、设施等。根据城市轨道交通及其他活动情况,可分成以下类别:

(1)按地点划分:轨道交通沿线各车站、车辆段、OCC(控制中心)大楼、办公楼等。

(2)按活动划分:常规活动、非常规活动、潜在的紧急情况。各活动所包含的主要内容,如表3-3所示。

各活动主要内容　　　　　　　　　　　　　　　表3-3

活动类型	主 要 内 容
常规活动	运营服务活动:依据运营时刻表组织列车运营、客运服务过程
	设施、设备的设计、安装、调试、验收、接管、使用过程
	公共活动:相关部门均有的活动,包含办公、电梯、叉车、消防设施、空调、空压机、抽风机使用,化学物品搬运储存、废弃等
	间接活动:为运营服务活动提供支持的活动,主要包括物资部门仓库管理、检验、物料采购以及物料的使用管理、食堂管理等
非常规活动	设施、设备维护保养,消防及行车疏散演习,因公外出,合同方在总部的活动(如工程施工、维修、清洁等)
潜在的紧急情况	如行车、火灾、爆炸、化学物品泄漏、中毒、台风、雷击、碰撞等事故事件(潜在的紧急情况的危险识别须考虑紧急情况发生时和发生后进行抢险救援过程中存在的危险)

二　事故类型

1　一般危险源事故类型

在进行危险源辨识前,必须把危险源事故类型确定下来,以防止危险源识别不清晰、不全面。通过《企业职工伤亡事故分类标准》(GB 6441—1986)及分析城市轨道交通运营过程可能产生的行车事故/事件、列车延误及财产损失等事故类别,确定了危险源事故类型,见表3-4。

表3-4中"可能引发行车事件/事故的设备缺陷事件和行为事件"及"行车事件/事故"这两个事故类型是一种从属的关系。即"可能引发行车事件/事故的设备缺陷事件和行为事件"事故类型的风险属于"行车时间/事故"事故类型风险的危险源。设计这种从属关系的事故类型可把运营过程中可能发生的重要风险所涉及的危险源划归到相关部门进行控制。

危险源事故类型 表3-4

类别编号	事故类别名称	备　　注	类别编号	事故类别名称	备　　注
01	物体打击	伤害事故	013	中毒和窒息	伤害事故
02	车辆伤害(指马路车辆)		014	其他伤害	
03	机械伤害		015	噪声聋	职业病
04	起重伤害		016	尘肺	
05	触电		017	视力受损	
06	淹溺		018	其他职业病	
07	灼烫		019	健康受损	健康危害
08	火灾		020	财产损失(2 000元及以上)	无伤害事件/事故
09	高处坠落		021	列车延误	无伤害的列车延误事件
010	坍塌		022	行车事件/事故	含人员伤亡的行车事件/事故
011	容器爆炸		023	可能引发行车事件/事故的设备缺陷事件和行为事件	这里是引发行车事件/事故的危险源
012	其他爆炸		024	其他事件/事故	无伤害事件/事故

2 城市轨道交通运营事故的主要类型

(1)行车事故

行车事故包括列车脱轨、列车倾覆、列车追尾、列车冲突、列车分离、列车挤岔、轮对卡死、车门未关闭动车、弓网故障、接触网失电、接触网断线、错开车门、列车冒进信号、错办列车进路、夹人夹物动车、列车客伤、道床伤亡。

(2)非行车事故

非行车事故包括乘客电扶梯受伤、乘客楼梯或地面跌倒、车站照明失电、车站大客流拥挤致人员伤亡。

(3)火灾

火灾包括列车火灾、区间火灾、车站火灾、变电所火灾、检修基地火灾、控制中心火灾。

(4)职业伤害

职业伤害包括工作中发生碰撞或撞击、自高处坠落或陷入坑洞缝隙、触电、跌倒/滑倒、发生车辆伤害、夹伤、砸伤和冻伤,工作环境存在过量辐射、温度过高或过低、噪声超限和影响健康的情形。

(5)恐怖事件

恐怖事件包括劫持、爆炸、纵火、毒气。

(6)治安事件

治安事件包括蓄意破坏设施设备、打架斗殴、盗窃抢劫。

（7）其他影响运营服务质量的事件

其他影响运营服务质量的事件包括列车因故暂停隧道区间、隧道新风量不够、车站乘客无法正常进出站或数据不上传、AFC 系统全线设备不能正常使用、电梯关人、电梯不平层、乘客因客室通风或制冷效果不良投诉、车站卷帘门打不开。

3.3 危险源控制

一 安全分析

城市轨道交通安全分析是使用系统工程的原理和方法，辨别、分析交通系统中存在的危险因素，并根据实际需要对其进行定性、定量描述的技术方法。其目的是为了保证系统安全运行，查明系统中的危险因素，以便采取相应措施控制危险。

1 安全分析的内容

安全分析是从安全角度对交通系统中的危险因素进行分析，主要分析导致系统故障或事故的各种因素及其相关关系，通常包括如下内容：

①对可能出现的初始的、诱发的及直接引起事故的各种危险因素及其相互关系进行调查和分析；

②对与系统有关的环境条件、设备、人员及其他有关因素进行调查和分析；

③对能够利用适当的设备、规程、工艺或材料控制或根除某种特殊危险因素的措施进行分析；

④对可能出现的危险因素的控制措施及实施这些措施的方法进行调查和分析；

⑤对不能根除的危险因素失去控制或减少控制后可能出现的后果进行调查和分析；

⑥对危险因素一旦失去控制，为防止伤害和损害的安全防护措施进行调查和分析。

2 安全分析的方法

安全分析方法有许多种，在危险因素辨识中得到广泛应用的安全分析方法主要有：统计图表分析(Statistic Figure Analysis,简称 SFA)、因果分析图(Cause-Consequence Analysis,简称 CCA)、安全检查表(Safety Check List,简称 SCL)、预先危险性分析(Preliminary Hazard Analysis,简称 PHA)、故障模式及影响分析(Failure Model and Effects Analysis,简称 FMEA)、危险性和可操作性研究(Hazard and Operability Analysis,简称 HAZOP)、事件树分析(Event Tree Analysis,简称 ETA)、事故树分析(Fault Tree Analysis,简称 FTA)。

此外,尚有管理疏忽和风险树分析、原因-后果分析、共因失效分析等方法,可用于特定目的的危险因素辨识。

各种安全分析方法都是根据危险性的分析、预测以及特定的评价需要而研究开发的,因此,他们都有各自的特点和一定的适用范围。

①统计图表分析。是一种定量分析方法,适用于对系统发生事故情况进行统计分析的情况,便于找出事故发生规律。

②因果分析图。将引发事故的重要因素分层(枝)加以分析,分层(枝)的多少取决于安全分析的广度和深度要求,分析结果可供编制安全检查表和事故树用。此方法简单、用途广泛,但难以揭示各因素之间的组合关系。

③安全检查表。按照一定方式(检查表)检查设计、系统和工艺过程,查出危险性所在。此方法简单、用途广泛,没有任何限制。

④预先危险性分析。确定系统的危险性,尽量防止采用不安全的技术路线和使用危险性的物质、工艺和设备。其特点是把分析工作做在行动之前,避免由于考虑不周而造成损失,当然在系统运转周期的其他阶段,如检修后开车、制定操作规程、技术改造之后、使用新工艺等情况,都可以采用这种方法。

⑤故障模式及影响分析。以硬件为对象,对系统中的元件逐个进行研究,查明每个元件的故障模式,然后再进一步查明每个故障模式对子系统以至系统的影响。本方法易于理解,是广泛采用的标准化方法。但一般用于考虑非危险性失效的情况,费时较多,而且一般不能考虑人、环境和部件之间相互关系等因素。主要用于设计阶段的安全分析。

⑥致命度分析。确定系统中每个元件发生故障后造成多大程度的严重性,按其严重度定出等级,以便改进系统性能。本法用于各类系统、工艺过程、操作程序和系统中的元件,是较完善的标准方法,易于理解。但需要在故障模式及影响分析之后进行。与故障模式及影响分析一样,不能包含人和环境及部件之间相互作用等因素。

⑦事故树分析。由不希望事件(顶事件)开始,找出引起顶事件的各种失效的事件及其组合。事故树分析最适用于找出各种失效事件之间的关系,即寻找系统失效的可能方式。本法可包含人、环境和部件之间相互作业等因素,加上简明、形象化的特点,已成为安全系统工程的主要分析方法。

⑧事件树分析。由初始(希望或不希望)的事件出发,按照逻辑推理推论其发展过程及结果,即由此引起的不同事件链。本法广泛用于各种系统,能够分析出各种事件发展的可能结果,是一种动态的宏观分析方法。

⑨危险性和可操作性研究。用于研究工艺状态参数的变动,以及操作控制中偏差的影

响及其发生的原因。其特点是由中间状态参数的偏差开始,分别向下找原因,向上判明其后果,是故障模式及影响分析和事故树分析方法的延伸,具有二者的优点,适用于流体或能量的流动情况分析,特别是大型化工企业。

⑩原因—后果分析。是事件树分析和事故树分析方法的结合,从某一初始条件出发,向前用事件树分析,向后用事故树分析,兼有二者的优缺点。其方法灵活性强,可以包罗一切可能性,易于文件化,可以简明地表示因果关系。

❸ 安全分析方法的选择

在进行安全分析方法选择时,应根据实际情况,并考虑如下几个问题:

(1)分析的目的

交通安全分析方法的选择应该能够满足对分析的要求。交通安全分析的最终目的是辨识危险源,而在实际工作中要达到一些具体目的,例如:

①对系统中所有危险源,查明并列出清单。

②掌握危险源可能导致的事故,列出潜在事故隐患清单。

③列出降低危险性的措施和需要深入研究部位的清单。

④将所有危险源按危险大小排序。

⑤为定量的危险性评价提供数据。

由于每种方法都有其自身的特点和局限性,并非处处通用,所以,使用中有时要综合应用多种方法,以取长补短或相互比较,验证分析结果的正确性。

(2)资料的影响

关于资料收集的多少、详细程度、内容的新旧等,都会对选择系统安全分析方法有着至关重要的影响。

一般来说,资料的获取与被分析的系统所处的阶段有直接关系。例如,在方案设计阶段,采用危险性和可操作性研究或故障类型和影响分析的方法就难以获取详细的资料。随着系统的发展,可获得的资料越来越多、越详细。为了能够正确分析,应该收集最新的、高质量的资料。

(3)系统的特点

要针对被分析系统的特点选择交通安全分析方法。

对于复杂和规模大的系统,由于需要的工作量和时间较多,应先用较简捷的方法进行筛选,然后根据分析的详细程度选择相应的分析方法。

对于不同类型的操作过程,若事故的发生是由单一故障(或失误)引起的,则可以选择危险性与可操作性研究;若事故的发生是由许多危险因素共同引起的,则可以选择事件树分析、事故树分析等方法。

(4)系统的危险性

当系统的危险性较高时,通常采用系统、严格、预测性的方法,如故障类型和影响分析、事件树分析、事故树分析等方法。当危险性较低时,一般采用经验的、不太详细的分析方法,如安全检查表法等。

在使用城市轨道交通安全分析方法时应注意:使用现有分析方法不能生搬硬套,必要时应进行改造或简化;不能局限于已有分析方法的应用,而应从系统原理出发,开发新的交通安全分析方法。

二 安全评价

1 安全评价的含义

安全评价也称危险性评价或风险评价,是以实现系统安全为目的,应用安全系统工程原理和工程技术方法,对系统中固有或潜在的危险因素进行定性和定量分析,得出系统发生危险的可能性及其后果严重程度的评价,通过与评价标准的比较得出系统的危险程度,提出改进措施,以寻求最低事故率、最少的损失和最优的安全投资。

任何生产系统,在其寿命周期内都有发生事故的可能,区别只在事故发生的频率和可能的严重程度不同而已。因为在制造、试验、安装、生产和维修的过程中普遍存在着危险性。在一定条件下,如果对危险失去控制或防范不周,就会发生事故,造成人员伤亡和财产损失以及环境污染。为了抑制危险性,使其不发展为事故或减少事故造成的损失,就必须对其有充分的认识,掌握危险性发展为事故的规律,也就是要充分揭示系统存在的所有危险性,及其形成事故的可能性和发生事故的损失大小,从而衡量系统客观存在的风险大小。据此确定是否需要改进技术路线和防范措施,变更后危险性将得到怎样的抑制和消除,技术上是否可行,经济上是否合理以及系统是否最终达到了社会所公认的安全指标。这就是安全评价的基本内容和过程。

上述安全评价的定义中,包含三层意思:第一,对系统存在的不安全因素进行定性和定量分析,这是安全评价的基础,包括安全测定、安全检查和安全分析等;第二,通过与评价标准的比较,得出系统发生危险的可能性或程度的评价;第三,提出改进措施,以寻求最低的事故率,达到安全评价的最终目的。

2 安全评价的标准

经定量化的风险或危害性是否达到要求的(期盼的)安全程度,需要有一个界限、目标或标准进行比较,这个标准就是安全评价的标准。

安全评价标准的确定主要取决于一个国家、行业或部门的政治、经济、技术和安全科学发展的水平。随着生产技术的发展,新工艺、新技术、新材料、新能源的出现,又会产生新的危险;同时,对已经认识到的危险,由于技术、资金等因素的制约,也不可能完全杜绝。所以,确定安全评价的标准,实际上就是确定一个社会各方面可允许的、可接受的危险程度。

安全评价的标准的确定方法有统计法和风险与收益比较法。对系统进行安全评价时,也可根据综合评价得到的危险指数进行统计分析,确定使用一定范围的安全评价的标准。

❸ 安全评价的内容和程序

（1）安全评价的内容

从危险源的角度出发,安全评价包括对第一类危险源危险性的评价和对第二类危险源（即第一类危险源的控制措施）危险性的评价两方面。

评价第一类危险源的危险性时,主要考察以下几方面情况:

①能量或危险物质的量。第一类危险源具有的能量越高,一旦发生事故其后果越严重;反之,拥有的能量越低,对人或物的危害越小。第一类危险源处于低能量状态时比较安全。同样,第一类危险源具有的危险物质的量越大,干扰人的新陈代谢功能越严重,其危险性越大。

第一类危险源导致事故后果的严重程度,主要取决于发生事故时意外释放的能量或危险物质的多少。一般的,第一类危险源拥有的能量或危险物质越多,则发生事故时可能意外释放的能量也多。因此,第一类危险源拥有的能量或危险物质的量是危险性评价中的最主要指标。当然,有时也会有例外的情况,有些第一类危险源拥有的能量或危险物质的量只能部分地意外释放。

②能量或危险物质意外释放的强度。能量或危险物质意外释放的强度是指事故发生时单位时间内释放的能量。在意外释放的能量或危险物质的总量相同的情况下,释放强度越大,能量或危险物质对人员或物体的作用越强烈,造成的后果越严重。

③能量的种类和危险物质的危险性质。不同种类的能量造成人员伤害、财物破坏的机理不同,其后果也很不相同。

危险物质的危险性主要取决于自身的物理、化学性质。燃烧爆炸性物质的物理、化学性质决定其导致火灾、爆炸事故的难易程度及事故后果的严重程度。工业毒物的危险性主要取决于其自身的毒性大小,在引起急性中毒的场合,常用半数致死剂量评价其自身的毒性。

④意外释放的能量或危险物质的影响范围。事故发生时意外释放的能量或危险物质的影响范围越大,可能遭受其作用的人或物越多,事故造成的损失越大。例如,有毒有害气体泄漏时可能影响到下风侧的很大范围。

评价第一类危险源危险性的主要方法有后果分析和划分危险等级两种方法。后果分析通过详细的分析,计算意外释放的能量、危险物质造成的人员伤害和财物损失,定量地评价危险源的危险性。后果分析需要的数学模型准确度较高,需要的数据较多,计算复杂,一般仅用于危险性特别大的重大危险源的危险性评价。划分危险等级的方法是一种简单易行,得到广泛应用的方法。划分危险等级是一种相对的评价方法,通过比较危险源的危险性,人为地划分出一些危险等级来区分不同危险源的危险性,为采取危险源控制措施或进行更详细的危险性评价提供依据。一般的,危险等级越高,危险性越高。

采取了危险源控制措施后的危险性评价,可以查明危险源控制措施的效果是否达到了预定的要求。如果采取了控制措施后危险性仍然很高,则需要进一步研究对策,采取更有效的措施降低危险性。

评价危险源控制情况,可以从以下几个方面来考虑:

①防止人失误的能力。必须能够防止在装配、安装、检修或操作过程中发生可能导致严重后果的人失误,如单向阀门不应安反,三线电源插头不能插错等。

②对失误后果的控制能力。一旦人失误可能引起事故时,应能控制或限制对象部件或元件的运行,以及与其他部件或元件的相互作用。例如,若按 A 钮起动之前按 B 钮可能引起事故,则应实行联锁,使之先按 B 钮也没有危险。

③防止故障传递能力。应能防止一个部件或元件的故障引起其他部件或元件的故障,从而避免事故。例如,电动机电路短路时保险丝熔断,防止烧毁电动机。

④失误或故障导致事故的难易。发生一次失误或故障则直接导致事故的设计、设备或工艺过程是不安全的。应保证至少有两次相互独立的失误或故障或一次失误与一次故障同时发生才能引起事故。对于那些一旦发生事故将带来严重后果的设备、工艺,必须保证同时发生两起以上的失误或故障才能引起事故。

⑤承受能量释放的能力。应能承受运行过程中偶尔可能产生高于正常水平的能量释放。通常在压力罐上装有减压阀以把罐内压力降低到安全压力,如果减压阀出现故障,则超过正常值的压力将强加于管路,为使管路能承受高压,必须增加管路的强度或在管路上增设减压阀。

⑥防止能量蓄积的能力。能量蓄积的结果将导致意外的能量释放。因此,应有防止能量蓄积的措施,如安全阀、可熔(断、滑动)连接等。

理想的安全评价包括危险性辨识和危险性评价两部分,如图 3-1 所示。

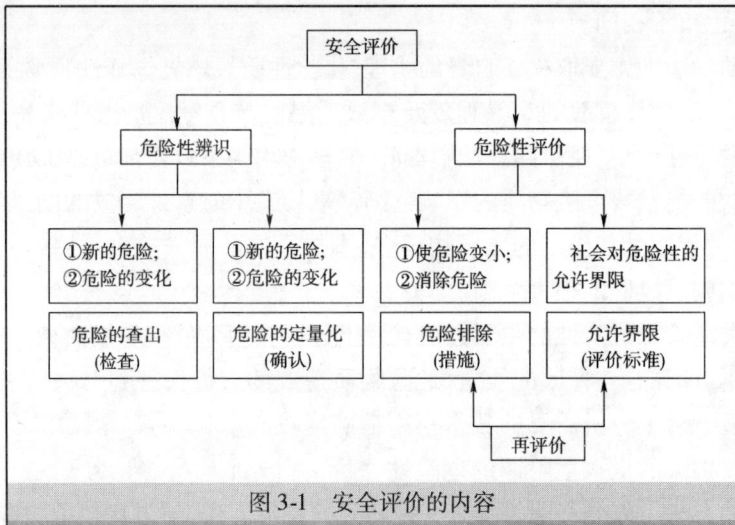

图 3-1　安全评价的内容

危险性辨识是指利用安全系统工程的理论和方法,分析系统及其各要素所固有的安全隐患,揭示系统的各种危险性,亦即通过一定的手段测定、分析和判明危险,包括固有的和潜在的危险,可能出现的新危险以及在一定条件下转化生成的危险,并且对系统中已查明的危险进行定量化处理,从而为评价提供数量依据。

危险性评价是指根据危险性辨识的结果,采取各种措施减少或消除危险,并同既定的安全指标或目标相比较,判明所具有的安全水平,直到达到社会所允许的危险水平或规定的安全水平为止。

(2)安全评价的程序

由安全评价的内容可知,安全评价程序主要包括以下几个步骤:

①资料收集和研究。明确评价对象和范围,收集国内外相关法规和标准,了解同类系统、设备、设施的运作和事故发生情况,以及评价对象的地理、气候条件及社会环境状况等。对收集到的资料应进行深入研究,研究的深入程度可大大缩短分析和评价的进程。

②危险因素辨识与分析。根据评价对象的特点,辨识和分析系统可能发生的事故类型、事故发生的原因和机制。

③确定评价方法,实施安全评价。在上述危险分析的基础上,划分评价单元,根据评价目的和评价对象的复杂程度,选择具体的一种或多种评价方法,对事故发生的可能性和严重程度进行定性或定量评价,在此基础上进行危险分级,以确定安全管理的重点。

④提出降低或控制危险的安全对策措施。根据评价和分级结果,高于标准值的危险必须采取工程技术或组织管理措施,降低或控制危险。低于标准值的危险属于可接受或允许的危险,应建立检测措施,防止生产条件变更导致危险值增加,对不可排除的危险要采取防范措施。

4 安全评价方法的选用

由于辨识、评价对象不同,工艺、设备设施不同以及事故类型、事故模式等不同,因而所采用的评价方法是不同的。选用合理的评价方法是一项关键性工作,其关系到评价对象的评价结论是否合理、正确和可靠。

安全评价方法很多,几乎每种方法都有较强的针对性。综合分析这些方法,可以分为两种:一种是按评价指标的量化程度分为定性方法、定量方法,以及定性与定量相结合的方法;另一种是按评价对象进行整合,如物质产品、设备安全评价法(如指数法等),安全管理评价法,系统安全综合评价法等。

对具体的评价对象,必须选用合适的方法才能取得良好的评价效果,在选用评价方法之前,应考虑下述几个因素:

(1)评价的目的。选用评价方法之前,首先必须考虑评价结果是否能达到评价的目的和动机。

(2)需要的评价结果表现形式,如危险性一览表、潜在事故情景一览表、危险控制措施一览表、危险分级、定量危险分析数值等。

(3)进行评价时可用的信息资料,如生产活动的技术水平、各种资料的数量和质量、评价对象的复杂程度和规模大小、生产方式、操作方式、固有危险的性质、可能发生的事故类型等。

(4)评价对象已经显现的危险,如事故历史情况,设备新旧情况、运行状况、使用年限,易损件的更换情况,管理的现状等。

(5)可投入评价的技术人员及其素质,评价费用,完成期限,评价专家和管理人员的知识结构及水平等。

在选择评价方法时,除考虑上述因素外,还要对评价方法可提供的评价结果及其适应范围作进一步分析。实践表明,不同的评价方法适用于对系统寿命期内的不同阶段进行危险评价,表 3-5 和表 3-6 分别给出了几种常用评价方法可以提供的评价结果及其适应的阶段。

典型安全评价方法提供的评价结果 表 3-5

评价方法	事故情况	事故频率	事故后果	危险分级
安全检查表	不能	不能	不能	不能
危险指数法	提供	不能	提供	事故后果分级
预先危险性分析	不能	不能	提供	提供
危险性和可操作性研究	提供	提供	提供	事故后果分级
故障模式及影响分析	提供	提供	提供	事故后果分级
事故树分析	提供	提供	不能	事故频率分级
事件树分析	提供	提供	提供	提供
概率评价法	提供	提供	提供	提供
作业条件危险性评价法	提供	提供	提供	提供
安全综合评价法	不能	不能	不能	提供

典型安全评价方法适用情况 表 3-6

评价方法	方案设计	详细设计	工程施工	日常运营	改建扩建	事故调查	拆除退役
安全检查表	√	√	√	√	√		√
危险指数法	√			√	√		
预先危险性分析	√	√	√	√	√	√	
危险性和可操作性研究			√	√	√	√	
故障模式及影响分析			√	√	√	√	
事故树分析	√		√	√	√	√	
事件树分析			√	√	√	√	
概率评价法	√	√	√	√	√	√	
作业条件危险性评价法				√			
安全综合评价法			√	√	√		

5 安全评价的作用和意义

(1)安全评价体现了"安全第一,预防为主"的方针为了保障安全生产,必须从预防事故这一根本目的出发,预先或超前对系统在计划、设计、施工、验收、投产和运行等各阶段的安全性进行科学的预测和评估,防止和减少在安全上的欠债和加强安全的投入。安全评价从预防事故的观点出发,对系统可能产生的损失和伤害进行预测和评价,采取有效的手段以实现系统安全的总目标。因此,安全评价是一门控制系统总损失的技术,评价过程提高了安全管理水平,体现了从被动到主动,从事后处理到事前预防,从经验到科学的安全管理方法。

(2)安全评价有助于国家各级安全监察部门对企业安全生产的宏观控制

通过对企业安全状况系统的、科学的、客观的评价,既可以衡量企业固有危险性的大小,又可得出企业安全现状的结论。国家各级监察部门可以以此为依据,按照不同的危险等级和安全现状配备相应的监察力量,使监察工作能够有目的、有重点地进行,实现重点和一般相结合,全面控制企业安全生产。

实行国家监察的目的,是要对企业安全生产实现宏观控制。通过监察发现问题并依法进行处理,以求改变企业的不安全状况,提高安全生产水平。安全评价可以依据标准对企业安全管理、安全技术、安全教育等诸方面的问题作出综合评价,既能了解企业存在的问题,又能客观地对企业安全水平给出结论。安全监察机关就可以以此为依据,对企业依法进行处置,例如依法追究刑事责任、责令停产整顿或采取相应安全措施。而且,一般安全评价标准都附有根据国家科技发展水平能够实现的措施,使企业不仅了解危险的存在,而且明确改进安全状况的措施,达到监察的目的,实现控制的目标。

(3)安全评价有助于保险部门加强对企业灾害实行风险管理

保险部门对企业事故引起的人身伤亡、职业病和财产损失所承担的保障义务是保险业的一项重要内容。随着我国保险业的发展,企业投保也逐渐增多,对企业事故的风险管理必然要纳入议事日程。风险管理应该包括以下内容:保险费的合理收取;风险的控制和事故后的合理赔偿。

保险部门为企业承担灾害事故保险,就要收取保险费,保险费的收取是由企业事故风险的大小决定的。所谓事故风险,就是单位时间内的事故损失。严格讲,保险费的计算应以风险为基准。但目前还不具备这样的条件。因此,可以考虑采用安全评价的结果来计算费率。即综合考虑企业生产过程中危险程度大小和企业对危险的控制能力的高低。

至于风险控制,就是在保险过程中尽量减少灾害事故的发生和减轻灾害事故发生的损失。保险部门为投保户提供灾害风险保险,并不是所有事故都负责赔偿,而是仅在投保户遵守保险部门规定的防灾防损条例、条令、规程、规定的前提下才履行该项义务的。保险公司不仅为此制定若干法规、标准,而且拥有完善的监察投保户执行情况的组织机构。由于我国保险业尚未建立健全这套体制,不能严格控制企业灾害事故的发生。但是,目前完全可借用企业安全评价标准作为企业防灾防损必须遵守的准则(国外的保险条例也有许多等效采用其他安全法规、标准的情况)。另一方面,保险部门还要根据企业对条例的遵守情况和事故的减少幅度,定期返还企业部分保险费,以资鼓励,提高企业防灾防损的自觉性。如果投保企业发生了事故,就存在一个是否应该赔偿以及赔偿多少的问题。解决这个问题的关键也是以企业是否遵守保险条例为基础。因此,一个较完善的企业安全评价标准完全可以作为保险部门事故赔偿的准则。总之,安全评价的标准和结果为保险部门对企业实行风险管理提供了经验和数据,对加强风险管理有其现实指导意义。

(4)安全评价有助于提高企业安全管理水平

①变事后处理为事前预防,使企业安全工作更加科学化。

长期以来,我国大多数企业的安全管理,基本上采用传统管理方法,主要是凭经验管理,即以事故发生后再处理的"事后过程"为主,因而难以实现"安全第一,预防为主"的方针。通过安全评价,可以预先系统地辨识危险性及其变化情况,科学地分析企业的安全状况,及时掌握安全工作的信息,全面地评价企业的危险程度和安全管理现状,衡量企业是否达到规定的安全指标,使企业领导能够作出正确的安全决策。此外,以系统科学为基础的安全评价可以促使企业建立动态的安全信息反馈系统,增强企业安全保障系统的自我调节机能。

②变纵向单一管理为全面系统管理,使企业安全工作更加系统化。

以往的安全管理基本上是以企业安全部门和各车间、班组专(兼)职安全人员组成的纵向单一(如安全技术科)管理体制。这样的体制难以实现全面安全,被管理者往往不能和安全人员密切配合,大多处于被动状态,造成安全部门管理安全的孤立局面。安全评价的实施,不仅评价安全技术部门,而且要全面评价企业各个单位及每一个人应负安全职责的履行情况。这样,就使企业所有部门都按照要求认真评价本系统的安全状况,变被管理者为主动执行者和管理者,而安全部门仅对各职能部门和生产单位是否尽职尽责进行监督检查,使企业安全管理体制与横向到边、纵向到底的安全管理落实机制配套实施和运行。管理范围也可以从单纯生产安全扩大到企业各系统的人、机、料、法、环等各因素、各环节的安全。这样,就可以使安全管理实现全员、全面、全过程的系统化管理。

③变盲目管理为目标管理,使企业安全工作逐步标准化。

以往的安全管理缺乏统一的标准,安全人员仅凭自己的经验、主观意志和思想觉悟办事。往往是不出事故就认为安全工作出色,出了事故就惊慌失措,对安全工作全盘否定,缺乏衡量企业安全的客观指标和标准。通过按评价标准进行安全评价,使安全技术干部和全体职工明确各项工作的规范要求,达到什么地步就可称安全以及采取什么手段可以达到指标。有了标准,就可以使安全工作有明确的追求目标,从而使日常安全管理工作纳入标准轨道。

④安全评价可以为企业领导的安全决策提供必要的科学依据。

要改变企业的安全状况,提高企业的安全生产水平,就必须采取相应的安全措施,这就涉及安全投资的问题。对所有安全工程项目,不仅要考虑改善工作条件,保护职工健康与安全,也要考虑他的经济效益。因为安全工作也是企业经济活动的一部分。因此,要认真对待安全投资的经济性和合理性问题。安全评价不仅系统地确认危险性,还要进一步考虑危险性发展为事故的可能性大小和事故损失的严重程度,进而计算单位时间事故造成的损失(即风险)。以此说明系统危险可能造成的负效益的大小,以便合理地选择控制事故的措施,措施投资的多少,使投资和可能减少的负效益达到平衡,正确选择技术路线和工艺路线,为领导决策提供科学依据,使系统达到社会认可的安全指标。

三 划分风险等级

根据风险评价的结果,可将风险分为 5 级:第 1 级,极其危险;第 2 级,高度危险;第 3 级,中度危险;第 4 级,一般危险;第 5 级,可容忍危险。

四 风险控制措施

(1)对第 1 级和第 2 级的风险,一定要制定职业健康安全目标和职业健康安全管理方案。

(2)对第 3 级风险,视情况制定职业健康安全目标和职业健康安全管理方案。

(3)对第 1、2、3、4 级的风险,要制定运行控制程序,按程序进行管理。

(4)对第 5 级的风险可维持现有的风险控制措施。

(5)其他认为需要控制的风险则根据实际情况的需要制订管理方案。

(6)对于潜在的紧急风险情况,应制订应急准备和响应控制程序,按程序进行管理。

城市轨道交通运营系统的复杂性带来运营风险的多变性。因此,运营风险管理必须要常抓不懈,不断进行自我纠正,为广大职工和乘客提供良好的安全运营大环境。

知识链接

常用安全分析法——事件树分析介绍

(1)事件树分析的含义

事件树分析(Event Tree Analysis ,简称 ETA)是从一个初始事件开始,按顺序分析事件向前发展中各个环节成功与失败的过程和结果。

一起事故的发生,是许多原因事件相继发生的结果。其中,一些事件的发生是以另一些事件首先发生为条件的,而一些事件的出现,又会引起另一些事件的出现。在事件发生的顺序上,存在着因果的逻辑关系。事件树分析法是一种时序逻辑的事故分析方法,他以一初始事件为起点,按照事故的发展顺序,分成阶段,一步一步地进行分析,每一事件可能的后续事件只能取完全对立的两种状态(成功或失败,正常或故障,安全或危险等)之一的原则,逐步向结果方面发展,直到达到系统故障或事故为止。所分析的情况用树枝状图表示,故称为事件树。其既可以定性地了解整个事件的动态变化过程,又可以定量计算出各阶段的概率,最终了解事故发展过程中各种状态的发生概率。

事件树分析是由决策树演化而来的,最初是用于可靠性分析。其原理是每个系统都是由若干个元件组成的,每一个元件对规定的功能都存在具有和不具有两种可能。元件具有其规定的功能,表明正常(成功);不具有规定功能,表明失常(失败)。按照系统的构成顺序,从初始元件开始,由左向右分析各元件成功与失败两种可能,直到最后一个元件为止。分析的过程用图形表示出来,就得到近似水平的树形图。

通过事件树分析,可以把事故发生发展的过程直观地展现出来,如果在事件(隐患)发展的不同阶段采取恰当措施阻断其向前发展,就可达到预防事故的目的。

(2)分析步骤

①确定初始事件。初始事件是事件树中在一定条件下造成事故后果的最初原因事件。他可以是系统故障、设备失效、人员误操作或工艺过程异常等。一般选择分析人员最感兴趣的异常事件作为初始事件。

②找出与初始事件有关的环节事件。所谓环节事件就是出现在初始事件后一系列可能造成事故后果的其他原因事件。

③画事件树。把初始事件写在最左边,各个环节事件按顺序写在右面。从初始事件画一条水平线到第一个环节事件,在水平线末端画一垂直线段,垂直线段上端表示成功,下端表示失败;再从垂直线两端分别向右画水平线到下一个环节事件,同样用垂直线段表示成功和失败两种状态;依此类推,直到最后一个环节事件为止。如果某一个环节事件不需要往下分析,则水平线延伸下去,不发生分支,如此便得到事件树。

④说明分析结果。在事件树最后面写明由初始事件引起的各种事故结果或后果。

事件树的一般形式如图3-2所示。

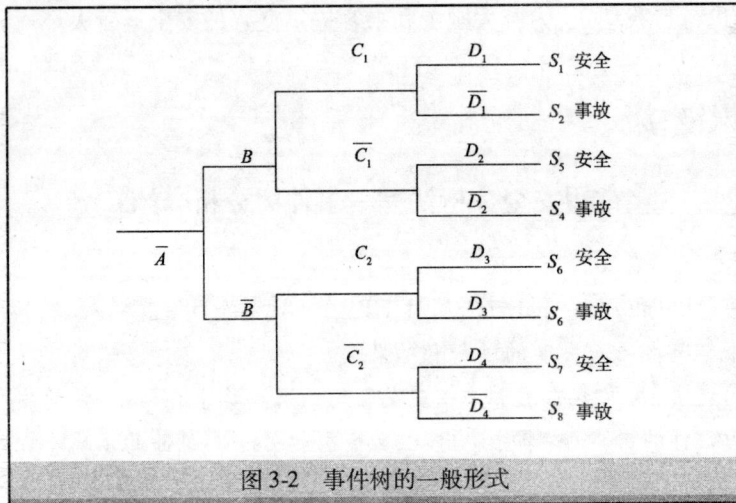

图3-2　事件树的一般形式

(3)定性与定量分析

①事件树定性分析。

事件树定性分析在绘制事件树的过程中就已进行,绘制事件树必须根据事件的客观条件和事件的特征作出符合科学性的逻辑推理,用与事件有关的技术知识确认事件可能状态,所以在绘制事件树的过程中就已对每一发展过程和事件发展的途径作了可能性的分析。

事件树画好之后的工作,就是找出发生事故的途径和类型以及预防事故的对策。

a. 找出事故连锁。

事件树的各分支代表初始事件一旦发生其可能的发展途径。其中,最终导致事故的途径即为事故连锁。一般情况下,导致系统事故的途径有很多,即有许多事故连锁。

事故连锁中包含的初始事件和安全功能故障的后续事件之间具有"逻辑与"的关系,显然,事故连锁越多,系统越危险;事故连锁中事件数越少,系统越危险。

b. 找出预防事故发生的途径。

事件树中最终达到安全的途径指导我们如何采取措施预防事故的发生。在达到安全的途径中,发挥安全功能的事件构成事件树的成功连锁。如果能保证这些安全功能发挥作用,则可以防止事故发生。一般情况下,事件树中包含的成功连锁可能有多个,即可以通过若干途径来防止事故发生。显然,成功连锁越多,系统越安全,成功连锁中事件数越少,系统越安全。

由于事件树反映了事件之间的时间顺序,所以应该尽可能地从最先发挥功能的安全功能着手。

②事件树定量分析。

事件树定量分析是指根据每一事件的发生概率,计算各种途径的事故发生概率,比较各个途径概率值的大小,确定最易发生事故的途径。一般情况下,当各事件之间相互统计独立时,其定量分析比较简单。当事件之间相互统计不独立时(如共同原因故障,顺序运行等),则定量分析变得非常复杂。

定量分析要有事件概率数据作为计算的依据,而且事件过程的状态又是多种多样的,一般都因缺少概率数据而不能实现定量分析。

③事故预防。

事件树分析把事故的发生发展过程表述得清楚而有条理,对设计事故预防方案、制订事故预防措施提供了有力的依据。

从事件树上可以看出,最后的事故是一系列危害和危险的发展结果,如果中断这种发展过程就可以避免事故发生。因此,在事故发展过程的各阶段,应采取各种可能措施,控制事件的可能性状态,减少危害状态出现概率,增大安全状态出现概率,把事件发展过程引向安全的发展途径。

采取在事件不同发展阶段阻截事件向危险状态转化的措施,最好在事件发展前期过程实现,从而产生阻截多种事故发生的效果。但有时因为技术经济等原因无法控制,这时就要在事件发展后期过程采取控制措施。显然,要在各条事件发展途径上都采取措施才行。

(4)事件树分析应用实例

以下为火车上有易燃品引起火灾事故的事件树分析过程。

在铁路旅客运输中是严禁旅客携带易燃品上车的,以确保旅客运输安全。但有的旅客违反规定携带易燃品,进站时未查出,将其带上火车,这就可能引起火灾事故,造成人员伤亡和财物损失。但处理得当,也可以避免火灾事故的发生。具体分析如图3-3所示。

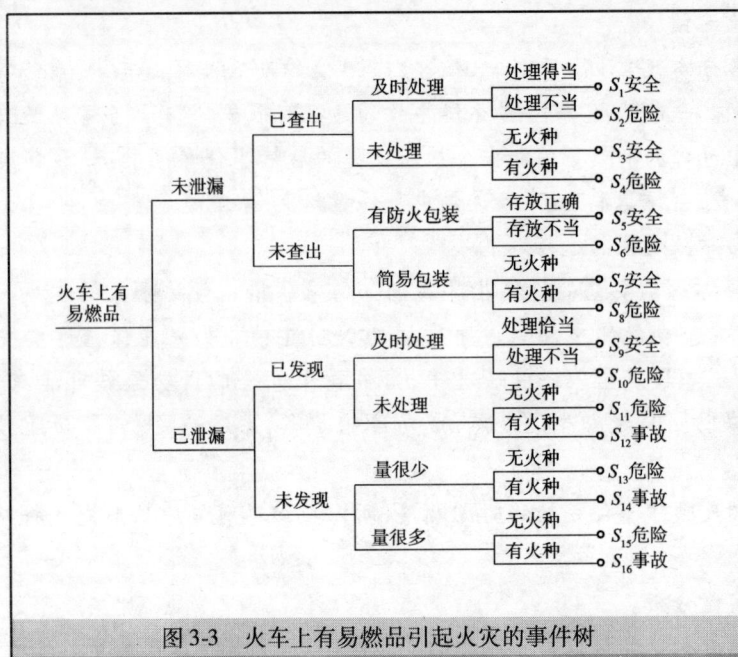

图3-3　火车上有易燃品引起火灾的事件树

3.4 安全标志、安全色与安全线

一 安全标志

1 安全标志的定义

安全标志由安全色、几何图形、图形符号或文字所构成,用以表达特定的安全信息。

辅助标志是安全标志的文字说明或补充。辅助标志必须与安全标志同时使用在一个矩形载体上,称为组合标志。在同一矩形载体上含有两个或两个以上安全标志并且有相应辅助标志的标志,称多重标志。

② 安全标志的作用

安全标志的作用是引起人们对不安全因素的注意,以达到预防事故发生的目的。但不能代替安全操作规程和安全防护措施。

③ 安全标志的类型

根据《安全标志及使用导则》(GB 2894—2008)的规定,安全标志分为禁止标志、警告标志、指令标志和提示标志四类。这四类标志用四个不同的几何图形来表示。

(1)禁止标志

禁止标志是禁止人们不安全行为的图形标志。禁止标志的几何图形是带斜杆的圆环,图形符号为黑色,几何图形为红色,背景色为白色,共23种。其图形和含义如图3-4所示。

图3-4　禁止标志

(2)警告标志

警告标志是提醒人们注意周围环境,避免可能发生的危险的图形标志。警告标志的几何图形是正三角形边框,图形符号、几何图形为黑色,背景色、衬边为黄色,共28种。其图形和含义如图3-5所示。

(3)指令标志

指令标志是告诉人们必须遵守"指令标志"规定的图形标志。指令标志的几何图形是圆形边框,图形符号、衬边为白色,背景色为蓝色,共12种。其图形和含义如图3-6所示。

(4)提示标志

提示标志是向人们提示某种信息(如标明安全设施或场所等)的图形标志。提示标志的几何图形是矩形,图形符号、衬边是白色,背景色是绿色。其图形和含义如图3-7所示。

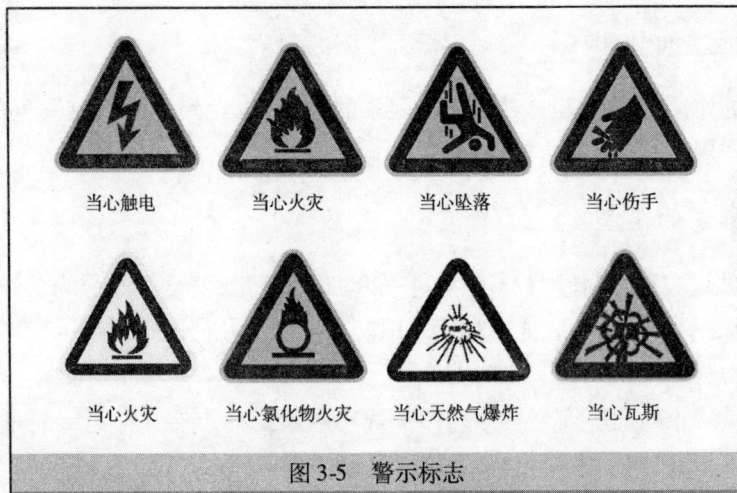

图 3-5　警示标志

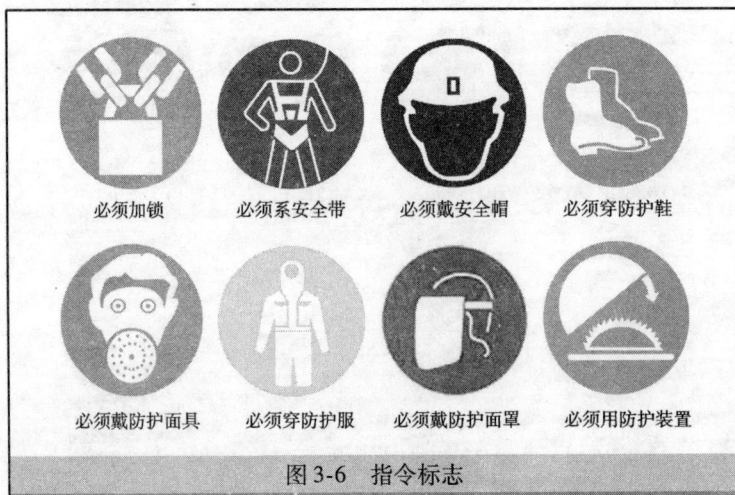

图 3-6　指令标志

图 3-7　提示标志

（5）其他安全色标志

除了上述规定的安全色和安全标志外,还有一些色标与安全有关,常见的有气瓶、气体管道和电气设备等方面的漆色。这些漆色代表一定的含义,能使人们一眼就识别出其提供的信息。这对预防事故,保证安全是有益的。

①气瓶色标。气瓶色标是指气瓶外表面涂覆的字样内容、色环数目和颜色按充装气体的特性作规定的组合,是识别充装气体的标志。其目的主要是从颜色上迅速辨别盛装某种气体的气瓶和瓶内气体的性质(可燃性、毒性),避免错装和错用,同时也可防止气瓶外表面生锈。《气瓶颜色标志》(GB 7144—1999)对气瓶外表面的颜色和气瓶上字样的颜色作了规定。充装常用气体的气瓶颜色标志见表3-7。

充装常用气体的气瓶颜色标志   表3-7

序号	充装气体名称	瓶 色	字 样	字 色
1	乙炔	白	乙炔不可近火	大红
2	氢	淡绿	氢	大红
3	氧	淡(酞)蓝	氧	黑
4	氮	黑	氮	淡黄
5	空气	黑	空气	白
6	二氧化碳	铝白	液化二氧化碳	黑
7	氟	白	氟	黑
8	天然气	棕	天然气	白
9	乙烷	棕	液化乙烷	白
10	液化石油气	棕(工业用)	液化石油气	白
		银灰(民用)	液化石油气	大红
11	乙烯	棕	液化乙烯	淡黄
12	氩	银灰	氩	深绿
13	氖	银灰	氖	深绿
14	六氟化硫	银灰	液化六氟化硫	黑

②管道色标。管道色标的习惯用法是:蒸汽管道是白色,自来水管道是黑色,压力管道为黄色,消防管道为红色。

③电气设备相别的色标。变电所设备(母线和进出线)和车间配电装置用色标相别,主要用法是:A相为黄色,B相为绿色,C相为红色,地线为黑色,直流正极为红色,直流负极为蓝色。

查一查

日常生活中还有哪些安全标志?

二 安全色

1 安全色和对比色的定义

安全色是被赋予安全意义而具有特殊属性的颜色，用于表示禁止、警告、指令、指示等。其作用是使人们能够迅速注意到影响安全、健康的对象或场所，提醒人们注意，以防发生事故。本节所说的安全色不适用于灯光信号、荧光颜色和航空、航海、内河航运以及为其他目的使用的颜色。

对比色是使安全色更加醒目的反衬色。

2 安全色和对比色的种类与用途

《安全色》（GB 2893—2008）规定：安全色有红色、蓝色、黄色、绿色四种。其含义和用途见表3-8。

安全色的含义和用途　　　　　　　　　　　　　　　　表3-8

颜色	含　义	用　途　举　例
红色	禁止	禁止标志：如城市轨道交通列车受电弓的支架带电部分涂红色，表示高压危险，禁止触摸
	停止	停止信号：机器、车辆上的禁忌停止按钮或手柄，以及禁止人们触动的部位
	消防	表示防火、灭火器
蓝色	指令必须遵守的规定	指令标志：如必须佩戴个人防护用具，道路上指引车辆和行人行驶方向的指令
黄色	警告	警告标志
	注意	警戒标志：如厂内危险机器和坑沟周边的警戒线，行车道中线，安全帽，城市轨道交通站台安全线
绿色	提示	提示标志
	安全状态	车间内的安全通道
	通过	车辆和行人通过的标志
	允许	消防设备和其他安全防护设备的位置
	工作	"在此工作"标志牌

注：①蓝色只有与几何图形同时使用时才表示指令；

②道路上的提示标志采用蓝色，不采用绿色，以免与道路两旁的绿色树木混淆。

对比色规定为黑、白两种颜色。黑色用于安全标志的文字、图形符号和警告标志的几何边框。白色既可用于安全标志红色、蓝色、绿色的背景色，也可以用于文字和图形符号。安全色与对比色同时使用时的搭配应符合表3-9的规定。

安全色与对比色的搭配　　　　　　　　　　　　　　　表 3-9

安 全 色	对 比 色
红色	白色
蓝色	白色
黄色	黑色
绿色	白色

注:黑色与白色互为对比色。

此外,通常使用的乡间条纹有红色与白色相间、黄色与黑色相间、蓝色与白色相间、绿色与白色相间四种,其用途见表 3-10。

相间条纹表示的含义和用途　　　　　　　　　　　　表 3-10

颜　色	含　义	用 途 举 例
红白相间	禁止越入	道路上使用的防护栏杆和隔离墩
黄黑相间	警告注意	当心滑跌标志
蓝白相间	必须遵守	交通导向标志
绿白相间	使标志牌更醒目	安全标志杆

三　安全线

安全线是企业中用以划分安全区域与危险区域的分界线。厂房内安全通道的标示线,轨道交通站台上的安全线都是属于此列。根据国家有关规定,安全线用白色,宽度不小于60mm。在生产过程中,有了安全线的标示,就能区分安全区域和危险区域,有利于对危险区域的认识和判断。

四　城市轨道交通常用安全标识

城市轨道交通常用标志有公里标、百米标、站名标、坡度标、制动标、圆曲线和缓和曲线始点及终点标、曲线标、竖曲线始点及终点标、水准基点标、警冲标、联锁分界线、预告标、司机鸣笛标、减速地点标、降速标、停车位置标、接触网终点标、降下受电弓标、升起受电弓标等。

隧道内百米标、限速标、停车位置标应设在行车方向的右侧;警冲标应设在两回合线间,其位置应根据设备限界及安全确定,隧道外的标志可按国家现行规定设置。

复习思考题

1. 什么是危险源? 请举例说明。

2. 简述危险源识别的方法、步骤。

3. 简述安全分析的基本步骤,列出五种安全分析的方法。

4. 何谓安全评价? 简述安全评价方法的基本步骤。

5. 简述城市轨道交通危险源控制程序。

6. 安全色与对比色有什么区别?

单元 4

城市轨道交通运营安全技术

教学目标

1. 了解各种状态下行车的安全管理方法；
2. 了解城市轨道交通系统施工操作流程的安全管理；
3. 了解新设备调试、安装过程的安全方法；
4. 了解行车常见机械设备的安全改进措施；
5. 熟悉各种电气事故的原因，并提出改进的措施；
6. 了解城市轨道交通系统消防安全管理的特点；
7. 能安全使用部分特种设备。

建议学时

18 学时

4.1 行车安全

一 基本概念

地铁作为大运量的城市轨道交通工具,在世界主要发达国家及地区已经得到了广泛应用。我国的北京、上海、广州、天津、深圳、南京、武汉、重庆、长春、杭州、苏州、无锡等城市的地铁,已在运营和建设中,对城市的公共交通起到了重要作用。

作为城市的一种重要交通运输工具,地铁的安全运营显得非常重要。由于地铁运营的特殊环境,大部分线路处于地下空间,环境封闭、人员密集,导致通风和疏散都受到极大的限制。如果一旦发生意外事故,伤亡损失往往非常惨重。

近几年国外地铁又成为破坏与恐怖袭击的主要目标之一,地铁安全工作的特殊性和脆弱性日益突出。加强地铁的安全管理、做好地铁的安全工作关系到人民生命财产的安全,关系到国家经济发展和社会稳定,是一件功在当代、荫庇子孙的大事。在整个城市轨道交通运营安全过程中,行车安全占据着首要地位。

行车安全一般指在城市轨道交通运营过程中行车员工、乘客、设备和环境未发生任何损失或发生的损失在人们可接受的范围之内。行车安全工作包括:列车运行安全、车站作业安全、调车作业安全、行车调度安全。

二 列车运行安全

城市轨道交通行车组织工作实行"行车调度员-司机"二级管理模式,车站综控员辅助行车工作。为了确保行车安全,行车调度、列车操控、车站管理等必须协调共同开展工作。

列车操控是安全管理工作的最后一道防线,是行车安全管理的关键点之一。

① 列车运行安全的影响因素

列车在运行过程中,其安全的影响因素主要有:人员影响因素、设备影响因素、环境影响因素及管理方法影响因素,见表4-1。

列车运行安全的影响因素　　　　　　　　　　　　　　表4-1

影响因素	细　　则
人员影响因素	1.司机技术业务素质:业务知识、文化素质、安全法规知识以及处理意外情况的知识和能力。 2.司机心理素质:人的心理过程和个性心理特征(情绪、态度等)。 3.司机思想素质:劳动纪律、职业道德、安全观念等。 4.其他人员综合素质:乘客安全乘车、车站附近居民安全态度、安全常识等
设备影响因素	1.车辆因素:车辆在运营线路上发生故障,可能导致列车中断运行,也可能导致列车颠覆、脱轨,对乘客的人身安全造成影响。 2.线路因素:线路是行车的基础,只有其坚固稳定,并具有正确的几何形状,线路的平面和纵断面符合规范,才能确保机车车辆的安全、平稳、不间断的运行。 3.供电因素:城市轨道交通供电系统是保障运营的动力来源。若断电,列车将不能运行。停电本身不会导致乘客的人身安全问题,但疏导不利,也会造成乘客的拥挤踩踏。 4.通信信号因素:通信信号系统是列车安全运行的重要辅助设备。若信号系统发生故障,列车运行的发车密度将会下降,带来拥堵踩踏的可能
环境影响因素	1.恶劣天气因素:风、雪、雷、电等恶劣天气对安全运行的影响是不可低估的。 2.社会大环境因素:乘客文明上下车、乘客文明乘车等社会大环境对列车安全运行也有一定影响
管理方法影响因素	1.制度因素:管理制度建立不够完善易造成安全运营管理的欠缺,产生一些令人措手不及的事故。 2.纪律因素:行车纪律不够严明,各种工作人员易玩忽职守,最终导致事故的发生。 3.与时俱进因素:城市轨道交通行业随着所在城市的发展而发展迅速,若行业的管理方法不能与时俱进,就易发生一些意外事故

❷ 列车司机的安全准则

(1)只有合格的司机,才能驾驶列车。

(2)为安全起见,务必遵守现行的安全准则,包括特别指示、禁例、警告、规则和信号。

(3)驾驶前熟悉所有操作元件的功能。

(4)当车库供电时,禁止站在车顶。

(5)确保进行车间气/电源连接操作时没有供电和气。

(6)在列车启动前必须断开与车间的电/气连接。

(7)车间电源插座无电时才能进行插拔。

(8)禁止司机打开高压箱或接触高压部件。

(9)启动3节编组时,确保在半自动车钩处的贯通道完全分离。

(10)在开车之前,司机必须检查列车是否处于安全状态。

(11)安全门通道在任何时间都保持畅通。

(12)连挂和解钩时,严禁有人站在两车中间。

(13)必须了解消防设备的位置和使用方法,知道在紧急状态下的逃生方法。

(14)正线运营前,检查安全设备,如检查灭火器和紧急门闩是否处于良好状态。

(15)司机在离开驾驶室前必须停车。

(16)确保没有危及自身和他人生命安全的操作。

(17)保证工作地点的整洁卫生。

(18)一旦发现任何可能导致翻车和脱轨的危险因素(脱轨器,喷油),必须立即排除。

③ 列车正线运营安全规章

(1)轨道区域的作业仅在需要的情况下才能进行。

(2)个人在正线轨道上作业时,必须随时保持警惕,避免危险的发生。

(3)禁止在正线轨道上站立或行走,这是非常危险的。因为有些轨道是可以移动的,如折返线道岔区。

(4)禁止站在列车前面、后面或下面,防止发生意外。

(5)在列车上只得站在允许站立的地方,不得随意站在其他地方。

(6)避免被邻近轨道上行驶的车辆撞伤。

(7)当需要在轨道上作业时,应面对来车方向行走。

(8)不要影响信号显示,特别是信号灯的显示。

(9)司机必须对警告信号迅速作出反应。

三 车站作业安全

城市轨道交通车站是乘客上下车的主要场所。车站内部乘客聚集度高,若管理不当,将造成乘客拥堵、踩踏等事故,对行车造成很大的影响。城市轨道交通车站作业是指在行车调度员的统一调配下,协助司机及其他人员开展的行车组织工作。

① 车站的安全工作职责

根据中华人民共和国住房和城乡建设部颁布的《城市轨道交通运营管理办法》,城市轨道交通车站的安全工作职责如下:

(1)建立健全各类行车作业、运营管理的规章制度。

(2)提供安全的客运服务,保证车站、车厢整洁,出入口、通道畅通,保持安全、消防、疏散导向等标志醒目。

(3)设置安全设施、设备。在城市轨道交通车站内,设置报警、灭火、逃生、防汛、防爆、防护监视、紧急疏散照明、救援等器材和设备,定期检查、维护,按期更新,并保持完好。

(4)进行各项车站安全检查,尽可能消除车站隐患或降低隐患对安全行车的影响。

(5)利用多种渠道开展乘客安全乘车的宣传教育工作。

(6)加强对进入车站作业人员的安全管理。

(7)建立各项应急预案,开展事故救援演练,提高员工处理紧急事故的能力。

(8)其他车站安全管理工作。

② 车站安全隐患

城市轨道交通车站安全工作的隐患,详见表4-2。

城市轨道交通车站安全工作的隐患 表4-2

行 为	可能存在的隐患	采取的行动
出入口和地面站		
在运营开始/结束时开关出入口的卷闸门或折叠门	在手动操作时,可能扭伤员工的手腕和手指	(1)小心行动; (2)接受正确的培训; (3)穿戴合适的手套; (4)用恰当的姿势
摆放/挪动防洪板	可能扭伤员工后背	用正确的人力抬举方式搬运沉重物品
站 厅		
装卸硬币钱箱	扭伤员工的手背或后背	用双手操作,一手握手柄,一手托住底部
将硬币钱箱转移到手推车		
推动手推车过盲道	扭伤员工的手腕	避免将手推车推到盲道上前进
实施急救	可能接触血液	穿戴公司提供的标准手套
搬运车票	可能扭伤后背、手腕	运送适量的车票
帮助乘客搬运行李	搬运行李过程中受伤	用合适的姿势
车站设备区		
设备区巡查	独自执行巡查时受伤而别人不知道	(1)到设备区巡查前通知值班站长; (2)必须携带手机,与综控室保持联络
搬运沙包	扭伤后背	用正确的人力抬举方式搬运沉重物品
站 台		
更换头、尾端墙警告牌	可能割伤员工手指	穿戴手套
处理车门故障时隔离车门	扭伤手腕	请求车辆段对设备润滑
轨 道		
处理有人被车撞倒事故	头可能磕到列车底部	穿戴安全帽
安放接地线	触电	(1)使用验电器; (2)依照程序安放和撤除接地线
受指派到轨道查看道岔和手摇道岔	在下雨天可能滑倒	(1)穿着绝缘靴; (2)携带手电筒; (3)提高警觉性

想一想

在地铁运营过程中存在哪些隐患呢?

③ **车站行车安全工作的管理方法**

城市轨道交通车站安全管理工作是伴随着车站的正常工作而开展的。在行车方面,车站的主要工作有列车运行控制、车站施工组织管理、客流控制等,各项作业均涉及行车安全。对应以上工作,车站行车安全工作的管理方法有:

(1)列车运行安全管理。城市轨道交通行车组织工作是依据"行车调度员-列车司机"二级管理模式,车站辅助行车工作。根据行车组织控制方式的不同,车站行车安全工作也会发生相应的改变,见表4-3。

不同行车组织控制方式下的车站行车安全工作　　　　　　　　　　表4-3

行车组织控制方式	车站行车安全工作
调度集中控制	监护行车运营状态
自动控制	监护行车运营状态; 人工作业列车折返、进路排列
半自动控制	列车运行控制; 按照指令调整列车运行; 人工接发列车作业
非正常情况	按照指令,人工接发列车、调车作业

(2)施工作业安全管理。城市轨道交通车站不仅是乘客的聚集区,同样也是行车设备安置的聚集区。在车站内,安放着供电、信号、通信、监控、线路等行车设备。设备的维护、维修需要有专门人员进站施工。车站有必要开展与其相对应的施工作业安全管理工作,对所有驻站、派驻人员开展安全管理工作,包括:施工计划制订、进站核查、进站人员安全教育、作业评估、效果检验、登记备案等。以承包商人员进站施工为例,车站相应的工作流程见表4-4。

车站对承包商人员进站管理程序　　　　　　　　　　表4-4

步骤	行　动
	在承包商开始作业前
1	要求合格人员出示公司发的有效证件
2	检查完公司发放的证件后,在SOMS中核查作业申请人是否为合格人员
3	如果是合格人员,则向承包商了解以下内容: (1)作业种类; (2)作业中所需的专门设备; (3)作业位置; (4)作业的开始和结束时间; (5)此项作业产生的影响

续上表

步骤	行　动
4	确保此项作业： (1)不会影响到安全； (2)最小程度地影响车站的正常运营。 注意：该项作业在值班站长未同意前不得开始
5	在 SOMS 中记录以下细节： (1)承包商的姓名和身份证号； (2)承包商公司名称； (3)作业的地点； (4)作业的描述； (5)明确的注意事项； (6)明确的开始、结束时间
6	要求合格人员进行签认
在作业完成后、承包商注销前	
7	(1)检查受影响的设备是否正常作业； (2)确保维护地点人员撤离，没有遗留的物料、垃圾等
8	检查作业地点，以确保： (1)作业地点干净整洁； (2)作业地点能继续安全地正常运营
9	在 SOMS 中记录以下细节： (1)合格人员姓名； (2)承包商人员姓名； (3)作业完成时间
10	要求合格人员再次签认

（3）客流控制安全管理。大客流的出现会对轨道交通行车组织工作造成一定的影响。当出现或预感可能出现大客流时，车站需采取相应的安全管理工作，通过客流管理、车站清人、阻止乘客进站等方式，将大客流对行车安全的影响降至最低。

四　调车作业安全

调车作业是地铁行车组织工作中的一个重要组成部分，包括列车解编、摘挂、取送以及出入段等。

1 调车作业安全的重要性

由于调车工作条件不同，工作对象不固定，以及参加调车工作人员较多，调车工作是地铁行车组织工作中比较复杂、技术性较强的工作。可以说,调车工作是轨道交通运营的基础,也是行车组织工作的基本环节。

由于调车工作频繁、技术性强、作业复杂,稍有不慎就会发生冲突、脱轨、挤道岔,以致造成人身伤亡。从地铁以前发生的事故来看,很多事故都发生在调车工作中。由此可见,提高调车组织工作水平,严格遵守规章制度,提高调车人员的技术水平,采用先进的调车工具和设备,提高调车效率,有助于确保调车安全,为线路的行车安全提供保障。

② 调车作业安全的要求

(1)坚持"统一领导、单一指挥"的原则

①统一制订车辆段内调车作业计划。车辆段信号楼值班员根据车场线路、运营计划、内燃机车或电动客车的情况制订统一的调车作业计划。调车作业人员需按照调车作业计划单执行,不得擅自改动。

②统一安排站内调车。站内调车应由运行图编制部门在运营时间内,根据调车作业程序和作业时间,在编制列车运行图时统一安排。

③调车指挥人单一指挥。调车指挥人是调车作业的组织者和指挥者,调车作业人员需听从其安排。行车值班员、信号楼值班员熟悉调车的各项规定及车站(车场)的线路、道岔、信号等设备情况,并会显示手信号,因此他们是调车指挥人的最佳人选。

(2)编制合理、安全的调车作业计划

①分门别类编制调车作业计划。车场调车作业由信号楼值班员根据生产计划制订调车作业计划,但制订计划时必须做到不影响列车运行图正常执行;出段到运行线担当运营任务和执行完运营任务的电动客车回段的调车,由列车运行图编制部门根据客流、车辆检修作业等情况进行综合考虑、妥善安排;站内调车应由运行图编制部门在运营时间内,根据调车作业程序和作业时间,在编制列车运行图时统一安排;越出站界调车由行车调度员单独制订计划。

②有序的变更调车计划。调车计划在制订后,一般就不再更改。但在遇到必须变更的情况时,应立即停止调车作业,由调车计划制订者作出变更计划,以书面或口头形式下达到调车组,调车组必须按新的调车计划实施。

(3)细致的调车作业前准备

调车作业前的准备工作主要有以下内容:

①核对调车计划,使调车人员协同一致,做到准确无误。

②对电客车和内燃机车进行技术检查,确保车辆性能良好。

③对其他调车设备和备品进行检查,保证调车作业安全顺利地进行。

④确认进路,检查线路、道岔、停留车位置,确认线路是否空闲。

(4)严格按照显示信号调车

连接车辆时,注重显示信号。连挂车辆与被挂车辆距离不足60m时,显示"二、一车"信号;不足40m时,显示"一车"信号;不足20m时,仅显示连挂信号。司机在每次显示距离信号后,均应立即鸣笛回示,并按规定速度运行,与调车指挥人密切配合,安全迅速地进行调车作业。

(5)严格控制调车速度

调车速度对调车作业的安全和效率至关重要,超速调车会危害作业的安全,不适当地降低速度则会影响作业效率。因此,要求调车作业必须准确地掌握速度,遵守以下规定:

①调动载有乘客的车辆,规定最大限制速度为15km/h。

②接近被连挂车辆的最佳速度为3km/h。

③遇到降雨、降雪等天气时,应在原规定限制速度的基础上,适当降低速度。

④在尽头线上调车时,距线路终端应有10m的安全距离。必须进入安全距离时,调车指挥人应通知司机严格控制速度,以保证安全。

(6)其他调车安全要求

①禁止使用溜放调车。

②在车站(车辆段)内采用手推调车时,必须在手制动机作用良好、能确保随时停车的条件下进行。

③禁止两组车组或列车同时在同一条股道上相对移动。

④在调车作业中,应按作业计划办理调车进路,进路办好后,原则上不得取消进路。

五　行车调度安全

城市轨道交通系统是一个大联动系统,具有高度集中、各个工作环节紧密联系和协同动作的特点。城市轨道交通行车组织工作实行"行车调度员-列车司机"二级管理模式,车站行车值班员辅助行车工作。其中,行车组织工作由行车调度员统一指挥;列车运行由列车司机负责;车站的行车工作由车站行车值班员负责;车辆段的行车工作由信号楼值班员与运转室值班员共同负责。

在整个行车组织工作中,整体调度工作由行车调度控制指挥中心(OCC)实施,实行高度集中统一指挥,以便于各个环节紧密配合、协调工作。行车调度安全是整个行车安全的核心,若管理不当,势必会影响行车安全。

1　行车调度工作的任务

行车调度工作的基本任务如下:

(1)严格按列车运行图组织行车,遇列车偏离运行图时,应积极采取措施,尽快恢复正点运行。

(2)随时掌握客流变化,及时调整列车运行。

(3)及时、正确地处理临时发生的问题。

(4)检查各站执行列车运行图的情况,及时发布有关调度命令和口头指示。

(5)合理组织各种施工作业。

(6)正确填写各种报表。

② 行车调度员的岗位职责

行车调度员的岗位职责如下：

(1)负责组织列车运行图的实施,遇列车偏离运行图时,及时调整列车运行,尽快恢复正点运行。

(2)及时发布有关行车命令及各种控制命令。

(3)监视列车在站到发、区间运行情况及设备运转状态。

(4)及时、妥善地处置运营线路上发生的突发事件。

(5)随时掌握客流变化,及时调整列车运行间隔。

(6)及时向有关部门反馈信息。

(7)做好与其他运营线间的工作联系。

(8)负责安排施工列车的开行及施工命令的下达工作。

(9)正确填写各种报表。

③ 行车调度安全工作的要求

保证行车安全是城市轨道交通行车调度的主要职责,为了实现安全指挥,行车调度必须实现以下基本要求：

(1)严格执行各岗位职责,严禁串岗。城市轨道交通行车调度工作设有调度总指挥员、高级调度管理员、行车调度员、电力调度员等岗位。各岗位之间需严格执行各自岗位的职责,严禁串岗执行他人或他岗的职责,防止出现多级领导下达命令的状况,保证调度指挥的安全性和权威性。

(2)遵守"安全第一、预防为主、以人为本"的原则。

(3)加强人员技术业务水平。调度人员要重视技术业务的训练和提高,加强业务学习,掌握扎实的调度工作技术,熟知运营全过程和行车有关各部门的分工及协作,掌握处理各种行车意外情况和行车事故的方法,在实践中不断锻炼,增长自身的能力和才干。

(4)科学发布调度命令。调度命令是调度员在行车工作中对有关行车人员发出的指示或指令,其正确、有效与否直接影响行车安全。具体要求如下：

①调度命令只能由值班行车调度员发布。

②调度命令内容应简明扼要,术语标准,不得任意简化。

③调度命令须直接发布给命令执行人。若无法直接发布时,应以书面命令形式转交。

④发布调度命令时,须指定受令人员中一人复诵,并认真核对受令人员的复诵内容,发现错误及时更正。

⑤行车调度员发布调度命令,须使用调度电话。若调度电话发生故障,须使用带有录音功能的电话。

4.2 维修施工作业安全

一 维修施工作业安全意义

城市轨道交通系统是一个大联动系统。通过员工、设备、制度、物料等环节的紧密配合，提供给乘客安全、迅速、准确、便利、文明的客运服务。在运营服务过程中，需定期对系统中的设备、物料进行更新、维护、维修、更换等施工作业。施工作业的效率、效果直接影响城市轨道交通系统的运营。只有做好施工组织工作、确保施工安全，才能保证城市轨道交通系统设备、物料等符合技术标准，从而保证城市轨道交通系统的正常运营。

目前，我国拥有轨道交通的城市都是国际化程度较高、社会经济发展较快、人口密度较大、城市交通出行存在一定困难的城市。这些城市的轨道交通系统一旦出现较大问题，势必会影响城市交通，给乘客出行带来不便，给人民生命财产造成损害。而在维修施工作业中一旦发生事故，势必会影响城市轨道交通系统的运行，进而可能引发上述的一系列问题。

因此，要高度重视维修施工作业安全管理，从而为城市轨道交通安全运营提供良好的基础和保证。

二 维修施工计划管理

1 施工计划的分类

施工计划按照计划的时间不同分为旬施工计划和施工计表。旬施工计划指经总公司批准下发的每十天的常规施工计划，施工计表为各轨道专业项目部之间互相转发的日常维修计划和临时增加的维修计划。

施工计划按照计划的施工作业地点不同可以分为：车站内施工计划、供电系统施工计划、车辆段内施工计划、行车及联络线上施工计划、机电设备施工计划等。

2 施工计划的内容

（1）列入常规施工计划的内容包括：

①占用线路的施工(含轨道车开行)。

②开行过轨列车(包含与国铁专用线间列车过轨)。

③在车站站台、站厅、通道、出入口进行的施工作业。

④在各专业机房进行对设备正常运行有影响的施工作业。

⑤调度室认为有必要纳入施工计划的各类施工。

(2)列入临时性运营任务的内容包括:抢险、抢修任务和特殊情况下需要调增的运营任务。

(3)列入计表维修作业的内容包括:设备、设施的定期巡视检查和维护保养工作及其他需实地勘察、测量的作业。

3 施工计划的申报

(1)所有施工均需提前向相关部门申请施工计划,待批准后才可施工。

(2)施工计划申请表的填写要简练、准确、专业术语规范。

(3)申报的施工计划内容主要包括施工线路、施工日期、施工项目、施工单位、配合单位、施工负责人、施工人数、施工区段、施工线别和有关具体说明。其中,施工日期栏:填写施工日期,并注明可变更范围;施工区段栏:填写施工地点或施工区段;施工线别栏:填写施工地点或施工所占用的线路(上下行);说明栏:填写每项施工的影响范围、配合单位及意见、车辆使用及其他需要说明的事宜等。

(4)在申报施工计划时,对工期较长、施工作业量较大的施工应同时附上施工网络图、施工计划进度表。

(5)申报施工计划前,应认真做好施工准备工作,确保施工计划的实施。

4 施工计划的编制原则

(1)所有施工计划,首先要保证施工及运营安全。

(2)使各类施工作业做到科学化、规范化,尽可能利用现有的各项资源。

(3)处理好各施工项目的时间安排,避免出现抢时、争点现象。

(4)经济、合理地安排施工列车的开行。

5 施工计划的下发

(1)固定的施工计划和施工计表:以旬为单位,在每旬开始前以书面形式下发到车站。

(2)临时增加的施工计划和计表:由客运部门的调度员以口头形式通知有关车站。

三 施工组织管理

1 施工时间管理

(1)严格按照施工计划完成施工作业。

（2）以下施工需在特定时间段内进行，并且在施工前得到运营部门批准。

①会影响信号设备的安全或控制。

②可能导致配电网络负荷过重。

③妨碍正线主控制系统的正常操作。

④妨碍通信设备的正常操作。

⑤妨碍列车运作。

⑥导致轨道不能安全行车。

⑦需要在有关轨道建立工程领域或在指定时段进行。

2 车站内施工组织程序

从安全运营的角度出发，所有在车站内施工的工程，均需按照表4-5所示程序组织。

车站内施工组织程序　　　　　　　　　　　　　　　　表4-5

步　骤	负责人员	行　动
第一步	施工负责人	在车站进行任何工程之前，向值班站长报告
第二步	值班站长	（1）确保所提出的安排不会对安全构成影响，只会对车站的正常运作造成最少的妨碍； （2）若满意安排，进行第三步，若不满意安排，不得施工
第三步	施工负责人	若工程会影响列车运行，则联络行车调度员，决定如何解决；若工程不会影响列车运行，按照双方同意的计划进行施工
第四步	施工负责人	竣工后，通知值班站长

3 施工组织管理规定

（1）为确保施工作业的顺利进行，各单位进行需要其他单位配合的施工作业时，施工结束前，该单位施工负责人须留在现场；涉及多家单位共同进行的施工，施工结束前，各单位施工负责人须留在现场，协调有关事宜。

（2）外单位在地铁运行线路上进行的施工，须由地铁业务对口单位对其施工人员进行教育并派出施工负责人后，方准施工。

（3）经批准的施工，施工开始前，施工负责人须与行车调度员联系确认。

（4）行车调度员须依据施工维修计划、总调度室下达的临时任务受理各施工负责人的联系。

（5）在车辆段联络线进行各项施工作业时，信号楼值班员与相邻车站综合控制员应共同联系确认接触轨停送电事宜。

（6）供电系统或附近施工的一般管理规定：

①连接供电系统的电气设备,都被认定为带电的设备,会危及生命安全。

②施工期间作业人员必须使用挂锁或联锁系统作保护,确保电源不能接通。

③测试高压固定电气装置的带电外露部件或在其附近施工时,必须保持与外露部件导体间的最小安全距离。

④开关在操作时出现起弧或异常情况时,必须经过专业人员维修后方可使用。

(7)在连接两条独立运行线路间的联络线上施工时,联络线的停送电事宜由两端站综合控制员共同确认。

(8)与行车调度员联系确认后的各项施工,在进入施工现场前,施工负责人应到进入施工现场的车站综合控制室履行施工登记手续。

(9)施工作业完毕,施工负责人应及时到相关车站综合控制室履行施工注销手续。

四 施工安全管理

1 施工作业安全基本要求

(1)在设备上施工时,所有作业人员必须获得特定的认可资格,并在获批准的地点工作。

(2)站内或站间线路施工时,需在施工区域两端上设置红闪灯防护。

(3)施工工程中必须妥善摆放设备,以免发生意外。梯子、手推车等设备,在不用时可以挪开或用锁固定住。

(4)任何情况下,不得在供电设备房或其他有电气装置的房间存放未获批准的物品。

(5)除非获得特许,否则不得在轨道交通运营范围内存放易燃易爆物品。

(6)在轨道上或在其附近工作的员工必须穿着荧光服,并确保随身的衣物不会被任何设备钩到。

(7)当发现设备或工具有损伤时,所有作业人员必须将其移离工作区域。

(8)施工作业过程中如需动火作业,必须事前办理有关动火手续,并在动火过程中,注意乘客的安全,最大限度地减少对乘客的影响。

2 现场施工安全管理规定

(1)施工人员应严格按施工计划限定的时间、区段进行作业。

(2)遇特殊情况需延长施工时间时,施工负责人应提前30min向相关专业调度请示,相关专业调度员得到总调度员批准后方可延长施工时间。

(3)施工人员应按规定做好施工防护,确保安全。

(4)施工人员须严格履行施工登记注销手续。

(5)施工结束后,施工人员须清理好现场,将所动用的设备恢复到正常行车条件并清点人员后,方准撤离施工现场。

五　开行工程车管理

1　工程车运作规定

(1)工程车原则上只准按线路规定的使用方向并按闭塞方式运行。

(2)工程车不得在任何有信号指示的轨道上行走,除非该车辆为列车的一部分,或运行轨段已申请成为施工领域。

(3)工程车的开行必须由持有合格证书的人员操作。

(4)工程车运作前,车辆检修工作人员要对机车及连挂车辆的技术状态作必要的检查,保证技术状态及制动作用良好。

(5)若需在最后一列电动列车驶过之后将工程列车驶至工地,行车调度员必须确保在不影响编定的接触轨电流关断时间的情况下,安排该辆工程列车尾随最后一列电动列车驶至工地。

(6)工程车回段必须在接触轨通电之前。

2　工程车装卸物品规定

(1)施工负责人对连挂车辆装载的货物进行检查,确保装载牢固,并不得超出规定的车辆限界,经司机检查确认后方准运行。

(2)工程车进行装卸或铺设电缆时,车速不得超过5km/h。

(3)工程车不可在有接触轨的轨道上装卸物品,除非已关断接触轨电流并将设备接地。

(4)工程车停定进行装卸时,司机不得开动工程车。

(5)物品装卸完毕后,司机需鸣笛表示列车即将开动。

4.3

调试、试验安全

一　调试、试验安全概述

城市轨道交通系统运营过程中,会引进部分新设备、新技术、新科技。如果新设备、新技术运用得好,整个系统的安全运营工作将提高一个台阶;反之,则会给城市轨道交通系统的安全运营带来隐患,甚至会导致事故的发生。

因此,凡需要投入使用的设备,都需进行一定的安全调试、检查,再进行规范的安装、使用。设备从购进到投入使用这一过程中安全管理的重点是,保证设备安装符合有关的安全技术规范,检查、审核设备及生产。要求整个安装、调试过程都在受控状态下进行,对每一项施工工序进行安全验收并签署验收凭证,认定安全合格、手续完备后,方可投入正式使用。

二 调试、试验实施过程管理

设备安装调试实施过程应满足以下要求:

(1)开箱验收

新设备到货后,由设备管理部门会同购置单位、使用单位(或接收单位)进行开箱验收,检查设备在运输过程中有无损坏、丢失,附件、随机备件、专用工具、技术资料等是否与合同、装箱单相符,并填写设备开箱验收单,存入设备档案。若有缺损或不合格现象,应立即向有关单位交涉处理,索取或索赔。

(2)设备安装施工

按照工艺技术部门绘制的设备工艺平面布置图及安装施工图、基础图、设备轮廓尺寸以及相互间距等要求画线定位,组织基础施工及设备搬运就位。在设计设备工艺平面布置图时,对设备定位要考虑以下因素:

①应适应工艺流程的需要。

②应方便于工件的存放、运输和现场的清理。

③应确保设备及其附属装置的外尺寸、运动部件的极限位置及安全距离。

④应保证设备安装、维修、操作安全的要求。

安装过程中,对基础的制作,装配链接、电气线路等项目的施工,要严格按照施工规范执行。安装工序中如果有恒温、防震、防尘、防潮、防火等特殊要求时,应采取相应措施,条件具备后,方能进行该项工程的施工。

(3)设备试运转

设备试运转一般可分为空转试验、负荷试验、精度试验三种。

①空转试验:为了考核设备安装精度的保持性、设备的稳固性等有关各项参数和性能,在无压力运转状态下进行。一定时间的空负荷运转是新设备投入使用前进行磨合的一个不可缺少的步骤。

②设备的负荷试验:试验设备在数个标准负荷工况下进行的试验。

③设备的精度试验:一般应在负荷试验后按说明书的规定进行,既要检查设备本身的几何精度,也要检查工作(加工产品)的精度。

(4)设备试运行后的工作

首先断开设备的总电路和动力源,然后做好下列设备检查、记录工作:

①磨合后对设备进行清洗、润滑、紧固,更换或检修故障零部件并进行调试,使设备进入

最佳使用状态。

②整理设备几何精度、加工精度的检查记录和其他机能的试验记录。

③整理设备试运转中的情况(包括故障排除)记录。

④对于无法调整的问题,分析原因,从设备设计、制造、运输、保管、安装等方面进行归纳。

⑤对设备运转给出评定结论、处理意见,办理移交手续,并注明参加试运转的人员和日期。

(5)设备安装工程的验收与移交使用

①设备基础的施工验收由质量检查员会同施工员进行验收,填写验收单。

②设备安装工程的最后验收,在设备调试合格后进行。

③设备验收合格后办理移交手续。

④设备移交完毕,由设备管理部门签署设备投产通知书,并将副本分别交设备管理部门、使用单位、财务部门、运营管理部门。

想一想

城市轨道交通车站需要安装一批新的 AFC 设备,我们应该如何进行操作?

三　调试、试验的安全

设备安装调试中的安全包括设备安装施工中的安全、设备试运行安全和设备自身的安全状况,安装施工和试运行的安全应按有关作业和运行操作安全要求进行,下面仅分析对设备自身安全状况的要求。

设备安装好后,应逐项检查设备的安全状态及性能是否符合要求。检查的安全项目包括静态和动态方面,静态检查项目在设备不运行的条件下进行,如设备表面安全性、安全防护装置的工作性能与可靠性、设备运行中粉尘和毒物、易燃等物体的产生情况等。设备安装调试的安全检查除了参照上述设备购置的各项安全要求外,还应检查下列各项安全要求。

① 控制系统

当动力源发生异常(偶然或人为地切断或变化)时,控制装置应保证不会造成危险,即使系统发生故障或损坏时,也不致造成危害。

必要时,控制装置应能自动切换到备用动力源和备用设备系统。自动或半自动控制系统应设有必要的保护装置,以防止控制指令紊乱。同时在每台设备上还应辅以能单独操纵的手动控制装置。

② 安全防护装置性能

安全防护装置应符合产品标准规定的可靠性指标要求,应便于调节、检查和维修,并不得成为危险源。避免在安全防护装置和可动零部件之间产生接触危险,所有安全显示与报警装置都应灵敏、可靠。电气设备接地和防雷接地必须牢固可靠,接地电阻符合规范标准要求。

③ 尘毒产生情况

凡工艺过程中能产生粉尘、有害气体和其他毒物的生产设备,应尽量采用自动加料、自动卸料和密闭的装置,吸收、净化、排放的有害物浓度符合国家标准规定。对于有毒、有害物质的密闭系统,应避免跑、冒、滴、漏。必要时,应配置监测、报警装置。对生产过程中尘、毒危害严重的生产设备,必须安装可靠事故处理装置并采取应急防护措施。

④ 噪声和振动的设备

必须在产品标准中明确规定噪声、振动指标限值,并采取有效防治措施。对固有强噪声、强振动设备,宜设置隔离或遥控装置。设备噪声、振动应符合标准限值的规定。

⑤ 防火与防爆性能

生产、使用、储存和运输易燃易爆物质和可燃物质的生产设备,应根据其燃点、闪点、爆炸极限等不同性质采取相应预防措施,包括实行密闭,严禁跑、冒、滴、漏;配置监测报警、防爆及消防安全设施;避免摩擦撞击,消除接近燃点、闪点的高温因素,消除电火花和静电积聚;设置惰性气体(氮气、二氧化碳、水蒸气等)置换及保护系统,设置水封阻火器等安全装置等。

⑥ 人员操作的安全性

生产设备上供人员作业的位置应安全可靠,其工作空间应保证操作人员的头、臂、手、腿、足在正常作业中有充足的活动余地,危险作业点应留有足够的退避空间。作业空间要求满足以下要求:

(1)保证人员操作的安全、方便和舒适。

(2)应采用防火材料,其门窗透光部分应采用易清洗的安全材料制造,并应保证操作者在作业空间内就能擦拭。

(3)应具有防御外界有害作用(如噪声、振动、粉尘、毒物、热辐射和落物等)的良好性能。

(4)作业空间应保证操作人员在事故状态下能安全撤出。

4.4 机械安全

机械安全是从人的需要出发,在使用机械全过程的各种状态下,达到使人的身心免受外界因素危害的存在状态和保障条件。机械的安全性是指机器在按照预定使用条件下,执行预定功能,或在运输、安装、调整时不产生损伤或危害健康的能力。

一 通用机械安全的基本知识

机械对人体的伤害是由于机械的动能和势能产生的。机械对人体造成的直接伤害主要有夹伤、撞伤、切、擦伤、轧伤、卷入伤害、飞出物伤害等。预防机械伤害的主要途径是通过设计实现本质安全及安装安全防护装置来完成的。

❶ 在设计阶段采取措施消除危险

在设计控制装置及操作装置时,应遵守如下要求:位置正确,类型合适,避免无意启动,方向合理(部件的运动方向与机械整体的运动相协调),具有明显的识别特性(大小、颜色、感觉等)。

(1)本质安全

本质安全是指机械的设计者,在设计阶段采取措施来消除机械危险的一种机械安全方法。例如:车站屏蔽门在设计阶段就把屏蔽门中间闭合处直接镶嵌上橡胶装置,防止出现屏蔽门将乘客夹伤的事故。

(2)失效安全

设计者应保证机器发生故障时不会发生危险。

这类装置包括操作限制开关、限制不应发生的冲击及运动的预设制动装置、设置把手和预防下落的装置、失效安全的限电开关等。

(3)定位安全

把机器的部件安置到不可能触及的地点,通过定位达到安全。但设计者必须考虑在正常情况下不会触及的危险部件,在某些情况下可能会接触到,如登着梯子对机器进行维修等情况。

(4)机器布置

车间合理的机器安全布局可以使事故明显减少。安全布局时要考虑如下因素:

①空间,要便于操作、管理、维护、调试和清洁。

②照明,包括工作场所的通用照明(自然光及人工照明,但要防止炫目)和操作机器所需的照明。

③管、线布置,不要妨碍在机器附近的安全出入,避免磕绊,有足够的上部空间。

④维护时的出入安全。

❷ 加装安全防护装置

在无法使用设计做到本质安全时,为了消除危险,要使用安全装置。设置安全装置,要考虑如下四方面因素:

（1）强度、刚度、稳定性和耐久性。

（2）对机器可靠性的影响，如固体的安全装置有可能使机器过热。

（3）可视性（从操作及安全的角度来看，有可能需要机器的危险部位有良好的可视性）。

（4）对其他危险的控制，如选择特殊的材料来控制噪声的强度。

③ 机械安全防护装置的一般要求

（1）安全防护装置应结构简单、布局合理，不得有锐利的边缘和突缘。

（2）安全防护装置应具有足够的可靠性，在规定的寿命期限内有足够的强度、刚度、稳定性、耐腐蚀性、抗疲劳性，以确保安全。

（3）光电式、感应式等安全防护装置应设置出现故障时的报警装置。

（4）紧急停车开关应保证瞬时动作时能终止设备的一切运动。对有惯性运动的设备，紧急停车开关应与制动器或离合器连锁，以保证迅速终止运行。紧急停车开关的形状应区别于一般开关，颜色为红色。紧急停车开关的布置应保证操作人员易于触及，且不发生危险。设备由紧急停车开关停止运行后，必须按启动顺序重新启动才能重新运转。

④ 对机械设备安全防护罩、网的技术要求

（1）对机械设备安全防护罩的技术要求

①只要操作工可能触及的活动部件，在防护罩没闭合前，活动部件就不能运转。

②采用固定防护罩时，操作工触及不到运转中的活动部件。

③防护罩与活动部件间有足够的间隙，避免防护罩和活动部件之间的任何接触。

④防护罩应牢固地固定在设备或基础上，拆卸、调节时必须使用工具。

⑤开启式防护罩打开时或一部分失灵时，应使活动部件不能运转或运转中的部件停止运动。

⑥使用的防护罩不允许给运营场所带来新的危险。

⑦不影响操作。在正常操作或维护保养时，不需拆卸防护罩。

⑧防护罩必须坚固可靠，以避免与活动部件接触造成损坏或工件飞脱造成伤害。

⑨一般防护罩不准脚踏和站立，必须作平台或阶梯时，应能承受 1 500N 的垂直力，并采取防滑措施。

（2）对机械设备安全防护网的技术要求

防护罩应尽量采用封闭结构，当现场需要采用网状结构时，应满足《机械安全 防护装置 固定式和活动式防护装置设计与制造》（GB/T 8196—2003）对不同网眼开口尺寸的安全距离（防护罩外缘与危险区域——人体进入后，可能引起致伤危险的空间区域）间的直线距离的规定，见表4-6。

二 机械安全

城市轨道交通系统是人和机械联合工作的系统。城市轨道交通安全运营依赖于机械设备的正常、安全工作。他们具有价格昂贵、现代化程度高、技术精良、工作场所特殊等特点。

城市轨道交通系统机械安全主要分为机械设备运营动力站房的安全与机械设备使用安全。

不同网眼开口尺寸的安全距离(单位:mm)　　　　　　　表 4-6

防护人体通过部位	网眼开口宽度 (直径及边长或椭圆形孔短轴尺寸)	安 全 距 离
手指尖	<6.5	≥35
手指	<12.5	≥92
手掌(不含第一掌指关节)	<20	≥135
上肢	<47	≥460
足尖	<76(罩底部与所站面间隙)	150

1 机械设备动力站房的安全

城市轨道交通系统的动力来源主要来源于动力,另外在部分老线路或者高架线路上拥有锅炉系统,因此,机械设备动力站房主要分变配电站与锅炉系统的安全。

(1)变配电站的安全

①危险点概述。这里主要介绍 10kV 以下(含 10kV)的变配电站(室)。

在城市轨道交通系统中,变配电站是运营的心脏。如果电力供应不正常,不仅使整个运营活动不能正常进行,有时还会因突然断电而发生火灾事故。如果变配电系统中继电器和自动装置不能起到预定的保护作用,造成高压断路器在短路事故中不动作,出现越级跳动闸,将会影响上一级或更大范围的供电系统停电,还可能会给整个运营生产带来毁灭性的灾害。

②安全技术管理要求。

a.有关变配电站的技术资料、试验报告及测试数据完整。

● 高压供电系统图,高压、低压电力配电图及继电保护控制图。

● 供电系统平面布置图。图中注明变配电站位置、架空线路及地下电缆的走向坐标、编号及型号、规格、长度、杆型和敷设方式。

● 高低压配电室、变压器室、电容器室的平面布置,设备安装及变压器储油池和排、挡油装置的土建设计,设备安装图。

● 降压站、中央变电所、高压配电室及各分变电室的接地网络和接地体设计施工的地下隐蔽资料。

● 具有变配电站及发电站中主要电气设备的使用说明书、产品合格证、日常检修和技术资料以及运行记录。

● 主要电气设备设施和安全用具及防护用品,本周期的预防性电气试验报告和测试数据(包括绝缘强度、继电保护、接地电阻等项目)。

b.变配电站环境。

● 变配电站与其他建筑物间消防通道应畅通无阻。

● 与爆炸危险场所、腐蚀性场所有足够的间距。

● 变配电站地势不应低洼,无漏雨,防止雨后积水。

- 应设置100%变压器油量的储油池或排油设施。
- 变电配电间门的开向:变配电所门应向外开;高低压配电室之间的门应向低压侧开,相邻配电室的门应双向开。
- 门窗及孔洞应设置网孔小于10mm×10mm的金属网,防止小动物窜入。通向变电所外部开启的窗,及自然通风、机械通风孔洞,包括架空线路、电缆进出口线路的穿墙透孔和保护管都应用金属网或建筑材料封闭,重点应放在高压侧。

c. 变压器。

- 油标油位指示清晰,油色透明无杂质,变压器各部位不渗漏,变压器油有定期检验、试验报告。
- 变压器运行温度低于85℃。
- 绝缘和接地故障保护完好可靠,有完整的检测资料。
- 瓷瓶、套管清洁,无裂纹、无放电痕迹。
- 变压器运行过程中无异常响声或放电声。变压器在正常运行时会发出轻微的有规律的"嗡嗡"声。如果发现声音不平稳、无规律或异常"噼啪"放电声,应判定变压器内发生不正常情况。
- 使用规定的警示标志和遮栏。变压器室或车间及露天变压器安装地点附近应设置标明变压器室编号或名称、电压等级的标牌,并挂有国家电力统一标准的警示标志,如"高压危险"等,以提醒职工对要害部位加以注意。为防止工作人员触碰或过分接近带电体,保证检修或运行的安全距离,应加设遮栏、护板、箱闸,其安全距离应符合《10kV及以下变电所设计规范》(GB 50053—94)规定要求。其遮栏高度不低于1.7m,固定遮栏网孔不应大于40mm×40mm。对于移动遮栏,建议选用非金属材料,其安全距离不变。

d. 配电间及电容器间。

- 所有的瓷瓶、套管、绝缘质应清洁无裂纹。
- 所有的母线应整齐、清洁,接点接触良好,相序色标明显,连接可靠且无过热现象。
- 各类电缆及高压架空线路的敷设符合安装规程,电缆头处表面清洁、无漏油,接地(接零)可靠。
- 断路器应为国家许可生产厂的合格产品,有定期维修试验记录;油开关油位正常,油色透明无杂质,无漏油、渗油现象。
- 操动机构应为国家许可生产厂的合格产品,有定期检修记录;操纵灵活,联锁可靠,脱扣保护合理。多电源供电或自有发电必须加装联锁保护装置。
- 所有的空气开关灭弧罩应完好,灭弧罩齐全有效,触头平整,接触良好。
- 电力容器外壳无膨胀、无漏油现象。电容器应有保护装置。电容器室应通风良好。
- 接地保护可靠,并有定期试验记录。

这里的接地包括两项内容:第一,变电所本身必须有一个完整的接地系统,可靠的接地体,焊接牢固的接地网和便于测量接地体电阻值的连接点。其接地电阻应符合不同用途、不同电压的电气设备接地要求的最小值。第二,高低压配电室内的各种设备、设施所有应接地部位必须与接地系统可靠地连接,并提供接地系统图及地下隐蔽工程技术资料以及电力部门定期检测报告。

● 应有规定的警示标志及工作操作标志:变电所、配电室内外要有提示要害部位带电危险的警示标志,如"变配电站,闲人免进"、"止步高压危险"、"禁止攀登,高压危险"等标志;电力设备操作手柄或机构上操作提示标志,如"禁止合闸,有人工作"、"已接地"等提示标志等;电力设备上有表明已送电或已带电的指示灯、指示用仪表和音响报警、信号装置。

● 各种安全用具应完好可靠,有定期检测资料并存放合理。

变配电间内的各种通道符合安全要求。如高压配电室各种通道最小宽度;低压配电屏前、后通道最小宽度;变压器室墙壁间的最小间距,应符合《10kV 及以下变电所设计规范》(GB 50053—94)中有关条款的规定。

在同一配电室内单列布置高、低压开关柜,顶部有裸露带电导体时,两者之间间距不应小于2m。

高压配电装置长度大于6m,其柜(屏)和通道应设两个出口。低压配电装置两个出口间的距离超过15m时,应增加出口。

当电源从柜(屏)后进线,需在柜(屏)正背后墙上分设隔离开关及手动机构时,柜(屏)后通道净宽应不小于1.5m。

(2)锅炉的安全

以下主要介绍承受压力的、以水为介质产生蒸汽的固定式锅炉。

①危险点概述。锅炉是能源转换设备,由于它一部分构件既受到高温烟气和火焰的烘烤,又承受较大的压力,且工作环境比较恶劣,所以是具有爆炸危险的特殊设备。

②安全技术管理要求。

a. 技术资料齐全。

● 出厂资料齐全,至少应包括:质量证明书,合格证,锅炉总图,主要受压部件图,受压元件强度计算书,安全阀排放量计算书,安装使用说明书以及各种辅机的合格证书等。

● 锅炉使用登记证必须悬挂在锅炉房内。

● 在用锅炉必须持有锅炉定期检验证并在检验周期内运行。

b. 安全附件。

● 安全阀:按规定配置,合理安装安全阀。安全阀结构完整,灵敏、可靠,每年检验、定压一次且铅封完好,每月自动排放试验一次,每周手动排放试验一次,并做好记录及签名。

● 水位表:水位表安装合理,便于观察且灵敏可靠。每台锅炉至少应装两只独立的水位表。额定蒸发量小于等于 0.2t/h 的锅炉可只装一只水位表。水位表应设置放水管并接至安全地点。玻璃管式水位表应有防护装置。

● 压力表:锅炉必须装有与锅筒(锅壳)蒸汽空间直接相连接的压力表;根据工作压力选用压力表的量程范围,一般应在工作压力的 1.5~3 倍;表盘直径不应小于100mm,表的刻盘上应画有最高工作压力红线标志;压力表装置齐全(压力表、存水弯管、三通旋塞),每半年校验一次,铅封完好。

c. 保护装置。

- 水位报警装置:额定蒸发量大于等于2t/h的锅炉,装极限高、低水位报警器和极低水位连锁保护装置。

- 额定蒸发量大于等于6t/h的锅炉,应装设超压报警和连锁装置。

- 燃油、煤粉或以气体为燃料的锅炉应装设连锁保护装置。

- 给水设备:给水设备应能保证安全可靠地供水。采用机械给水时应设置两套给水设备,其中必须有一套为蒸汽自备设备。

- 水处理装置:可分为炉内和炉外两种。2t/h以下的锅炉可采用炉内水处理;2t/h以上的锅炉应进行炉外水处理。水质化验员应持证上岗,按规定进行取样化验、监控水质,并记录齐全。

- 运煤设备(燃料输送系统):应符合有关规定要求,安全可靠,运行良好。

- 除渣设备:应能满足有关规定要求,并保持整齐干净,不影响周围环境。

- 通风设备:合理配置,运行良好,节能降噪,并根据锅炉特性装设连锁保护装置。

- 炉体完好,构架牢固、严密完好,基础牢固。

- 所有电气设施均应满足规定要求,合理配置,连接可靠,接地良好。

2 机械设备使用安全

城市轨道交通系统的行车机械设备主要包括车辆、线路、机电设备、通信信号等。设备因设计、使用或自然老化等多方面的原因,可能产生缺陷,进而导致故障的发生或存有事故隐患。

(1)车辆

车辆是城市轨道交通系统的旅客载客工具,在保证运行准点、快速、舒适的运营服务时,更重要的是确保运营的安全。

车辆在运营线路上发生故障,可能导致列车中断运行,也可能导致列车颠簸、脱轨,对乘客的人身安全造成影响。它对城市轨道交通系统运营安全的影响最大。

根据车辆故障的统计分析,其常用的改进措施有:

①加强员工设备安全意识教育,对重点零部件死看死守。针对设备老化的情况,在没有更新车辆设备之前,检修部门应加强对车辆的监控,制订严格的维修保养措施;派出专人在运营线路上对车辆进行监控,及时向车间反馈故障信息。

②对老化车辆进行更换,用以提高车辆的安全性、可靠性、稳定性,降低车辆的故障率。

③车辆上加装安全监控设备,提高车辆自动化水平,防止在运营过程中司机误操作导致行车事故。

④车辆零部件牢固、无松动、无裂纹,部分需闭合的设备锁闭功能良好。例如:制动装置功能完好,施加和缓解动作正常;牵引装置安装牢固,无变形与脱落的危险;空气压缩机安装密封,无空气和润滑油泄露等。

(2)线路

线路是城市轨道交通行车的主要设备。如线路出现问题,可能导致车辆脱轨等重大事故的发生,影响乘客的安全。

线路由钢轨、轨枕、道床、道岔、连接零件及防爬设备组成。线路必须坚固稳定,具有正确的几何形状,线路的平面和纵断面符合规范,才能确保车辆的安全、平稳、不间断运行。

线路的安全技术措施有:

①制定列车限速标准,设置标识,保证线路满足列车安全运营标准。

②定期进行钢轨探伤,严格执行《工务维修规则》,保证及时发现线路的各种损伤,及时采取措施予以解决。

③定期监测道床开裂、破损等问题,发现后应及时修复。

(3)机电设备

城市轨道交通系统机电设备功能强大、数量繁多、品种复杂,主要包括低压配电、照明、通风、空调、给排水、环控、防灾自动报警、电梯、扶梯、屏蔽门、闸机等。

在机电设备的安全技术措施方面,主要通过加强对设备的巡视来确保设备的安全运行。在巡视过程中,工作人员可以对设备的故障、隐患进行排查,对于易发生故障的部分,应做到多查、多记录、多留意、勤更换等。除了加强平时的巡查、巡视、巡检,还要不断加强设备使用安全的教育,完善设备应急救援预案,加大应急救援演练,完善维修、保养规程,确保机电设备处于良性运行状态。

(4)通信信号

通信信号系统是列车运行安全的重要辅助设备。通信信号系统发生故障,本身不会导致发生乘客伤亡的事故。如果信号系统不能在短时间内排除,可以采用电话闭塞法行车,但会降低发车密度,降低运行效率。

信号系统由电气集中设备、列车自动监控系统、列车自动防护系统以及列车自动运行系统组成。通信系统由光纤数字传输系统、数字电话交换系统、闭路电视监控系统、无线通信系统以及车站广播系统等组成。

通信信号系统中,信号设备、车载设备、电视系统、调度集中系统等较易发生故障,需要制定专门的规章制度,保证通信信号出现故障后能快速解决。

4.5

电气安全

随着人类对电力能源的重视与不断应用,电力设施与设备已与现代人类的工作与生活密不可分,电力甚至成为现代各行各业发展的基础或前提。但不可否认的是,由于种种原因,电力能源在带给人们工作与生活便利的同时,由电气设备产生的问题也给人类的生产与生活带来不少烦恼与损失,有时甚至酿成灾难。因此,电气安全不仅已成为各国电气操作与维护人员消除安全生产隐患、防止伤亡事故、保障职工健康及顺利完成各项任务的重要工作内容,同时也是电气专业工作者首要面临并着力解决的课题。

一 电气安全基本知识

1 电气安全工作的任务

(1)研究各种电气事故及其发生的机理、原因、规律、特点和防护措施。

(2)研究运用电气方法,即电气监测、电气检查和电气控制等方法来评价电力系统的安全性和解决生产中用电的安全问题。

2 电气安全工作的内容

(1)研究并采取各种有效的安全技术措施。

(2)研究并推广先进的电气安全技术,提高电气安全水平。

(3)制定并贯彻安全技术标准和安全技术规程。

(4)建立并执行各种安全管理制度。

(5)开展有关电气安全思想和电气安全知识的教育工作。

(6)分析事故实例,从中找出事故原因和规律。

3 保证用电安全的基础要素

(1)电气绝缘。保持配电线路和电气设备的绝缘良好,是保证人身安全和电气设备正常运行的最基本要素。电气绝缘的性能是否良好,可通过测量其绝缘电阻、耐压强度、泄漏电流和介质损耗等参数来衡量。

(2)安全距离。电气安全距离,是指人体、物体等接近带电体而不发生危险的可靠距离。如带电体与地面之间、带电体与带电体之间、带电体与人体之间、带电体与其他设施和设备之间,均应保持一定距离。通常,在配电线路和变、配电装置附近工作时,应考虑线路安全距离,变、配电装置安全距离,检修安全距离和操作安全距离等。

(3)安全载流量。导体的安全载流量,是指允许持续通过导体内部的电流量。持续通过导体的电流如果超过安全载流量,导体的发热将超过允许值,导致绝缘损坏,甚至引起漏电和发生火灾。因此,根据导体的安全载流量确定导体截面和选择设备是十分重要的。

(4)标志。明显、准确、统一的标志是保证用电安全的重要因素。标志一般有颜色标志、标示牌标志和型号标志等。颜色标志表示不同性质、不同用途的导线;标示牌标志一般作为危险场所的标志;型号标志作为设备特殊结构的标志。

④ 安全技术方面对电气设备的基本要求

电气事故统计资料表明,由于电气设备的结构有缺陷,安装质量不佳,不能满足安全要求而造成的事故所占比例很大。因此,为了确保人身和设备安全,在安全技术方面对电气设备有以下要求:

(1)对裸露于地面和人身容易触及的带电设备,应采取可靠的防护措施。

(2)设备的带电部分与地面及其他带电部分应保持一定的安全距离。

(3)易产生过电压的电力系统,应有避雷针、避雷线、避雷器、保护间隙等过程电压保护装置。

(4)低压电力系统应有接地、接零保护装置。

(5)对各种高压用电设备应采取装设高压熔断器和断路器等不同类型的保护措施;对低压用电设备应采用相应的低电器保护措施进行保护。

(6)在电气设备的安装地点应设安全标志。

(7)根据某些电气设备的特性和要求,应采取特殊的安全措施。

⑤ 电气事故的类型

根据电能的不同作用形式,可将电气事故分为触电事故、静电危害事故、雷电灾害事故、电磁场危害和电气系统故障危害事故等。

(1)触电事故

①电击。电击是指电流通过人体,刺激机体组织,使肌肉非自主地发生痉挛性收缩而造成的伤害。严重时会破坏人的心脏、肺部、神经系统的正常工作,形成危及生命的伤害。按照人体触及带电体的方式,电击可分为以下几种情况:

a. 单相触电。是指人体接触到地面或其他接地导体的同时,人体另一部位触及某一相带电体所引起的电击,见图4-1。根据国内外的统计资料,单相触电事故占全部触电事故的70%以上。因此,防止触电事故的技术措施应将单相触电作为重点。

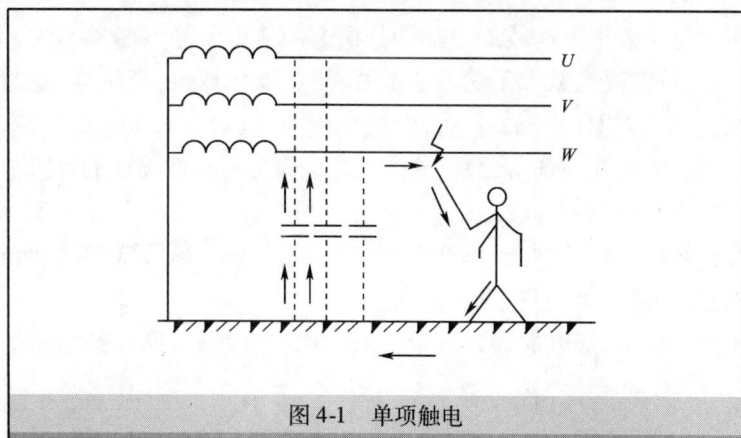

图4-1　单项触电

b. 两相触电。是指人体的两个部位同时触及两相带电体所引起的电击,见图4-2。两相触电的危险性一般比较大。

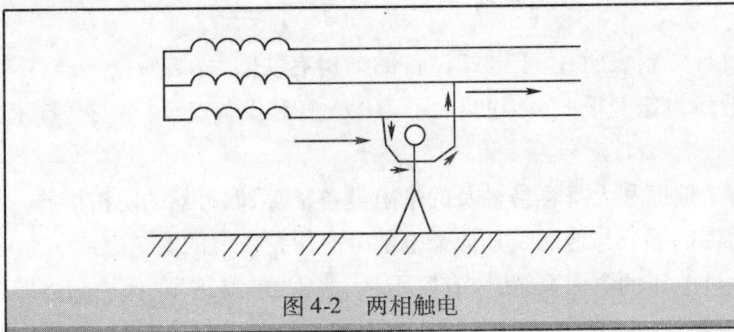

图 4-2　两相触电

c.跨步电压触电。是指站立或行走的人体,受到出现于人体两脚之间的电压,即跨步电压作用所引起的电击,见图 4-3。跨步电压直接电击的危险性一般不大,这是由于跨步电压本身不大而且通过人体重要组织的电流分量小,但可能造成二次伤害。

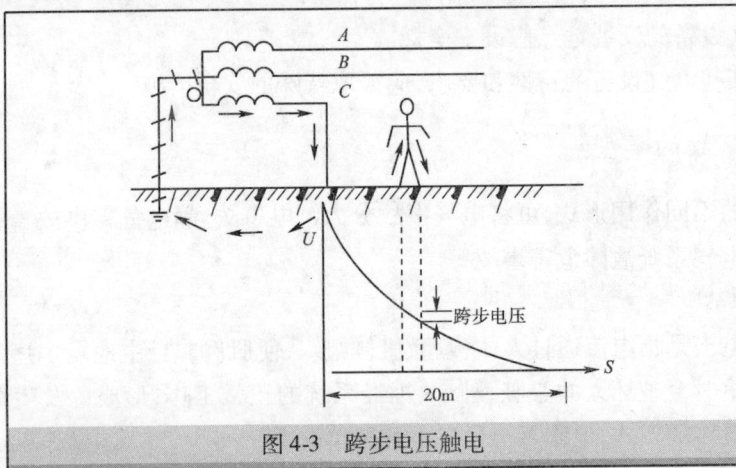

图 4-3　跨步电压触电

②电伤。这是电流的热效应、化学效应、机械效应等对人体所造成的伤害,它表现为局部伤害。电伤包括电烧伤、电烙印、皮肤金属化、机械损伤、电光眼等多种伤害。

(2)静电危害事故

静电危害事故是由静电电荷或静电场能量引起的。由于静电能量不大,不会直接使人致命。但是,其电压可能高达数十千伏乃至数百千伏,发生放电,产生放电火花。静电危害事故主要包括以下几个方面:

①在有爆炸和火灾危险的场所,静电放电火花会成为可燃性物质的点火源,造成爆炸和火灾事故。

②人体因受到静电电击的刺激,可能引发二次事故,如坠落、跌伤等。此外对静电电击的恐惧心理还对工作效率产生不利影响。

③在某些生产过程中,静电的物理现象会对生产产生妨碍,导致产品质量不良,电子设备损坏,造成生产故障,乃至停工。

(3)雷电灾害事故

雷电是大气中的一种放电现象。雷电放电具有电流大、电压高的特点。其能量释放出来可能形成极大的破坏力。其破坏作用主要有以下几个方面：

①直击雷放电、二次放电、雷电流的热量会引起火灾和爆炸。

②雷电的直接击中、金属导体的二次放电、跨步电压的作用及火灾与爆炸的间接作用，均会造成人员的伤亡。

③强大的雷电流、高电压可导致电气设备击穿或烧毁。发电机、变压器、电力线路等遭受雷击，可导致大规模停电事故。雷击可直接毁坏建筑物、构筑物。

（4）射频电磁场危害

射频指无线电波的频率或者相应的电磁振荡频率，泛指 100kHz 以上的频率。射频伤害是由电磁场的能量造成的。射频电磁场的危害主要有：

①在射频电磁场的作用下，人体因吸收辐射能量会受到不同程度的伤害。过量的辐射可引起中枢神经系统的机能障碍，出现神经衰弱症候群等临床症状；可造成植物神经紊乱，出现心率或血压异常；可引起眼睛损伤，造成晶体浑浊，严重时导致白内障；可造成皮肤表层灼伤或深度灼伤等。

②在高强度的射频电磁场作用下，可能产生感应放电，会造成电引爆器件发生意外引爆。

（5）电气系统故障危害

电气系统故障危害是由于电能在输送、分配、转换过程中失去控制而产生的。断线、短路、异常接地、漏电、误合闸、误掉闸、电气设备或电气元件损坏、电子设备受电磁干扰而发生误动作等都属于电路故障。电气系统故障危害主要体现在以下几方面：

①引起火灾和爆炸。线路、开关、熔断器、插座、照明器具、电热器具、电动机等均可能引起火灾和爆炸；电力变压器、多油断路器等电气设备不仅有较大的火灾危险，还有爆炸的危险。

②异常带电。电气系统中，原本不带电的部分因电路故障而异常带电，可导致触电事故发生。例如：电气设备因绝缘不良产生漏电，使其金属外壳带电；高压电路故障接地时，在接地处附近呈现出较高的跨步电压，形成触电的危险条件。

③异常停电。在某些特定场合，异常停电会造成设备损坏和人身伤亡。如正在浇注钢水的吊车，因骤然停电而失控，导致钢水洒出，引起人身伤亡事故；医院手术室可能因异常停电而被迫停止手术，无法正常施救而危及病人生命等。

（6）触电事故的分布规律

大量的统计资料表明，触电事故的分布是具有规律性的。根据国内外的触电事故统计资料分析，触电事故的分布具有如下规律：

①触电事故季节性明显。一年之中，二、三季度是事故多发期，尤其在 6~9 月份最为集中，约占全年触电事故的 75% 以上。

②低压设备触电事故多。由于低压设备远多于高压设备，而且，缺乏电气安全知识的人员多是与低压设备接触，低压触电事故远高于高压触电事故，因此，应当将防止低压触电事故发生作为防范的重点。

③携带式设备和移动式设备触电事故多。这主要是因为这些设备经常移动,工作条件较差,容易发生故障。另外,在使用时需用手紧握进行操作。

④电气连接部位触电事故多。在电气连接部位机械牢固性较差,电气可靠性也较低,是电气系统的薄弱环节,较易出现故障。

⑤农村触电事故多。这主要是因为农村用电条件较差,设备简陋,技术水平低,管理不严,电气安全知识缺乏等。

⑥青年、中年人以及非电工人员触电事故多。这些人员是设备操作人员的主体,他们直接接触电气设备,部分人还缺乏电气安全的知识。

⑦误操作事故多。人为失误造成的触电事故约占整个触电事故的70%以上。

触电事故的分布规律并不是一成不变的,在一定的条件下,也会发生变化。例如,对电气操作人员来说,高压触电事故反而比低压触电事故多。上述规律对于电气安全检查、电气安全工作计划、实施电气安全措施以及电气设备的设计、安装和管理等工作提供了重要的依据。

二 触电事故防护

电看不见、摸不着、闻不到;一旦触电,往往又难以自救,严重威胁人的生命安全。所以,触电防护成为用电者首先关注的重要问题。

为了有效地防止触电事故的发生,可采用绝缘、屏护、安全间距、保护接地或接零、漏电保护等项技术或措施。

1 绝缘

绝缘是用绝缘物把带电体封闭起来。该绝缘物只有遭到破坏时才失效。电工绝缘材料的体积电阻率一般在 $10^7 \Omega/m^3$ 以上。

高压如35kV的线路和设备,其绝缘电阻不应低于 1 000 ~ 2 500MΩ。架空线路每个绝缘子的绝缘电阻不应低于300MΩ。运行中电缆的绝缘电阻应根据其额定电压设定在 300 ~ 1 500MΩ 之间。电力变压器在投入运行前,其绝缘电阻不应低于出厂时的70%。

绝缘物由于击穿、损伤、老化会失去或降低绝缘性能。绝缘物在强电场等因素作用下完全失去绝缘性能的现象称为击穿。气体击穿后能自己恢复绝缘性能;液体击穿后能基本上恢复或一定程度上恢复绝缘性能;固体击穿后不能恢复绝缘性能。损伤是指绝缘物由于腐蚀性气体、蒸汽、潮气、粉尘及机械等因素而受到损伤,降低甚至失去绝缘性能。老化是指绝缘物在电、热等因素作用下,电气性能和机械性能逐渐恶化。带电体的绝缘材料若被击穿、损伤或老化,就会有电流泄漏发生。

对于安全要求较高的设备或器具,如绝缘手套、绝缘靴、绝缘垫等电工安全用具;阀型避雷器、断路器、变压器、电力电缆等高压设施;某些日用电器和电动工具等,应定期进行泄漏电流试验,及时发现绝缘材料的硬伤、脆裂等内部缺陷。同时,还应定期对绝缘物作介质损耗试验,采取有力措施保证绝缘物的绝缘性能。

② 屏护和间距

屏护是借助屏障物防止触及带电体。屏护装置包括护栏和障碍,可以防止触电,也可以防止电弧烧伤和弧光短路等事故。屏护装置所用材料应该有足够的机械强度和良好的耐火性能,可根据现场需要制成板状、网状或栅状。

护栏高度不应低于1.7m,下部边缘离地面不应超过0.1m。金属屏护装置应采取接零或接地保护措施。护栏应具有永久性特征,必须使用钥匙或工具才能移开;障碍也必须牢固,不得随意移开。屏护装置上应悬挂"高压危险"的警告牌,并配置适当的信号装置和连锁装置。

间距是将带电体置于人和设备所及范围之外的安全措施。应该根据电压高低、设备类型、环境条件及安装方式等决定间距大小。

为了防止人体接近带电体,带电体安装时必须留有足够的检修间距。在低压操作中,人体及其所带工具与带电体的距离不应小于0.1m;在高压无遮拦操作中,人体及其所带工具与带电体之间的最小距离视工作电压,不应小于0.7~1.0m。

③ 保护接地或接零

保护接地或接零是防止间接接触电击的安全措施。保护接地适用于各种不接地电网。在这些电网中,由于绝缘损坏或其他原因可能使正常不带电的金属部分呈现危险电压。如变压器、电机、照明器具的外壳和底座,配电装置的金属构架,配线钢管或电缆的金属外皮等,除另有规定外,均应接地。

保护接零是把设备外壳与电网保护零线紧密连接起来。当设备带电部分碰连其外壳时,即形成相线对零线的单相回路,短路电流将使线路上的过流速断保护装置迅速启动,断开故障部分的电源,消除触电危险。保护接零适用于低压中性点直接接地的380V或220V的三相四线制电网。

④ 漏电保护

漏电保护装置除用于防止直接接触电击和间接电击以外,还可用于防止漏电火灾、监测一相接地、绝缘损坏等事故。依据启动原理和安装位置,漏电保护装置可分为电压型、零序电流型、中性点型、泄漏电流型等几种类型。

三 雷电危害及安全防护

雷电是大气中的一种放电现象。雷雨云在形成过程中,部分积聚起正电荷,另一部分积聚起负电荷,当这些电荷积聚到一定程度时,就产生放电现象。这种现象有的是在云层与云层之间进行,有的是在云层与大地之间进行。这两种放电现象俗称打雷,它会破坏建筑物、电气设备,伤害人畜。这种放电时间短促,一般约 $50 \sim 100 \mu s$,但电流异常强大,能达到数万安培到数十万安培。放电时产生强烈的光,这就是闪电。闪电时,将释放出大量热能,瞬间能使局部空气温度升高 1 万 ~ 2 万℃,空气的压强可达 70 个大气压,这样大的能量,具有极大的破坏力,往往会造成火灾和人畜的伤亡。

① 雷电危害

雷电危害可分为直击雷、感应雷和雷电波侵入三种。目前,直击雷造成的灾害已明显减少,而随着城市经济的发展,感应雷和雷电波侵入造成的危害却大大增加。一般建筑物上的避雷针只能预防直击雷,而强大的电磁场产生的感应雷和脉冲电压却能潜入室内危及电视、电话及联网微机等弱电设备。

雷电的几种破坏途径如下。

(1)直击雷破坏

当雷电直接击在建筑物上,强大的雷电流使建(构)筑物水分受热汽化膨胀,从而产生很大的机械力,导致建筑物燃烧或爆炸。另外,当雷电击中接闪器,电流沿引下线向大地泻放时,这时对地电位升高,有可能向临近的物体跳击,称为雷电"反击",从而造成火灾或人身伤亡。

(2)感应雷破坏

感应雷破坏也称为二次破坏。它分为静电感应雷和电磁感应雷两种。由于雷电流变化梯度很大,会产生强大的交变磁场,使得周围的金属构件产生感应电流,这种电流可能向周围物体放电,如附近有可燃物就会引发火灾和爆炸,而感应到正在联机的导线上就会对设备产生强烈的破坏性。

①静电感应雷。带有大量负电荷的雷云所产生的电场将会在金属导线上感应出被电场束缚的正电荷。当雷云对地放电或云间放电时,云层中的负电荷在一瞬间消失了(严格说是大大减弱了),那么在线路上感应出的这些被束缚的正电荷也就在一瞬间失去了束缚,在电势能的作用下,这些正电荷将沿着线路产生大电流冲击。

易燃易爆场所、计算机及其场地的防静电问题,应予以特别重视。

②电磁感应雷。雷击发生在供电线路附近或击在避雷针上会产生强大的交变电磁场,此交变电磁场的能量将感应于线路并最终作用到设备上。由于避雷针的存在,建筑物上落雷机会反倒增加,内部设备遭感应雷危害的机会和程度一般来说是增加了,对用电设备造成极大危害。因此,避雷针引下线通体要有良好的导电性,接地体一定要处于低阻抗状态。

③雷电波引入的破坏。当雷电接近架空管线时,高压冲击波会沿架空管线侵入室内,造成高电流引入,这样可能引起设备损坏或人身伤亡事故。如果附近有可燃物,容易酿成火灾。

② 雷电的安全防护

(1)防直击雷的措施

防直击雷采取的措施是引导雷云与避雷装置之间放电,使雷电流迅速流散到大地中去,从而保护建筑物免受雷击。避雷装置由接闪器、引下线和接地装置三部分组成。

①接闪器。接闪器也称为受雷装置,是接受雷电流的金属导体,见图4-4。接闪器的作用是使其上空电场局部加强,将附近的雷云放电诱导过来,通过引下线注入大地,从而使离接闪器一定距离内、一定高度的建筑物免遭直接雷击。接闪器的基本形式有避雷针、避雷带、避雷网、防雷笼网四种。

a. 避雷针的针尖一般用镀锌圆钢或镀锌钢管制成。避雷针的保护范围可以用一个以避雷针为轴的圆锥形来表示。

b. 避雷带是用小截面圆钢或扁钢做成的条形长带,装设在建筑物易遭雷击部位。在建筑物最可能遭受雷击的地方装设避雷带,可对建筑物进行重点保护。为了使对不易遭受雷击的部位也有一定的保护作用,避雷带一般高出屋面0.2m,而两根平行的避雷带之间的距离要控制在10m以内。

c. 避雷网相当于纵横交错的避雷带叠加在一起,它的原理与避雷带相同。其材料采用截面不小于$50mm^2$的圆钢或扁钢,交叉点需要焊接。

图4-4　接闪器

d. 防雷笼网是笼罩着整个物的金属笼,它是利用建筑结构配筋所形成的笼做接闪器,对于雷电它能起到均压和屏蔽作用。

②引下线。引下线又称引流器,接闪器通过引下线与接地装置相连。其作用是将接闪器"接"来的雷电流引入大地,它应能保证雷电流通过而不被熔化。引下线一般采用圆钢或扁钢制成,其截面不得小于$48mm^2$,在易遭受腐蚀的部位,其截面应适当加大。为避免腐蚀加快,最好不要采用胶线做引下线。

建筑物的金属构件,如消防梯、烟囱的铁爬梯等都可作为引下线,但所有金属部件之间都应连成电气通路。

③接地装置。接地装置是埋在地下的接地导体(即水平连接线)和垂直打入地内的接地体的总称。其作用是把雷电流疏散到大地中去。

接地体的接地电阻要小(一般不超过10Ω),这样才能迅速地疏散雷电流。

一般情况下,接地体均应使用镀锌钢材,使其延长使用年限。但当接地体埋设在可能有化学腐蚀性的土壤中时,应适当加大接地体和连接点的截面,并加厚镀锌层。各焊接点必须刷漳丹油或沥青油,以加强防腐。

(2)防雷电感应的措施

为防止雷电感应产生火花,建筑物内部的设备、管道、构架、钢窗等金属物,均应通过接地装置与大地作可靠的连接,以便将雷云放电后在建筑上残留的电荷迅速引入大地,避免雷害。对平行敷设的金属管道、构架和电缆外皮等,当距离较近时,应按规范要求,每隔一段距离用金属线跨接起来。

(3)防雷电波侵入的措施

为防雷电波侵入建筑物,可利用避雷器或保护间隙将雷电流在室外引入大地。其上端接入线路,下端接地。正常时,避雷器的间隙保持绝缘状态,不影响系统正常运行;雷击时,有高压冲击波沿线路袭来,避雷器击穿而接地,从而强行截断冲击波。雷电流通过以后,避雷器间隙又恢复绝缘状态,保证系统正常运行。

保护间隙,是一种简单的防雷保护设备,由于制成角形,所以也称羊角间隙,它主要由镀锌圆钢制成的主间隙和辅助间隙组成。保护间隙结构简单,成本低,维护方便,但保护性能差,灭弧能力小,容易引起线路开关跳闸或熔断器熔断,造成停电。所以,在装有保护间隙的线路上,一般要求装设自动重合闸装置或自动重合熔断器与其配合,以提高供电可靠性。

常用的阀型避雷器,其基本元件是由多个火花间隙串联后再与一个非线性电阻串联起来,装在密封的瓷管中。一般非线性电阻用金刚砂和结合剂烧结而成。

正常情况下,阀片电阻很大,而在过电压时,阀片电阻自动变得很小,则在过电压作用下,火花间隙被击穿,过电流被引入大地,过电压消失后,阀片又呈现很大电阻,火花间隙恢复绝缘。

为防止雷电波沿低压架空线侵入,在入户处或接户杆上,应将绝缘子的铁脚接到接地装置上。

此外,还要防止雷电流流经引下线产生的高电位对附件金属物体的雷电反击。当防雷装置接受雷击时,雷电流沿着接闪器、引下线和接地体流入大地,并且在它们上面产生很高的电位。如果防雷装置与建筑物内外电气设备、电线或其他金属管线的绝缘距离不够,它们之间就会产生放电现象,这种情况称之为"反击"。反击的发生,可引起电气设备绝缘被破坏,金属管道被烧穿,甚至引起火灾、爆炸及人身事故。

防止反击的措施有两种:一种,是将建筑物的金属物体(含钢筋)与防雷装置的接闪器、引下线分隔开,并且保持一定的距离。另一种,当防雷装置不易与建筑物内的钢筋、金属管道分隔开时,则将建筑物内的金属管道系统,在其主干管道外与靠近的防雷装置相连接,有条件时,宜将建筑物每层的钢筋与所有的防雷引下线连接。

小贴士

预防雷击歌

霹雳电闪雷雨天,安全第一莫等闲,
献首歌谣大家唱,劝君牢记在心间。
身在屋内关门窗,电器设备断电源,
最好不要打电话,切莫出屋檐下站。
空旷地方身全缩,尽量减少暴露面,
双脚并拢快蹲下,躲到树下最危险。
人群多时要疏散,跑步摩擦引雷电,
金属物体不触摸,电线杆下不安全。
正在船上要上岸,闪电遇水水带电,

躲进汽车关好门，换件干衣身上穿。

球形闪电虽少见，不要只顾看稀罕，

它的能量十分大，慢慢躲闪莫擦边。

四　静电危害

① 固体静电危害

绝缘材料的带电会使生产不能顺利进行。更为严重的是，在有可燃气体的场合，静电放电可成为引燃或引爆的点火源。绝缘材料的表面放电一般是刷形放电，刷形放电能够引燃最小引燃能量在 4mJ 以下的可燃混合气体。

绝缘材料在进行加工和各种生产时，极易带电。例如，薄膜往卷轴上卷绕时，绝缘材料管道内输送粉体、液体物料时，都会使绝缘材料带电。如果发生放电即可引燃可燃混合气体。此外，靠近带电绝缘材料的不接地的导体和不接地的人体，都会因感应而带电。带电的导体或人体发生火花放电时，将其储存的能量全部释放出来，也是十分危险的。

② 液体静电危害

液体带电时，其内部和周围空间会有电场存在。当场强足够高时，就会发生放电。在一般情况下，液体内部的放电没有引燃的危险，但可以引起化学变化。这些变化能改变液体的性能或引起有关设备的腐蚀。液体在空气中的放电则有引燃的危险。油罐内液面与接地罐壁或其他金属构件之间的场强超过击穿强度时，即发生放电。放电能量的大小及引燃的可能性，很难估计。

对地电阻在 $10^6\Omega$ 以上的导体或非导体，在带电液体作用下可以带电。一旦发生放电，危险性极大。例如，电阻率较大的液体流经绝缘导体时，绝缘导体会由于与液体摩擦，或由于带电液体电荷的传递等而产生电荷。带电液体倒入不接地的金属罐时，由于感应或电荷的转移而使绝缘的金属罐带电。浸在带电液体中的金属构件，其电位与其所处位置的液体电位相等。带电云雾向物体上喷射时，如气漏旁边的不接地物体，会使物体带电。由上述可见，放置在带电液体周围的孤立物体可以带电，而且十分危险。

③ 粉体静电危害

当粉尘云中带电粒子产生的场强足够高时，就会发生粉尘云内部放电或粉尘云对大地的放电。粉尘云放电引燃危险较小。粉尘云放电可引燃非常敏感的混合物，如悬浮的微细粉尘或可燃混合气体。

粉体处理系统中的绝缘导体很容易通过接触而起电。如输送粉体流的绝缘金属管道，可以达到很高的电位，能够对地产生大能量的火花放电。将粉体倒入一个没有接地的容器，可导致容器的火花放电，放出的电量与容器内积累的电荷总量相当。

在有些粉体操作中,如取样等,人体与粉体需紧密接触。如果操作人员处于非接地状态,由于感应或电荷传递,人体能带上数量可观的电荷。

4 气体静电危害

不论是大型工业吸尘器管嘴的带电,还是细小物品气动输送系统中管道带电,除非设备由金属制成并保持接地,否则可能会导致可燃气的引燃和人体的强电击。粉体的气动输送作为气体携带电荷的特例,还具有前述粉体静电的特点。

任何含有颗粒物质的压缩气体的逸出和排放都具有潜在危险。例如,从进出气口、阀门或法兰漏缝处喷出带有水珠或锈末的压缩气体时,均可产生危险的静电。所以,装放最小引燃能量很低的气体如氢或乙炔与空气的混合气体时,只要这些气体含有颗粒物杂质,装放时就应格外谨慎。

液化二氧化碳的释放,会产生气体和二氧化碳干冰的混合物。这种混合物高度带电,在喷嘴上及气体撞击的绝缘金属导体上,曾测得高达几千伏的静电电压。因此,当把二氧化碳用作惰性气体时,如果不采取适当的防范措施,就可能产生灾害。

5 人体静电危害

在现代工业中,不乏人体静电引发燃烧爆炸的事故案例。如某家具厂静电喷漆室,操作人员穿橡胶底运动鞋操作使人体带电,当操作者接触设备时发生静电放电,导致洗涤油槽发生火灾。对于最小引燃能量小于100mJ的可燃混合气体,对人体放电应采取防范措施。

在工业生产中,操作人员经常与带电材料接触会产生静电积累,当与接地设备接触时,会产生静电放电。人与金属间放电火花的能量可达2.7~7.5mJ,这不仅可以引爆爆炸性混合物,而且会给放电人员带来痛苦的感觉。

在许多情况下,衣物能够带电。如果人体接地,衣物一般不会发生严重的火花放电。除了最小引燃能量很低的场合,例如氧气很充足或处理易爆物的场合,人体放电没有危险性。然而,若将一件衣服脱去,其上的电荷将容易保留且容易发生危险的火花放电。

五 静电的预防与消除

1 防静电基本原则

(1)静电引发火灾或爆炸的五个必不可少的条件
①要有产生静电荷的条件;
②具备产生火花放电的电压;
③有能引起火花放电的合适间隙;
④电火花要有足够的能量;
⑤在放电间隙及周围环境中有易燃易爆混合物。

只要消除上述五个条件中的一个,就可达到防止静电引发燃烧或爆炸危害的目的。由此可以确定消除静电危害的基本途径。

(2)消除静电危害的五项基本对策

①从工艺改进着手尽量少产生静电;

②利用泄漏导走的方法迅速排除静电;

③利用中和电荷的方法减少静电积累;

④利用屏蔽的方法限制静电产生危害;

⑤改变生产环境,减少易燃易爆物的泄放。

❷ 静电的消除

(1)改进工艺控制静电产生

改进工艺是指从工艺过程、材料选择、设备结构、操作管理等诸方面采取措施,控制静电的产生,使其不致达到危险程度。

在原料配方和结构材质方面应该进行优选,尽量选取不易摩擦或接触起电的物质,减少静电的产生。

输送固体物料所用的皮带、托辊、料斗、倒运车辆和容器等,都应采用导电材料制造并接地。使用中要保持清洁,但不得用刷子清扫。输送中要平稳,速度应适中,不能使物料滑动或振动。输送液体物料,主要是通过控制流速限制静电的产生。当输油管线很长不适于限制流速时,可在油品进入储罐前经过一段管径较大的缓冲区,以消除油品中的静电。输送气体物料,应先通过干燥器和过滤器把其中的水雾、尘粒除去。在液体喷出过程中,喷出量要小、压力要低、管路应经常清扫。

(2)静电的泄放消散

静电的泄放消散是在生产过程中,采用空气增湿、加抗静电添加剂、静电接地和保证静止时间的方法,将带电体上的电荷向大地泄放消散,以期达到静电安全的目的。一般认为,带电体任何一处对地电阻小于 $10^6\Omega$ 时,则该带电体的静电接地是良好的。所以,降低带电体对地电阻,是排除静电的重要方法。

空气增湿可以降低静电非导体的绝缘性,湿空气可在物体表面覆盖一层导电的液膜,提高静电荷经物体表面泄放的能力,即降低物体的泄漏电阻,把所产生的静电导入大地。增湿的具体方法可采用通风调湿、地面洒水、喷放水蒸气等方法。空气增湿不仅有利于静电的导出,而且还能提高爆炸性混合物的最小引燃能量,有利于防爆。

在工艺条件允许的情况下,空气增湿取相对湿度 70% 为宜。增湿以表面可被水润湿的材料效果为好,如醋酸纤维素、硝酸纤维素、纸张和橡胶等。对于表面很难被水润湿的材料,如纯涤纶、聚四氟乙烯、聚氯乙烯等效果较差。

(3)静电接地连接

静电接地连接是为静电荷提供一条导入大地的通路。接地只能消除带电导体表面的自由电荷,对于非导体静电荷的消除是无效的。

输送能产生静电物料的绝缘管道,其金属屏蔽层应该接地。各种静电消除器的接地端、高绝缘物料的注料口、加油站台、油品车辆、浮动罐体等应连成导电通路并接地。在有火灾和爆炸危险的场所,以及静电对产品质量、人身安全有影响的地方,所使用的金属用具、门窗把手和插销、移动式金属车辆、金属梯子、家具、有金属丝的地毯等,都应该接地。

管道系统的末端、分叉、变径、主控阀门、过滤器以及直线管道每隔 200~300m 处,均应设接地点。车间内管道系统的接地点应不少于两个,接地点、跨接点的具体位置可与管道固定托架位置一致。

(4)静电的中和和屏蔽

静电的中和是用极性相反的离子或电荷中和危险的静电,从而减少带电体上的静电量。静电屏蔽是把静电对外的影响局限在屏蔽层内,从而消除静电对外的危害。属于静电中和法的有静电消除器消电、物质匹配消电等几种类型。

静电消除器有自感应式、外接电源式、放射线式和离子流式四种。自感应式静电消除器是用一根或多根接地金属针作为离子极,将针尖对准带电体并距其表面 1~2cm。由于带电体的静电感应,针尖会出现相反电荷,在附近形成强电场,并将气体电离。所产生的正、负离子在电场作用下,分别向带电体和针尖移动。与带电体电性相反的离子抵达带电体表面时,即与静电中和;而移到针尖的离子通过接地线把电荷导入大地。

利用摩擦起电的带电规律,把相应的物质匹配,使生产过程中产生极性相反的电荷,并互相中和。这就是所谓物质匹配消电的方法。如在橡胶制品生产中,辊轴用塑料、钢铁两种不同的材料制成,交叉安装,胶片先与钢辊接触分离得负电,然后胶片又与塑料辊摩擦带正电,正、负电互相抵消保证了安全。

把带电体用接地的金属板、网包围或用接地导线匝缠绕,将电荷对外的影响局限于屏蔽层内,同时屏蔽层内的物质也不会受到外电场的影响。这种静电封闭方法可保证系统静电的安全。

(5)人体静电的消除

可以通过接地、穿防静电鞋、穿防静电工作服等具体措施,减少静电在人体上的积累。在静电产生严重的场所,不得穿化纤工作服,穿着以棉织品为宜。在人体必须接地的场所,应设金属接地棒,赤手接触即可导出人体静电。

产生静电的工作地面应是导电性的。其泄漏电阻既要小到防止人体静电积累,又要防止人体误触动力电而导致人体伤害。此外,用洒水的方法使混凝土地面、嵌木胶合板湿润,使橡皮、树脂、石板的黏合面或涂刷地面能够形成水膜,增加其导电性。

在工作中,尽量不做与人体带电有关的事情,如在工作场所不要穿、脱工作服。在有静电危险场所操作、检查、巡视,不得携带与工作无关的金属物品,如钥匙、硬币、手表、戒指等。

六 电焊安全

电焊技术就是采用在金属连接处实行局部电能加热、加压或加压的同时加热,使被焊金属局部达到液态或接近液态,来促进原子或分子间相互扩散和进行结合,以达到永久牢固的连接,见图4-5。

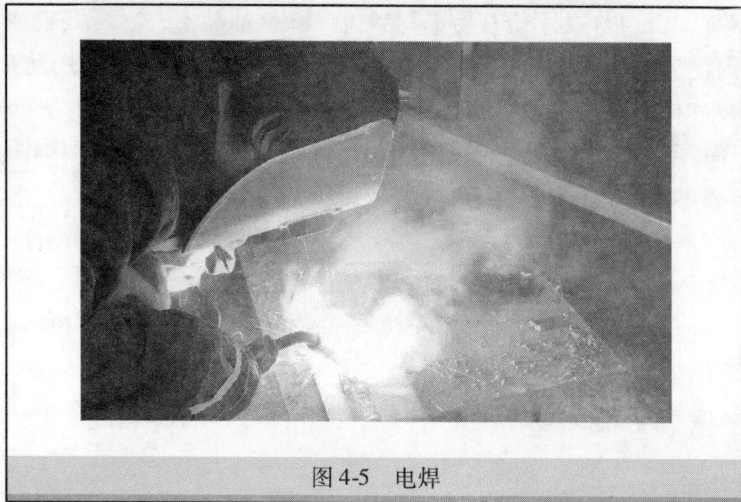

图 4-5　电焊

焊条电弧焊操作时,必须注意安全与防护。安全与防护技术主要有防止触电、弧光辐射、火灾、爆炸和有毒气体与烟尘中毒等。

① 防止触电

焊条电弧焊时,电网电压和焊机输出电压以及手提照明灯的电压等都会有触电危险。因此,要采取防止触电措施,或接零。焊接电缆和焊钳绝缘要良好,如有损坏,要及时修理。在进行焊条电弧焊时,要穿绝缘鞋,戴电焊手套。在锅炉、压力容器、管道、狭小潮湿的地沟内焊接时,要有绝缘垫,并有人在外监护。使用手提照明灯时,电压不超过安全电压36V,高空作业时不超过12V。高空作业时,在接近高压线5m或离低压线2.5m以内作业,必须停电,并在电闸上挂警告牌,设人监护。万一有人触电,要迅速切断电源,并及时抢救。

② 防止弧光辐射

焊接电弧强烈的弧光和紫外线对眼睛和皮肤有损害。在进行焊条电弧焊时,必须使用带弧焊护目镜片的面罩,并穿工作服,戴电焊手套。多人焊接操作时,要注意避免相互影响,宜设置弧光防护屏或采取其他措施,避免弧光辐射的交叉影响。

出现6级以上大风时,没有采取有效的安全措施不能进行露天焊接作业和高空作业,焊接作业现场附近应有消防设施。电焊作业完毕应拉闸,并及时清理现场,彻底消除火种。

③ 防止火灾

在焊接作业点火源10m以内、高空作业下方和焊接火星所及范围内,应彻底清除有机灰尘、木材、木屑、棉纱棉丝、草垫干草、石油、汽油、油漆等易燃物品。如有不能撤离的易燃物品,诸如木材、未拆除的隔热保温的可燃材料等时,应采取可靠的安全措施,如用水喷湿,覆盖湿麻袋、石棉布等。

④ 控制焊接环境

在焊接作业点 10m 以内,不得有易爆物品;在油库、油品室、乙炔站、喷漆室等有爆炸性混合气体的室内,严禁焊接作业。没有采取特殊措施时,不得在内有压力的压力容器和管道上焊接。在对装过易燃易爆物品的容器焊补前,要将盛装的物品放尽,并用水、水蒸气或氮气置换,清洗干净;用测爆仪等仪器检验分析气体介质的浓度;在进行焊接作业时,要打开盖口,操作人员要躲离容器孔口。

⑤ 防止有毒气体和烟尘中毒

焊条电弧焊时会产生可溶性氟、氟化氢、锰、氮氧化物等有毒气体和粉尘,会导致氟中毒、锰中毒、电焊尘肺等,尤其是碱性焊条在容器、管道内部焊接更甚。因此,要根据具体情况采取全面通风换气、局部通风、小型电焊排烟机组等通风排烟尘措施。

七 高压电气设备安全

① 高压电气设备概述

电气设备根据设备所用电压等级的不同可以分为高压电气设备和低压电气设备。其中,电压等级在 1 000V 及以上为高压电气设备,电压等级在 1 000V 以下者为低压电气设备。

高压电气设备主要包括高压熔断器、高压隔离开关、高压负荷开关、高压断路器、高压开关柜和电力变压器等。

(1)高压熔断器

高压熔断器是指交流电力线路和电力设备短路保护的保护器件,见图 4-6。

图 4-6　高压熔断器

在高压熔断器中,户内广泛采用 RN 型管式熔断器,户外广泛采用 RW 型跌落式熔断器。

（2）高压隔离开关

高压隔离开关主要用来隔离高压电源，以保证其他电气设备的安全检修，见图4-7。由于它没有专门的灭弧装置，所以不能带负荷操作。但是可用来通断一定限度的小电流，如激磁电流不超过2A的空载变压器、电容电流不超过5A的空载线路及电压互感器和避雷器回路等。

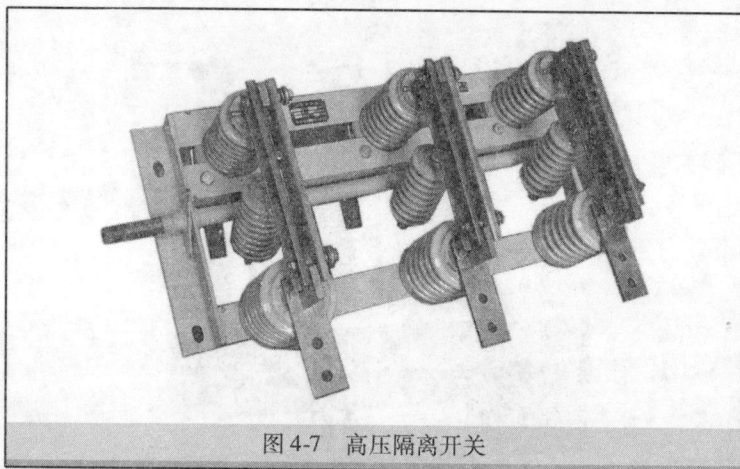

图4-7　高压隔离开关

（3）高压负荷开关

高压负荷开关是专门用在高压装置中通断负荷电流的开关，见图4-8。由于负荷开关在设计时只考虑通断负荷电流，断流能力不大，不能用它来切断短路电流。线路的短路故障只有借助与它串联的高压熔断器来进行保护。

图4-8　高压负荷开关

高压负荷开关是和高压熔断器串联使用的，断电保护应按下述要求调整：当故障电流大于负荷开关的开断能力时，必须保证熔断器先熔断，然后负荷开关才能分闸；当故障电流小于负荷开关的开断能力时,则负荷开关开断,熔断器不动作。

(4)高压断路器

高压断路器又称为高压开关,用在高压装置中通断负荷电流,并在严重过载和短路时自动跳闸,切断过载电流和短路电流,见图4-9。因此,高压断路器具有相当完善的灭弧结构和足够的断流能力,以适应其工作要求。

图4-9　高压断路器

(5)高压开关柜

高压开关柜是按一定的线路方案将有关一、二次设备组装而成的一种高压成套配电装置。高压开关柜有固定式(图4-10)和手车式两大类型。

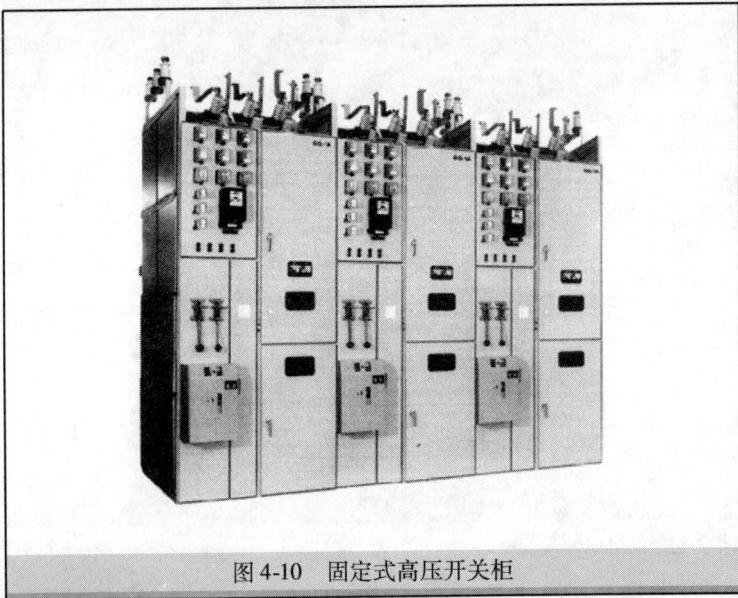

图4-10　固定式高压开关柜

高压开关柜大多数按规定装设了防止电气误操作的闭锁装置,即所谓"五防":防止误跳、误合断路器;防止带负荷拉、合隔离开关;防止带电挂接地线;防止带接地线合隔离开关;防止人员误入带电间隔。

(6)电力变压器

电力变压器是静止的电气设备,起升高或降低电压的作用,见图4-11。在企业中,通常是把6~10kV的高压电降低为0.4kV的低压电,供给电气设备使用。这种变压器称为配电变压器。

如发现运行中变压器的温度过高,应及时处理。

图4-11　电力变压器

❷ 高压电气设备巡视

(1)值班人员巡视高压设备时,应与带电设备保持规定的安全距离,禁止越过遮栏巡视。

(2)高压设备发生接地故障时,人体距离接地点的安全距离:室内应大于4m;室外应大于8m。进入上述范围的人员应穿绝缘靴。手接触设备外壳和架构时,应戴绝缘手套。

(3)雷雨天气需要巡视室外高压设备时,应穿绝缘靴,并不应接近避雷器、避雷针及其接地装置(对避雷针应保持5m以上的距离)。

(4)巡视高压设备,进出高压室时,应随时将门关好,防止小动物由门进入。

(5)巡视线路时,不论线路是否停电,均应视为带电,并应沿线路上风侧行走。当寻找接地故障时,应有防止跨步电压的措施。

(6)巡视线路,如发现高压线断落地面或悬挂空中,应设法让行人远离断线处8m以外,一方面派人看守,一方面迅速进行处理。

❸ 倒闸操作

(1)倒闸操作前,应根据操作票的顺序在模拟板上进行核对性操作。操作时,应先核对设备名称、编号,并检查开关或隔离开关的原来拉、合位置与工作票所写的内容是否相符。操作中,应认真执行监护制、复诵制,每操作完一步即应由监护人在操作项目前划"√"。

(2)操作中发生疑问时,必须立即向调度员或电气负责人报告,了解清楚后再进行操作。不准擅自更改操作票。

(3)操作人员与带电导体应保持规定的安全距离,同时应穿长袖衣及长裤。

(4)用绝缘杆拉、合隔离开关或经传动机构拉、合开关及隔离开关时,应带绝缘手套。操作室外设备时,还应穿绝缘靴。

(5)带电装卸高压熔丝管时,应使用绝缘夹钳或绝缘杆,戴防护眼镜,并应站在绝缘垫(台)上或戴绝缘手套。

(6)雨天操作室外高压设备时,除按上述规定外,使用的绝缘杆应带有防雨罩。遇雷雨时,应停止室外的正常倒闸操作。

4.6 消防安全

一 城市轨道交通消防安全概述

2003 年 2 月 18 日,韩国第三大城市大邱市地铁发生火灾。这次火灾共导致 198 人死亡,147 人受伤。火灾的发生让世界都为之震惊,同时,地铁的防火、消防工作被列为地铁安全工作的头等大事。

1 城市轨道交通建筑物的特点

城市轨道交通建筑工程与地面建筑工程有所不同,其主要特点为:

(1)空间连续性强。站台、站厅、控制室等空间都直接连接,这给防火造成了很大困难。

(2)出入口较少。地铁的出入口较少,一旦发生火灾,出入口需要完成排烟、散热、人员疏散、救援队伍进入等任务,而出入口较少的特点给以上任务的顺利完成造成很大困难。

(3)电气设备多。因绝大多数轨道交通系统都通行于地下,所以系统用电量很大,电气设备引发火灾的概率不能小视。

(4)空间湿度大。地铁空间湿度大,易造成电气设备受潮而引发火灾。

② 城市轨道交通火灾的特点

（1）疏散困难

城市轨道交通系统发生火灾时,易产生浓烟和热气浪,同时产生大量的有毒气体,这给人员疏散造成很大困难。

①烟气对人的眼睛、喉咙、气管有刺激,影响人员疏散;

②高温气浪使得人员疏散困难;

③浓烟使得应急照明系统效果大打折扣,乘客因看不清疏散通道而难以疏散;

④烟气与新鲜空气在出入口碰撞,使得从出入口流入车站的新鲜空气的速度变慢,给人员疏散造成影响。

（2）救援难度大

①浓烟或停电使得救援人员无法迅速确定起火点;

②地铁的地下空间较大,而救援人员的呼吸器一般使用时间有限,不能长时间在地下进行救援工作;

③地下空间相对封闭,给救援人员开展救援战术配合造成困难。

（3）通信系统容易瘫痪

地铁发生火灾时,由于水流和高温对通信器材的影响,使消防员携带的普通无线电对讲机不能正常工作,甚至整个通信系统容易造成瘫痪状态。

③ 引发火灾的原因

（1）管理方面的原因

管理上的疏漏是造成火灾的主要原因。即地铁公司没有制定严格的管理制度,使得众多安全隐患存在。

（2）列车材料的因素

由于地铁车厢易燃品较多,且车厢与车厢之间是相通的,很多新型列车座位所用的装饰材料都是易燃的薄绒布。由于这种材料一旦着火便难以控制,轻易酿成大火。有的老式车厢内装饰物均采用可燃性化学合成材料,在燃烧时会迅速产生大量神经麻痹毒气使得人窒息死亡。由此可见,地铁火灾的发生与不合格的列车材料是密切相关的。

（3）人的因素

人的因素是造成大多数事故发生的重要原因。人的行为加上物的不安全状态导致了危险的出现,而危险会不会最终演变成为事故,则取决于人们对危险所采取的措施正确与否。

二　防火灭火基本知识

① 火的基本概念

（1）燃烧与火灾

①燃烧的定义。燃烧是物质与氧化物之间的放热反应,它通常会现时释放出火焰或可见光,见图4-12。

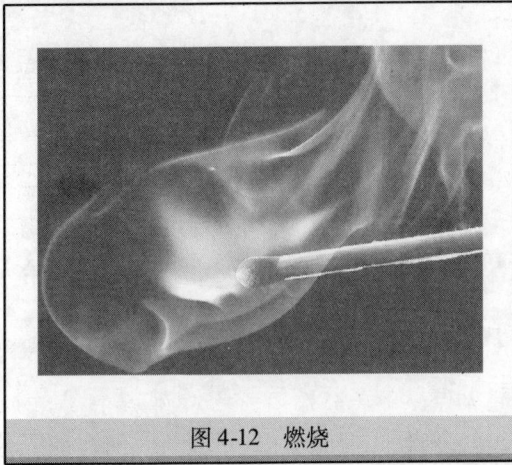

图4-12　燃烧

②火灾的定义。火灾是火失去控制导致蔓延而形成的一种灾害性燃烧现象,它通常造成人或物的损失。

③燃烧和火灾发生的必要条件。同时具备氧气、可燃烧物、点火源,即火的三要素,简称火三角。这三个要素中缺少任何一个,燃烧都不能发生和维持,因此火的三要素是燃烧的必要条件。在火灾防治中,如果能够阻断火三角的任何一个要素就可以扑灭火灾。

④分类。火灾按着火可燃物类别,一般分为五类:可燃气体火灾;可燃液体火灾;固体可燃物火灾;电气火灾;金属火灾。

(2)火灾的种类

①A类火灾。指含碳固体可燃物体,如:木材、棉、毛、麻、纸张等燃烧的火灾(水是最佳灭火剂)。

②B类火灾。指甲、乙、丙类液体,如:汽油、煤油、柴油、甲醇、乙醚、丙酮等燃烧的火灾(采用干粉、二氧化碳灭火)。

③C类火灾。指可燃气体,如:煤气、天然气、氢气、甲烷、乙炔、丙烷等燃烧的火灾(采用二氧化碳灭火)。

④D类火灾。指可燃金属,如:钾、钠、镁、钛、锆、锂、铝镁合金等燃烧的火灾(采用专用的轻金属灭火器灭火)。

⑤带电火灾。带电物体燃烧的火灾(采用干粉、二氧化碳灭火,勿用水)。

❷ 灭火的基本方法

(1)冷却灭火法

这种灭火法的原理是将灭火剂直接喷射到燃烧的物体上,以使燃烧的温度在燃点之下,使燃烧停止。或者将灭火剂喷洒在火源附近的物质上,使其不因火焰热辐射作用而形成新的火点。冷却灭火法是一种灭火的主要方法,常用水和二氧化碳做灭火剂降温灭火。

灭火剂在灭火过程中不参与燃烧过程中的化学反应,属物理性灭火法。

(2)隔离灭火法

这种灭火法的原理是将正在燃烧的物质和周围未燃烧的可燃物质隔离或移开,中断可燃物质的供给,使燃烧因缺少可燃物而停止。具体方法有:

①把火源附近的可燃、易燃、易爆等物品搬走;

②关闭可燃气体、液体管道的阀门;

③设法阻拦流散可燃、易燃物品；

④可能的话，拆除与火源相毗邻的易燃建筑物，形成防止火势蔓延的空间地带。

（3）窒息灭火法

这种灭火法的原理是阻止空气流入燃烧区域或用不燃物质冲淡空气中的氧气含量，使燃烧得不到足够的氧气而停止。具体方法有：

①用沙土、水泥、湿麻袋、湿棉被等覆盖燃烧物；

②喷洒雾状水、干粉、泡沫等灭火剂覆盖燃烧物；

③用水蒸气或氮气、二氧化碳等惰性气体灌注发生火灾的容器、设备；

④密闭起火建筑、设备和孔洞。

3　防火的基本方法

为了防止燃烧基本条件的产生，避免燃烧基本条件的相互作用，防火的基本方法归纳起来主要有四种：控制可燃物、隔绝空气、消除着火源和阻止火灾蔓延。其可采取的防火措施见表4-7。

防火的基本方法和措施举例　　　　　　　　　　表4-7

方　　法	原　　理	措　施　举　例
控制可燃物	破坏燃烧爆炸的基础	限制可燃物储运量； 用难燃或阻燃材料代替可燃材料； 加强通风，降低可燃气体或粉尘在空间的浓度； 及时清除撒漏地面的易燃、可燃物质等
隔绝空气	破坏助燃条件	对储运爆炸危险物品的容器、设备等充惰性气体； 密闭有可燃介质的容器、设备
消除着火源	破坏燃烧的激发能源	具有火灾、爆炸的场所禁止一切烟火； 经常润滑机械轴承，防止摩擦生热； 安装避雷、接地装置，防止雷击、静电； 铁制工具套上胶皮
阻止火势蔓延	不使新的燃烧条件形成	在建筑之间留有足够的防火距离、构筑防火墙等； 在气体管道上安装阻火器、安全水封等

三　消防设备设施使用方法

1　灭火器的使用

（1）二氧化碳灭火器的使用方法

灭火时只要将灭火器提到或扛到火场，在距燃烧物5m左右，放下灭火器拔出保险销，一手握住喇叭筒根部的手柄，另一只手紧握启闭阀的压把，见图4-13。对没有喷射软管的二氧化碳灭火器，应把喇叭筒往上板70°～90°。使用时，不能直接用手抓住喇叭筒外壁或金属连线管,防止手被冻伤。灭火时,当可燃液体呈流淌状燃烧时,使用者将二氧化碳灭火剂的喷流由近而远向火焰喷射。如果可燃液体在容器内燃烧时,使用者应将喇叭筒提起。从容器的一侧上部向燃烧的容器中喷射。但不能将二氧化碳射流直接冲击可燃液面,以防止将可燃液体冲出容器而扩大火势,造成灭火困难。

在室外使用二氧化碳灭火器时,应选择在上风方向喷射;在室内窄小空间使用二氧化碳灭火器时,灭火后操作者应迅速离开,以防窒息。

(2)手提式1211灭火器(图4-14)的使用方法

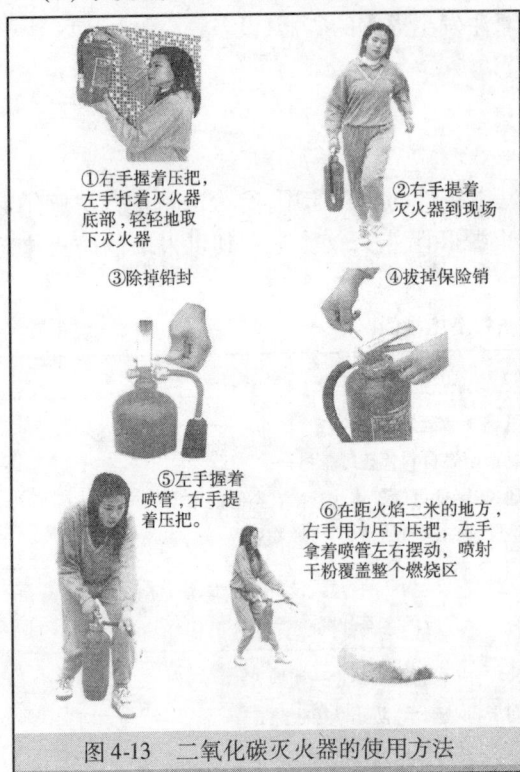

①右手握着压把,左手托着灭火器底部,轻轻地取下灭火器

②右手提着灭火器到现场

③除掉铅封

④拔掉保险销

⑤左手握着喷管,右手提着压把。

⑥在距火焰二米的地方,右手用力压下压把,左手拿着喷管左右摆动,喷射干粉覆盖整个燃烧区

图4-13　二氧化碳灭火器的使用方法

4kg　　1kg

图4-14　手提式1211灭火器

使用时,应手提灭火器的提把或肩扛灭火器带到火场。在距燃烧处5m左右,放下灭火器,先拔出保险销,一手握住开启压把,另一手握在喷射软管前端的喷嘴处。如灭火器无喷射软管,可一手握住开启压把,另一手扶住灭火器底部的底圈部分。先将喷嘴对准燃烧处,用力握紧开启压把,使灭火器喷射。当被扑救可燃烧液体呈现流淌状燃烧时,使用者应对准火焰根部由近而远并左右扫射,向前快速推进,直至火焰全部扑灭。如果可燃液体在容器中燃烧,应对准火焰左右晃动扫射,当火焰被赶出容器时,喷射流跟着火焰扫射,直至把火焰全部扑灭。但应注意不能将喷射流直接喷射在燃烧液面上,防止灭火剂的冲力将可燃液体冲出容器而扩大火势,造成灭火困难。如果扑救可燃性固体物质的初起火灾时,则将喷流对准燃烧最猛烈处喷射,待火焰全部扑灭,及时采取措施,并阻止其复燃。

1211灭火器使用时不能颠倒,也不能横卧,否则灭火剂不会喷出。另外在室外使用时,应选择在上风方向喷射;在窄小的室内灭火时,灭火后操作者应迅速撤离,因1211灭火剂也有一定的毒性,以防对人体产生伤害。

（3）推车式 1211 灭火器（图 4-15）的使用方法

灭火时一般由两个人操作,先将灭火器推或拉到火场,在距燃烧处 10m 左右停下,一人快速放开喷射软管,紧握喷枪,对准燃烧处,另一个则快速打开灭火器阀门。灭火方法与手提式 1211 灭火器相同。

（4）手提式干粉灭火器（图 4-16）的使用方法

灭火时,可手提或肩扛灭火器快速奔赴火场,在距燃烧处 5m 左右,放下灭火器。如在室外,应选择站在上风方向喷射。

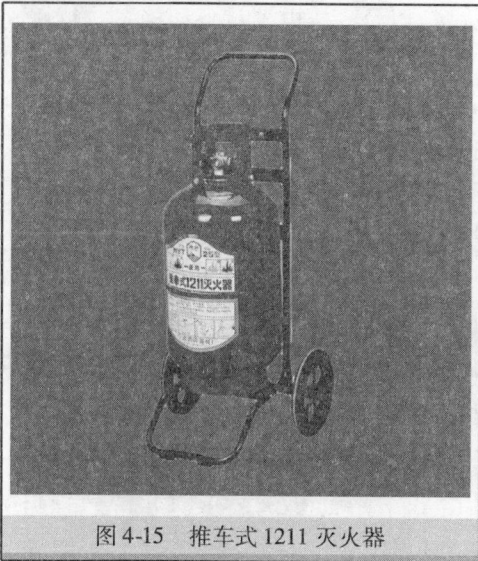

图 4-15　推车式 1211 灭火器

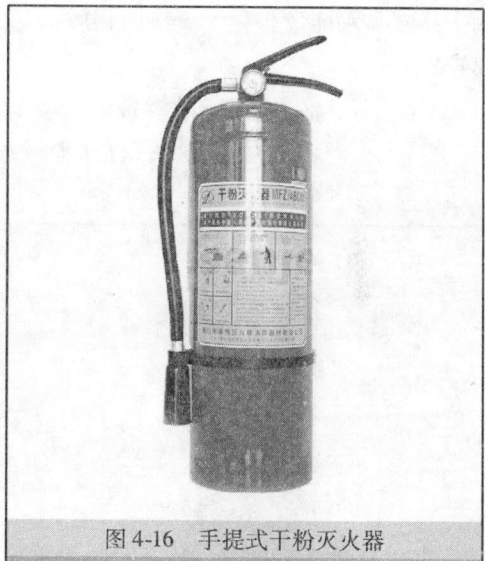

图 4-16　手提式干粉灭火器

使用的干粉灭火器若是储气瓶式,操作者应一手紧握喷枪,另一手提起储气瓶上的开启提环。如果储气瓶的开启是手轮式的,则向逆时针方向旋开,并旋到最高位置,随即提起灭火器。当干粉喷出后,迅速对准火焰的根部扫射灭火。使用的干粉灭火器若是储压式,操作者应先将开启把上的保险销拔下,然后握住喷射软管前端喷嘴部,另一只手将开启压把压下,打开灭火器进行灭火。灭火器在使用时,一手应始终压下压把,不能放开,否则会中断喷射。

干粉灭火器扑救可燃、易燃液体火灾时,应对准火焰根部扫射,如果被扑救的液体火灾呈流淌燃烧时,应对准火焰根部由近而远,并左右扫射,直至把火焰全部扑灭。如果可燃液体在容器内燃烧,使用者应对准火焰根部左右晃动扫射,使喷射出的干粉流覆盖整个容器开口表面;当火焰被赶出容器时,使用者仍应继续喷射,直至将火焰全部扑灭。在扑救容器内可燃液体火灾时,应注意不能将喷嘴直接对准液面喷射,防止喷流的冲击力使可燃液体溅出而扩大火势,造成灭火困难。如果当可燃液体在金属容器中燃烧时间过长,容器的壁温已高于扑救可燃液体的自燃点,此时极易造成灭火后再复燃的现象,若与泡沫类灭火器联用,则灭火效果更佳。

使用磷酸铵盐干粉灭火器扑救固体可燃物火灾时,应对准燃烧最猛烈处喷射,并上下、左右扫射。如条件许可,使用者可提着灭火器沿燃烧物的四周边走边喷,使干粉灭火剂均匀地喷在燃烧物的表面,直至将火焰全部扑灭。

(5)推车式干粉灭火器(图4-17)的使用方法

推车式干粉灭火器的使用方法与手提式干粉灭火器的使用方法相同。

初起火灾范围小、火势弱,是用灭火器灭火的最佳时机。因此,正确合理地配置灭火器显得非常重要。

② 消火栓的使用

(1)水是分布最广、使用最方便、补给最容易的灭火剂,适用扑灭多种类型的火灾,但不能用于扑救与水能发生化学反应的物质引起的火灾,以及高压电器设备和档案、资料等引起的火灾。

(2)消火栓的使用方法:将存放消火栓的仓门打开,将水袋取出,平放打开,将阀头接在水袋上,对准火源,双手托起阀头,打开水阀,进行灭火。

图4-18为泡沫消火栓。

图4-17　推车式干粉灭火器

图4-18　泡沫消火栓

③ 火灾自动报警设备的使用

(1)火灾自动报警设备

火灾自动报警设备由火灾探测器、区域报警器和自动报警器组成。火灾发生时,探测器将火灾信号(烟雾、高温、光辐射)转换成电信号,传递给区域报警器,再由区域报警器将信号转输到集中报警器。

常用的火灾探测器,主要有感烟式火灾探测器、感温式火灾探测器、光辐射探测器、可燃气体探测器,见图4-19～图4-22。

(2)火灾自动报警设备的使用

火灾自动报警设备,是地铁车站安全管理中必不可少的重要消防设施。图4-23为火灾自动报警系统工作原理图。因此,火灾自动报警设备一旦投入使用,就要严格管理。

　　整个系统必须有专人负责,坚持昼夜值班制度。无关人员不得随意触动,切实保证全部系统处于正常运行状态。地铁中,火灾自动报警设备一般都安置在车站综合控制室内。

图 4-19　感烟火灾探测器

图 4-20　感温火灾探测器

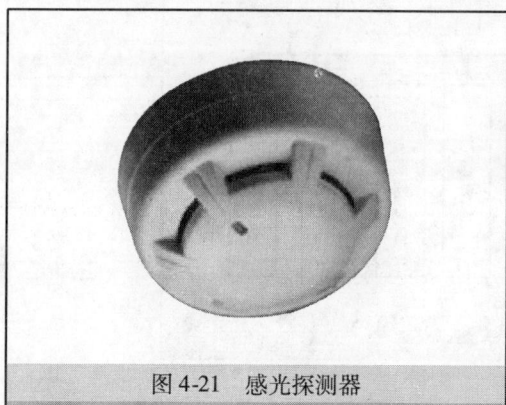

图 4-21　感光探测器

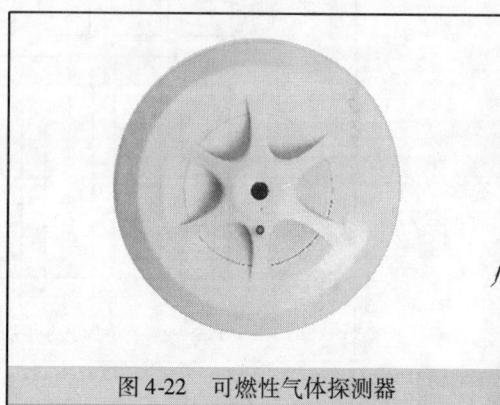

图 4-22　可燃性气体探测器

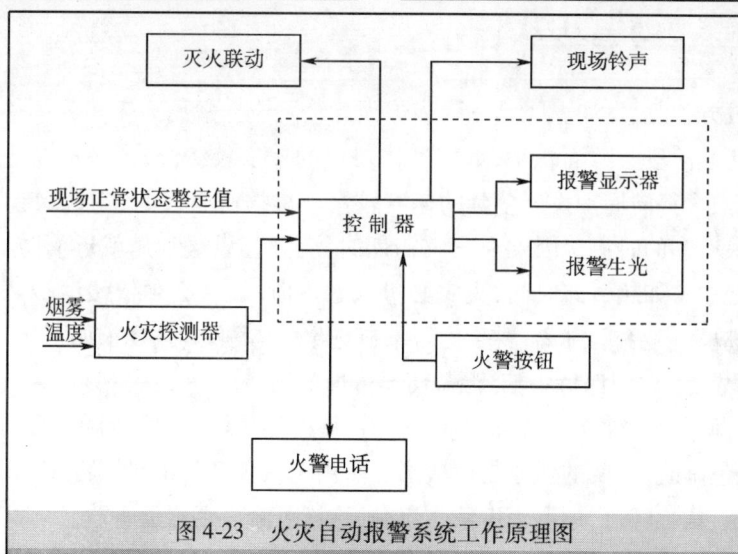

图 4-23　火灾自动报警系统工作原理图

　　由于火灾自动报警装置连续不间断运行,加之误报原因比较复杂,因此报警装置发出少量误报在所难免,所以要求工作人员一旦接到报警,应先消音并立即赶往现场,待确认火灾后,方可采取灭火措施,启动外控其他灭火装置,并向消防部门和主管领导汇报。图 4-24 为消防系统示意图。

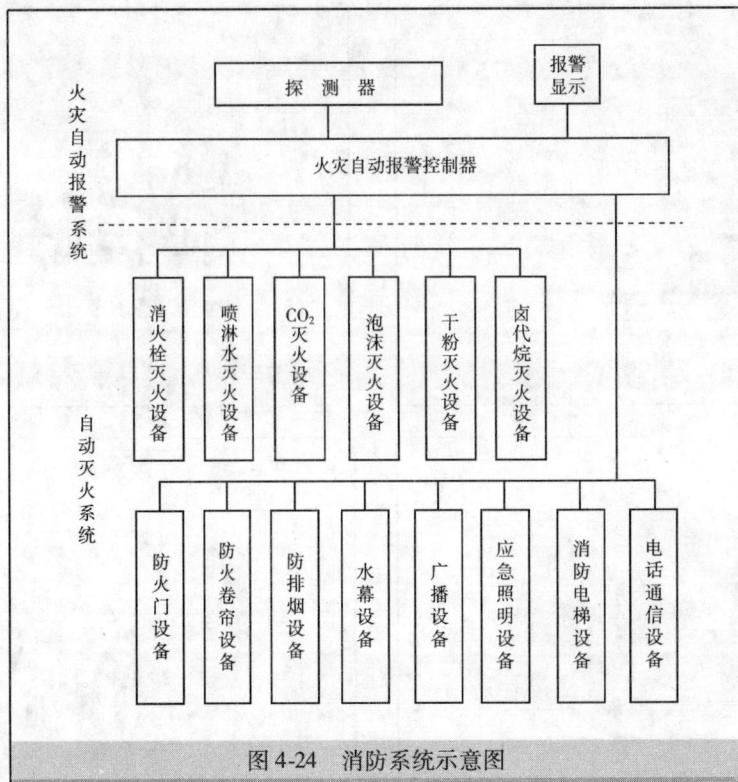

图 4-24　消防系统示意图

四　火灾自救与逃生方法

常见火灾可分初起、发展、猛烈、下降和熄灭五个阶段。常见火灾多为固体物燃烧,固体可燃物在火灾初起阶段火源面积小,烟和气体对流的速度较缓慢,火焰不高,燃烧释放出来的辐射热能较低,火势向周围发展蔓延的速度较慢。根据研究表明,建筑物起火后 5 ~ 7min 内是扑救火灾最有利的时机。因此在火灾初期时,应想方设法利用就近消防器材将火灾消灭在萌芽状态之中。如超过此时间,火灾必进入猛烈阶段,就必须依赖消防队来灭火,而人员就只有设法逃离。是否能逃离,要看是否掌握逃生的本领,具体要求如下:

(1)要稳定情绪,时刻保持头脑清醒,切不可惊慌失措。

(2)要会防烟熏。大多数火灾死难者是因缺氧窒息和烟气中毒而死,而不是直接烧死。因此,当被烟火包围时,首要的任务是设法逃走。由于火灾产生的烟气温度高,一般往上浮,可采取俯身行走,伏地爬行,用湿手巾蒙住口鼻,这样可减少烟毒危害。

(3)楼房底层着火,住上层的人自然只能从楼梯跑。面对着火的楼梯,用湿棉被、毯子等披在身上,屏住呼吸,从火中冲过去。一般人屏住呼吸在 10 ~ 15s 内可跑 25m 左右。如逃出后身体衣服着火,简单的办法是用水泼灭,或就地打滚。

（4）楼梯已被大火封住，应立即跑到屋顶通过另一单元的楼梯出来，也可以从阳台抱住水管或利用竹竿下滑逃生。若这些逃生之路也被切断，应退回屋内，关闭通往燃烧房间的门窗，并向门窗上泼水，以延缓火热发展，同时打开未受烟火威胁的窗户抛一些醒目的或落地有声的物品，向楼外发出求救信号。

（5）也可用绳或用撕开的被单连接起来，将其固定在物体上，使人向楼下逃至无火的楼层或地面。如时间不允许，也可往地上抛棉被等软物，再往下跳。

4.7 特种设备和特种作业安全

特种设备是指涉及生命安全、危险性较大的压力容器（含气瓶）、压力管道、电梯、起重机械、客运索道、大型游乐设施。其中，锅炉、压力容器（含气瓶）、压力管道为承压类特种设备；电梯、起重机械、客运索道、大型游乐设施为机电类特种设备。

一 特种设备安全

特种设备制造质量的优劣、使用安全技术状况的好坏直接关系到国家财产和群众的生命安全，为此，国务院第 373 号令颁布了《特种设备安全监察条例》，明确了对特种设备在设计、制造、安装、使用、检验、维修、改造等七个环节的安全监察管理规定。特种设备的安全使用是特种设备管理的核心和关键。

1 制定并落实安全生产责任制

建立安全生产责任制、落实安全管理人员是特种设备安全运行的前提条件和重要保障。企业应成立以总经理为第一责任人的安全生产领导小组，建立安全生产管理网络，实行班组、分公司、公司机关三级管理，层层设置特种设备安全管理员。

2 实行定期检验制度

按照《特种设备安全监察条例》的规定，特种设备使用单位应当定期进行强制性检验。

特种设备在投入使用前或者投入使用后 30d 内，特种设备使用单位应当向直辖市或者设区的市的特种设备安全监督管理部门登记。登记标志应当置于或者附着于该特种设备的显著位置。

特种设备使用单位应当对在用特种设备进行经常性日常维护保养,并定期自行检查。

特种设备使用单位应当按照安全技术规范定期检验的要求,在安全检验合格有效期届满前1个月向特种设备检验检测机构提出定期检验要求。

③ 坚持持证上岗制度

持证上岗制度包含:一是特种设备凭证使用。特种设备在投入使用前,使用单位应主动到当地特种设备安全监察部门办理使用登记手续,取得合格证后方可使用,而且合格证安置于特种设备醒目位置;二是特种设备作业人员和管理人员持证上岗。特种设备的作业人员和相关安全管理人员,按照国家有关规定,经安全监察部门考试合格后,取得特种设备作业人员资格证书,方可从事相应的作业或安全管理工作。

④ 正确使用

任何设备都有一定的使用范围和特定的工作条件,只有在规定的范围和条件下使用,才能保障特种设备的安全运行。

⑤ 精心维护与保养

特种设备的维护保养可采取两种方式:使用单位进行简单的日常维护与保养;由具有专业维修资质的单位进行维修。根据特种设备的自身特点,确定维修保养重点,做到高标准严要求,促使每台设备都处于完好状态。

二 特种作业定义及分类

① 特种作业的定义

根据国家安全生产监督管理局与国家煤矿安全监察局2002年12月28日安监管人字【2002】124号《关于特种作业人员安全技术培训考核工作的意见》,文件第二条规定:

特种作业是指容易发生人员伤亡事故,对操作者本人、他人及周围设施的安全可能造成重大危害的作业。直接从事特种作业的人员称为特种作业人员。

② 特种作业的分类

(1)电工作业。作业人员含发电工、送电工、变电工、配电工,电气设备的安装、运行、检修(维修)、试验工,矿山井下电、钳工。

(2)金属焊接、切割作业。作业人员含焊接工、切割工。

(3)起重机械(含电梯)作业。作业人员含起重机械(含电梯)司机,司索工,信号指挥工,安装与维修工。

（4）企业内机动车辆驾驶。作业人员含在企业内码头、货场等生产作业区域和施工现场行驶的各类机动车辆的驾驶人员。

（5）登高架设作业。作业人员含 2m 以上登高架设、拆除、维修工,高层建(构)筑物表面清洗工。

（6）锅炉作业(含水质化验)。作业人员含承压锅炉的操作工、锅炉水质化验工。

（7）压力容器作业。作业人员含压力容器罐装工、检验工、运输押运工、大型空气压缩机操作工。

（8）制冷作业。作业人员含制冷设备安装工、操作工、维修工。

（9）爆破作业。作业人员含地面工程爆破工、井下爆破工。

（10）矿山通风作业。作业人员含主扇风机操作工、瓦斯抽放工、通风安全监测工、测风测尘工。

（11）矿山排水作业。作业人员含矿井主排水泵工、尾矿坝作业工。

（12）矿山安全检查作业。作业人员含安全检查工、瓦斯检验工、电器设备防爆检查工。

（13）矿山提升运输作业。作业人员含提升机操作工、(上、下山)绞车操作工、固定胶带输送机操作工、信号工、拥罐(把钩)工。

（14）采掘(剥)作业。作业人员含采煤机司机、掘进机司机、耙岩机司机、凿岩机司机。

（15）矿山救护作业。

（16）危险物品作业。作业人员含危险化学品、民用爆炸品、放射性物品的操作工,运输押运工,储存保管员。

（17）经国家安全生产监督管理局批准的其他作业。

三 电梯作业安全知识

① 开梯程序

第一步:使用单位应配备持有效证件上岗的管理人员,并由该管理人员开梯、关梯及实行电梯运行过程中的管理。

第二步:开梯之前认真阅读上一班交班记录,打开厅门后,了解清楚电梯轿厢是在本层后方可踏进。

第三步:进轿厢后,认真检查各控制开关及照明通风是否正常。

第四步:用手试安全触板开关,光电开关功能是否灵敏可靠。

第五步:把各开关打成正常位置,选顶层、中间数层及首层来回走一趟,没有异常后方可投入正常运行。

② 关梯程序

第一步:关梯前乘电梯检查一趟,如有异常及时通知维修保养人员处理。

第二步:检查电梯无异常后,把电梯停在首层,便于次日开梯。

第三步:断开轿内所有接触开关及照明开关。

③ 电梯其他安全规章制度

①电梯投入运行前须进行试运行,以检查各部位是否工作正常。

②做好轿厢、厅门、轿门清洁卫生工作,清理电梯门地坎滑槽内杂物,保障电梯门的正常开闭。

③严禁电梯超载运行,不允许轿厢开启安全窗。安全门运送超长物件、对重量判断不明或不符合安全条件的物品谢绝运送。禁止电梯当载货电梯使用。载运质量较大物品应注意在轿厢内均匀分布。

④不允许用急停开关、检修开关做正常运行中的消号;不得在电梯运行中使用厅门钥匙开启厅门;严禁在厅门、轿门开启的情况下检修运行。

⑤当发生电梯运行故障如"关门不走车"、"运行冲顶或蹲底"、"安全钳误动作"、"有异常噪声或较大振动冲击"时,请立即按动警铃按钮及时通知电梯的管理及维修人员处理。

⑥电梯的厅门钥匙、电源开关钥匙由该电梯的司机或电梯管理人员、维修人员专人管理。认真做好钥匙的交接登记。

⑦电梯的司机和维修人员、管理人员定期参加安全培训,掌握电梯的性能,熟知安全操作规程,持证上岗,严禁无电梯操作证人员进入电梯井道内进行有关工作。

⑧有关安全责任,实行安全责任制。维修、保养部门的所有安全管理由维保部经理全面负责,由维保部经理定期进行安全教育工作。每天上岗工作之前由各组负责人负责进行安全教育工作及注意安全事项的交代工作,并做好每天的安全教育工作记录,每天进行安全教育工作后由维保工作人员本人签字。

四 特种作业人员管理

① 特种作业人员基本条件

特种作业人员是指直接从事特种作业的人员。特种作业人员必须具备以下基本条件:

(1)年满十八周岁;

(2)身体健康,无妨碍从事相应工种作业的疾病和生理缺陷;

(3)初中以上文化程度,具备相应工种的安全技术知识和技能,经安全技术理论和实际操作技能考核并成绩合格;

(4)符合相应工种作业特点需要的其他条件。

② 特种作业人员的安全生产职责

(1)认真执行国家有关安全生产法律、法规和规章,严格遵守本单位的安全生产规章制度,保证安全作业。

（2）正确使用劳动防护用品和本工种作业的工具、设备,并认真进行维护保养。

（3）设备发生故障,影响安全生产时,应立即采取有效措施,并报告有关部门和负责人。

（4）努力学习,掌握本工种的安全技术知识和实际操作技能,不断提高自身的安全技术水平。

（5）有权拒绝管理人员违章指挥或者强令冒险作业,有权制止他人违章作业。

❸ 特种作业人员的特别安全管理

（1）特种作业人员在独立上岗作业前,必须进行与本工种相适应的、专门的安全技术培训。有下列情形之一者,由发证部门收缴其《特种作业操作证》：

①未按规定接受复审或复审不合格者；

②违章操作造成严重后果或违章操作记录达三次以上者；

③弄虚作假骗取《特种作业操作证》者；

④经确认健康状况已不适宜继续从事所规定的特种作业者。

（2）离开特种作业岗位6个月以上的特种作业人员,应当重新进行实际操作技能考核,经确认合格后方可上岗作业。

复习思考题

1. 客车行车安全的影响因素有哪些？请举例说明。

2. 为确保运营安全,车站对承包商人员进站管理程序是什么？

3. 调车作业前的安全准备工作有哪些？

4. 城市轨道交通行业施工作业安全的基本要求是什么？

5. 简述工程车运作规定。

6. 车辆进行调试、试验时需注意的安全规程有哪些？

7. 架车机安全使用规程有哪些？

8. 触电事故的防护措施有哪些？请简要说明具体做法。

9. 高压电气设备巡视安全要点有哪些？

10. 城市轨道交通火灾的特点是什么？

11. 简述二氧化碳灭火器的使用方法。

12. 简述电梯的开关梯程序。

13. 简述救援休克人员的注意事项。

单元 5

城市轨道交通应急设备及突发事件应急救援

教学目标

1. 了解城市轨道交通应急设备管理；
2. 熟悉常见事故处理。

建议学时

4 学时

　　按安全管理的时间进行分类,一切安全管理都可以分为事故前管理和事故后管理。事故前管理主要指预防管理,在事故发生以前,尽可能地消除隐患,使系统发生事故的可能性降至最低点。事故后管理是事故发生以后的应急救援管理与事故后总结教育管理,其中应急救援管理对于安全管理也非常重要。本单元将重点阐述应急救援管理中的应急设备管理与城市轨道交通系统中的常见事故处理。

5.1 应急设备

　　安全是相对的,没有绝对安全。城市轨道交通运营安全也是相对的,并不存在绝对安全。为了应对可能突发的状况,保护乘客的安全,城市轨道交通运营企业一般在列车和车站内都安装有一定的应急设备,当出现突发状况时,乘客可以通过应急设备进行报警或自救。

一 列车应急设备

　　现代地铁车辆无论是在乘客车厢,还是车辆司机室内都安装有应急设备,主要包括应急疏散门、紧急报警装置、灭火器、紧急开门装置等。

1 应急疏散门

　　应急疏散门安装于司机室左侧顶部。它手动解锁后通过气簧执行机构机械动作后,可推下专门的接近轨道的紧急梯。

　　应急疏散门装有挡风玻璃、雨刮器和清洗器,雨刮器和清洗器是与司机的雨刮器和清洗器共同控制的。

　　当在运营区间发生故障时,司机可以通过前后的应急疏散门疏散乘客。通过该门,乘客可以快速、有序通过隧道逃生。如图 5-1 所示。

2 紧急报警装置

　　紧急报警装置安装于列车的车厢内。一般情况下,列车的每节车厢至少安装两个紧急报警装置,包括报警按钮和紧急对讲器。当车厢发生乘客冲突、有人昏厥、火灾等紧急状况时,乘客可以立即使用此装置通知司机,以便司机根据现场情况采取相关措施进行处理。如

图 5-2 所示。

副驾驶位   逃生装置位置

图 5-1 应急疏散门

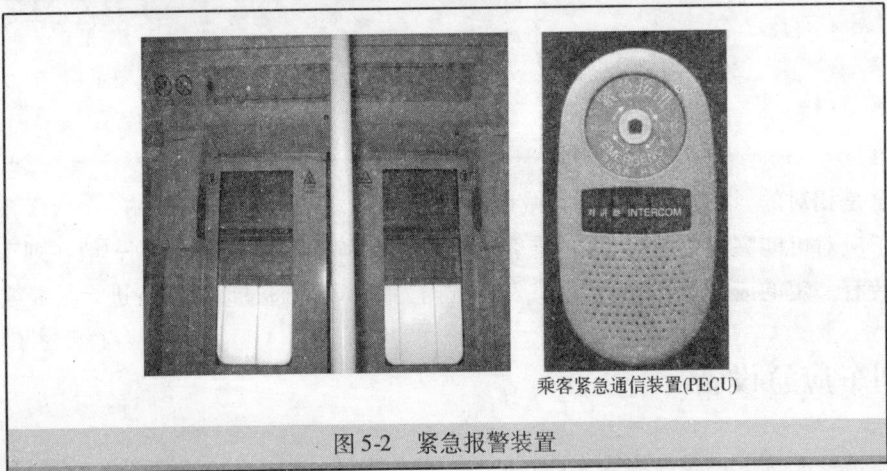

乘客紧急通信装置(PECU)

图 5-2 紧急报警装置

3 灭火器

城市轨道交通列车是运送乘客的封闭大型载客工具。其一旦发生火灾,后果不堪设想。因此,在每节车辆里面均配备有灭火器。一般情况下,车辆内配备的灭火器型号均为 6kg,放置于车厢乘客底座下或车辆前后两端的专门设备内。当列车发生火灾初期或较小火灾时,乘客可自行利用灭火器进行灭火,防止出现较大火情。如图 5-3 所示。

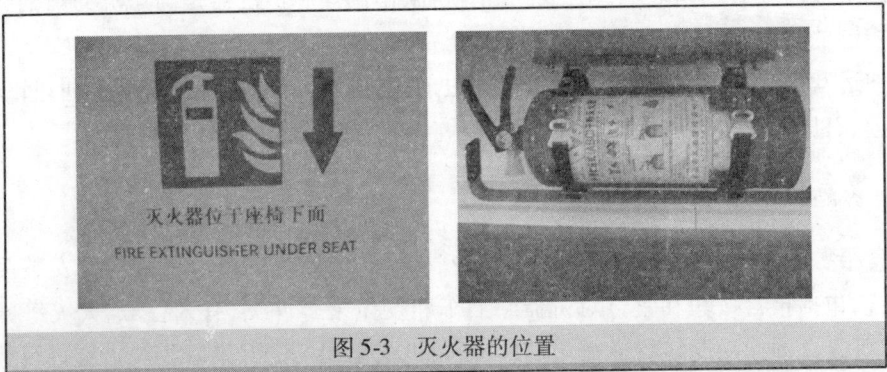

灭火器位于座椅下面
FIRE EXTINGUISHER UNDER SEAT

图 5-3 灭火器的位置

④ 紧急开门装置

在列车的每列车门上均安装有紧急开门装置,其主要作用是列车在故障或紧急情况时,需要人工开门时使用。

在警急事件中手动开门,每节列车每扇门内部提供一套进入的警急设备,每节列车提供两套从外部进入的警急设备。

内部警急设备是一个带锁的曲柄,可由乘客手动操作,也可由司机用方孔钥匙操作外部的警急设备。

司机可在客室内使用方孔钥匙或手动使警急设备复位,在客室外只能使用方孔钥匙复位外部警急设备。如图5-4所示。

(1)在速度 $v < 2km/h$(大约)时操作警急设备。此情况下,门叶可以手动移动。

(2)在速度 $v > 2km/h$(大约)时操作警急设备。此情况下,不能手动移动门叶。

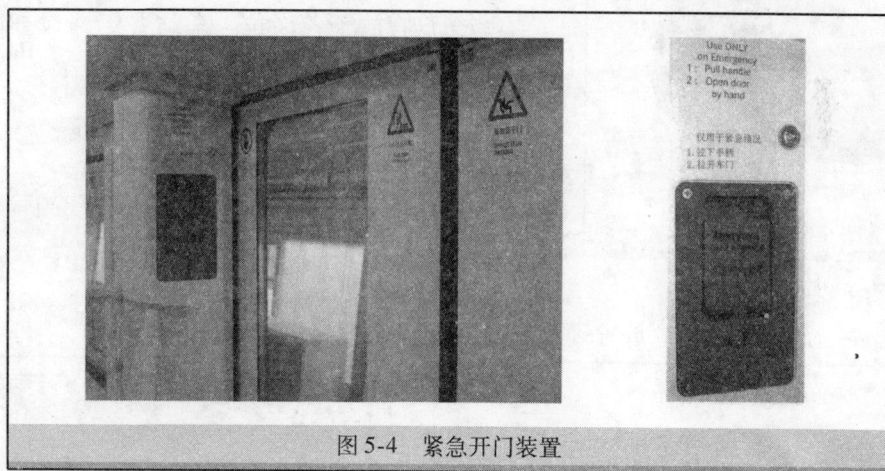

图5-4 紧急开门装置

二 车站应急设备

车站应急设备分为事故救援应急设备和车站机电设备应急装置。

① 事故救援应急设备

(1)呼吸器

车站应定期组织员工演练,掌握呼吸器的使用方法,定期进行检查,保证气瓶压力在规定允许使用的范围,压力不足时应及时向安全科通报,确保突发情况发生时能够正常使用。例如,北京地铁1、2号线及13号线东直门,每个自然站配备三具呼吸器,其中行车值班室两具,值班站长室一具。如图5-5所示。

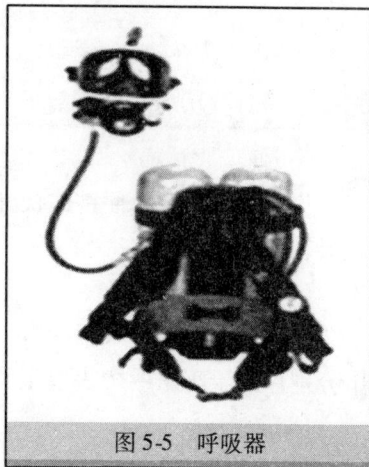

图5-5 呼吸器

呼吸器正常使用范围为呼吸器压力表指针读数×2−10min,呼吸器压力表指针接近红色区域时,表明呼吸器只能维持10min的正常呼吸,佩戴人员应立即撤出危险地带。

(2)逃生面具

车站所有员工必须掌握逃生面具的使用方法。逃生面具保存期为三年,安全使用时间为15min,超过期限应立即上报安全保卫科并及时更换。车站每岗一具,随岗配发,随岗交接,各岗主岗人员负责保管并定期检查逃生面具真空包装的完好情况。有不符合标准的及时上报安全保卫科。

图5-6 应急灯

(3)应急灯(图5-6)

应急灯存放于各岗位。车站要定期检查应急灯的性能,按使用说明及时进行充电,并派专人管理。建立充电登记制度,确保做到随取随用。

(4)担架(图5-7)

每车站配备一个担架,统一放置于车站行车值班室,并指定专人保管。

(5)存尸袋(图5-8)

每车站一条存尸袋,统一放置于车站行车值班室,并指定专人保管。

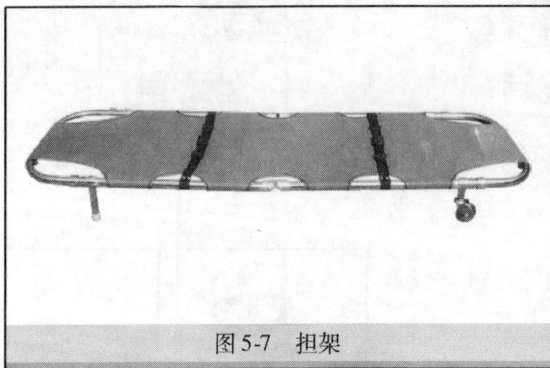

图5-7 担架

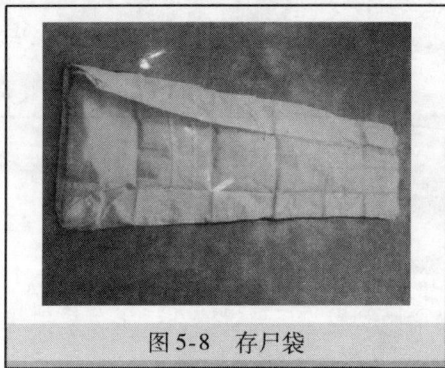

图5-8 存尸袋

(6)便携式扶梯

每车站配备四个便携式扶梯,分别放置于车站行车值班室和行车副室各两个,并指定专人保管。

(7)湿毛巾

每车站配备150条湿毛巾,当车站发生火灾、生化恐怖袭击时,分发给乘客使用。湿毛巾分别存放于车站两个售票室和行车值班室各50条。

(8)抢险锤

每车站配备一只抢险锤,统一放置于车站行车值班室,并指定专人保管。

（9）防汛铁锹

防汛铁锹统一放置于车站仓库，并指定专人保管。

（10）挡水板

挡水板统一放置于车站仓库，并指定专人保管。

（11）草垫子

草垫子统一放置于车站仓库，并指定专人保管。

（12）编织袋

编织袋统一放置于车站仓库，并指定专人保管。

车站应急抢险器材要由专人保管，不得随意挪作他用，当出现故障、损坏或数量不足时应立即上报有关部门，如因人为因素导致器材出现故障、损坏或数量不足时，必须由肇事者照价赔偿。

2　车站机电设备应急装置

车站机电设备应急装置主要有：火灾紧急报警器、自动扶梯紧急停车装置、紧急停车按钮、屏蔽门紧急开关等。其安装位置和数量均根据不同的城市轨道交通系统建设的要求而有所不同，但各类应急设备的启用时机不同，即必须在发生危及列车行车安全或危及人身安全的紧急情况下使用。

5.2　突发事件应急救援

在城市轨道交通系统中，可能会发生因设施、设备发生故障或外来突发因素而造成或可能造成人身伤亡、财产损失和社会影响的事故（件），危及公共安全的事故（件）。为了有效预防、及时处置在车站、电动列车、区间线路等处发生的突发事故（件），防止事故扩大，减少人员伤亡和财产损失，应规范城市轨道交通突发事故应急处置工作。

一　突发事件定义

狭义：突发事件指在一定区域内突然发生的，规模较大，且对社会产生广泛负面影响的，对生命和财产构成严重威胁的事件和灾难。

广义:突发事件指在组织或个人原定计划之外或在认识范围外突然发生的,对其意义具有损伤性或潜在危险性的一切事件。

二 突发事件的分类及分级

突发事件分为三类:运营生产类、消防治安类、自然灾害类。

突发事件分为两级:重大级、一般级。

(1)运营生产类重大级突发事件包括行车大事故及以上事故;一般级突发事件包括行车危险性及以下事故或严重影响运营的设备设施故障。

(2)消防治安类重大级突发事件包括在地铁运营范围内发生爆炸、毒气、恐怖袭击、火势较大需公安消防队灭火、5人及以上聚众闹事严重影响地铁运营的事件;一般级突发事件包括在地铁运营范围内收到爆炸、毒气、恐怖袭击等恐吓信息、火势较小依靠自身力量可灭火、5人以下聚众闹事对地铁运营影响较小的事件。

(3)自然灾害类重大级突发事件包括发生地震、水灾及气象台发布的黑色气候信号等严重影响地铁运营事件;一般级突发事件包括气象台发布的白色、红色、黄色气候信号影响地铁运营的事件。

三 突发事故应急处置工作原则

城市轨道交通企业处理突发事件需牢固树立"安全第一"的思想,遵循"预防为主、常备不懈"的方针,抢险组织工作要贯彻"高度集中,统一指挥,逐级负责,先通后复"的原则,确保抢险救援工作反应及时,措施果断、有序、可控、快速,减少事故影响,尽快恢复运营生产。

① 安全第一、预防为主原则

把预防作为应对突发事故(件)工作的中心环节和主要任务,建立责任体系,完善工作机制,加强维修保养,强化检查督促,开展宣传教育,以防止和减少事故的发生。

② 统一指挥、快速反应原则

当突发事故(件)发生后,必须强化统一指挥,各单位在运营公司的统一指挥下,按照预案要求快速反应,积极投入到抢险救灾工作中。

③ 各司其职、配合协调原则

当突发事故(件)发生后,各单位必须按照各自的职责分工开展各项工作。同时,必须注意各单位之间的协调配合,以达到共同做好抢险救灾工作的目的。

④ 以人为本、减少灾害原则

要把保障人民群众的生命安全作为应急工作的出发点和落脚点,最大限度地防止和减少突发事故(件)造成的人员伤亡和危害。

四　应急预案

1　应急预案制订的原则

(1)以"安全第一"为指导思想,确保事件处理有序、可控、快速、及时,尽量缩小事件影响范围,减少事件带来的损失,尽快恢复地铁运营。

(2)安全主管部门为预案编制一级责任部门,负责牵头编制分公司各预案编写计划,汇总审核分公司各相关预案;生产部门为预案编制二级责任部门,负责相关专业的预案具体编写工作,并报安全主管部门审核。

(3)各单位、各专业应根据本标准编制相关事件应急处理预案,并不断完善,提高分公司应急抢险能力。

(4)各专业应急预案应具有针对性、有效性、可操作性。

2　应急预案的分类

根据突发事件的分类,预案对应分为三类两级:运营生产类、消防治安类、自然灾害类,重大级、一般级。

3　应急预案编制的内容

预案编制应包括以下内容:
(1)抢险组织;
(2)主办单位职责;
(3)协办单位职责;
(4)抢险器具操作程序;
(5)配备工器具清单;
(6)培训及演练要求。

五　突发事件应急救援的基本任务

突发事件应急救援的总目标是通过有效的应急救援行动,尽可能降低事故的损失和后果,包括人员伤亡、财产损失和影响等。由于地下空间狭小,车站、列车上人多,设备设施有限,给抢险救援工作带来更大的难度。基本任务包括如下内容:

(1)立即组织疏散车内、站内乘客,及时抢救伤员。应急救援中确保乘客安全,快速、有序、有效地疏散乘客,安全转送伤员,是降低伤亡率、减少事故损失的关键。由于突发情况发生得突然、扩散迅速,应及时指导和组织乘客采取各种措施进行自身防护,快速、有序地离开车站、车内。在疏散过程中,应积极组织乘客开展自救和互救工作。

(2)采取有效措施,迅速控制事态发展,并对现场进行监控。在进行乘客疏散的同时,要安排专人采取有效措施,对现场事态进行控制,防止事态扩大,造成更大的损失。当无法控制时,应及时向有关部门报告。

(3)救援结束后,应做好现场恢复工作,准备运营。处理完突发事件后,应本着"尽快恢复运营"的原则,做好现场的清理工作,特别是对涉及运营线上物品的清理、防止物品侵入限界的工作。各岗位人员应做好运营前的准备工作。

(4)查清事故原因,总结救援经验。发生突发事件后要及时调查事故发生的原因和事故的性质,评估危险程度,做好事故原因调查,并总结救援工作中的经验和教训。

六 突发事件信息通报

车站及运营线路上发生突发事件后的请示报告工作,是降低各类损失、减少事故影响、缩短救援时间的重要环节,全体员工必须对此高度重视。

① 应急信息报告原则

(1)迅速准确、简单明了、逐级上报的原则。
(2)公司内部及协作单位并举的原则。
(3)控制中心负责信息的收集和传递。

在区间发生突发事件时,由司机立即报告行车调度员。在车站或基地发生时,由车站值班站长或信号楼调度员立即报告行车调度员。

(4)发生人员伤亡、火灾、爆炸、毒气袭击等事故,需要报告119火警、120急救中心或地铁公安分局时,由现场负责人或目击者在第一时间内直接报告;如果无法直接报告,则应以尽快报告的原则,向就近的车站或控制中心(信号楼调度员)或上级报告,再报告119火警、120急救中心或地铁公安分局。

② 报告事项

(1)发生时间(月、日、时、分)。
(2)发生地点(区间、百米标和上、下行正线)。
(3)列车车次、车组号、关系人员姓名、职务。
(4)事故概况及原因。
(5)人员伤亡情况及车辆、线路等地铁设备损坏情况。
(6)是否需要救援。
(7)是否影响邻线运行。
(8)其他必须说明的内容及要求。

七 常见事故处理

1 大客流应急处理

（1）大客流易出现的时间

大客流的出现指因地铁周边环境影响或因设备故障导致设备能力不足等不可预见的情况造成突发性进、出站客流增大，超过车站设备承受能力。

可能出现的时间主要有节假日、特别的事件（如演唱会或体育赛事等）、恶劣天气、运营服务中断、意外事件、紧急事件、事故等。

可能出现的地点主要有站台、站前广场、换乘通道、电动扶梯及步梯、楼梯、出入口、站台、其他公交接驳处等。

（2）大客流的应急处理

车站发生突发性大客流时，由值班站长负责现场客运组织，安排、监督各岗位的职责实施情况。主要内容如下：

①管理客流。

a. 在地铁公安协助的情况下，站务员、车站助理在入口处实行"分批放行"限制进站乘客人数；

b. 车站督导员关闭进站闸机及自动售票机；

c. 车站人员使用手提扬声器引导乘客；

d. 车站人员在重要的位置和入口设置单行走向。

②车站清人。

a. 值班站长请求行车调度员安排空车接载乘客；

b. 车站督导员播放清站广播；

c. 车站人员转换电动扶梯运行方向来疏导站台、站厅客流。

③阻止乘客进入车站。

a. 值班站长请求行车调度员安排列车不停站；

b. 车站督导员关闭车站入口或指定该口为"仅供出站的出口"；

c. 车站人员摆放通告，在入口及进入大门的地方对关站和禁入原因加以解释；

d. 车站人员停止到站台方向的电扶梯。

2 大面积停电应急处理

为贯彻"安全第一、预防为主、防救结合"的方针，确保大面积停电时地铁设备和乘客的安全，尽快恢复地铁正常供电和运营，一旦发生大面积停电，地铁员工在确保自身安全的情况下应坚守岗位，沉着冷静，自觉维持地铁运营秩序，稳定乘客情绪，积极疏散乘客，尽力保证乘客安全。具体处理程序如下：

(1)发生大面积停电时,车站工作人员应判明现场情况,启用紧急照明,在控制中心和站长的指挥下,积极开展疏导乘客的工作;设备值班人员应关闭正在操作的设备,切断电源开关后,设法与外界取得联系,协助乘务人员共同开展疏导乘客的工作。

(2)发生接触网停电导致列车停运时,当班的客车司机是组织该列车所载乘客疏散的第一责任人,首先应通过广播稳定乘客情绪,在有通信条件时,听从控制中心值班调度或邻站值班站长的指挥;若列车停在隧道中,又与控制中心失去联系时,司机必须指挥、引导乘客有步骤、有组织地向最近的车站疏散。一旦到达车站,依次服从车站值班员、值班站长、站长的组织指挥,直至将乘客安全引导至地面安全地带。

(3)行车调度员、电力调度员、环控调度员、变电所等关键岗位值班人员,应坚守岗位,确保本部门设备、设施和人员的安全,并采取一切可能措施减少停电损失。同时着手调查、收集管辖范围内人员、设备、设施停电影响情况的信息,速将险情及初步救援方案向有关领导汇报。

(4)各中心应做好停电后的设备保护,控制中心负责把各变电所高、低压侧开关分开,断开各类负荷开关;来电后按照主所、变电所、一类负荷、二类负荷、三类负荷的顺序,逐步恢复供电。

3 火灾应急处理

发生火灾后,若事故发生在区间及地铁列车内,由司机负责,根据需要,行车调度员安排事故区间邻近车站值班站长(或站长)到达事故现场后,由该值班站长(或站长)负责。若事故发生在车站或车辆基地,由值班站长(或站长)、基地调度员负责。现场组织救援的原则如下。

采取各种措施,稳定乘客情绪、维持秩序,尽力保证乘客安全;现场责任人判明现场情况及时报告,做到"信息畅通,及时反馈";以控制事态、减小影响为目的,动员和组织力量进行抢险。

(1)若火灾发生在车站时

①控制中心OCC调度应急措施。

a. 行车调度员安排已进入区间的列车采取跳站运行方式越过发生火灾的车站。在确定火灾严重程度之前,全线暂停运营,待确认情况后再决定是否恢复运行或继续采用跳站方式运行。未进入该车站范围的列车应在前方车站停车;根据具体情况,发布关闭部分车站的命令;随时了解和掌握灾情及疏散乘客情况,协助处理有关事宜。

b. 电力调度员立即将火灾区段线路接触网停电。

c. 环控调度员及时了解现场情况,根据相应火灾运行模式确定送排风模式;保持与火灾现场的联系,及时发布相关的环控调度员命令。

d. 立即通知市急救中心、消防支队等相关单位,要求派出救援车辆前往事发地点。

②车站员工应急措施。

a. 带好灭火器具,扑救初起火灾。

b. 立即停止售检票,禁止乘客进站。利用广播对站内乘客进行宣传,稳定乘客情绪。根据现场情况,及时组织乘客进行疏散。

c. 协助救援人员,积极开展救援工作。

d. 按实际情况关闭相应机电及空调设备、开启事故照明和启动相应的送风及排烟程序。

③列车司机应急措施。

听从调度员指挥命令,同时对乘客用标准用语进行广播宣传,稳定乘客情绪。如果此时正好列车停站上下客,应通过广播通知乘客停止下车,关闭车门和屏蔽门。

(2)若火灾发生在列车内

列车发生火灾时往往由乘客首先发现,然后再通知司机和控制中心。因此,当列车发生火灾时,首先应确认火灾的严重程度,决定列车是否继续运行到下一个车站或在区间紧急停车疏散乘客。

当列车还可以继续运行到下一个车站时,火灾的处理方法按车站发生火灾处理。

(3)若火灾发生在地铁运营区间

①控制中心 OCC 接到报告后,立即通知市急救中心、消防支队等相关单位组织救援。发布全线列车将暂时停止运行的命令,待确认情况后再决定采用的运行方式。同时立即将火灾区段线路接触网停电,确定通风排烟模式,保证乘客安全撤离,并阻止火灾扩散。

②对于火灾区间两端的车站,应组织乘客进行疏散,以防隧道火灾蔓延到车站;其他车站在列车停运期间应停止售检票,禁止乘客进站。

③在列车已经进入火灾区域,无法在火灾区域前停车的情况下,司机应操纵列车冲过火灾区域,在前方车站停车;当列车停在火灾区域前,但已经离开车站时,列车应在控制中心的指挥下缓慢倒回车站。

(4)若火灾发生在车辆基地

①车辆基地调度员接到报告后,立即通知当地政府急救中心、消防支队等相关单位组织救援;立即通知各有关部门领导;将基地接触网停电;利用各种手段向基地内人员发出火灾警报。

②现场总指挥到达事故现场后应迅速查看事故现场,确定影响范围,开展抢险救援工作,防止火灾火势的扩大。

④ 发生爆炸事件应急处理

(1)处置原则

反应迅速、报告及时、密切配合、全力以赴、疏散乘客、排除险情、减少损失、尽快恢复运营。

(2)车站发生爆炸的应急处理

①目击者应迅速报告车站行车值班员和车站警务室(如在车站以外地铁管辖范围其他部位,报告"110"及控制中心值班主任)。车站值班站长现场确认后,将了解到的情况立即报控制中心和"110"、"119"、"120",组织现场乘客疏散,并组织人员进行抢救和前期处理工作。同时封锁现场,设定禁行区,挽留证人,对未逃离现场的犯罪嫌疑人设法抓获。控制中心接报后立即报告安保部及公司领导,待上级领导、公安人员和消防队员到达现场后,值班

站长负责介绍情况,并听从指挥。

②控制中心根据现场实际情况,发布不同的调度命令。随时了解事故现场情况,协助处理有关事宜。

(3)列车发生爆炸的应急处理

①地铁列车在运行中发生爆炸,列车司机应立即报告行调同时应尽力将列车运行到前方车站处理。若列车无法行驶,列车司机应立即向控制中心报告,控制中心立即报告安保部、公司领导和市公安机关、急救中心,并指挥列车司机应按列车救援和突发事件程序处理。同时注意稳定乘客情绪,做好疏散工作。

②车站员工应按照车站爆炸应急处理的分工,协助做好初期应急处置工作。

③控制中心 OCC 在配合处理有关事宜的同时,尽力组织好全线的运营。

(4)地铁变电站发生爆炸的应急处理

①当班人员立即报告控制中心,同时做好救援及现场处理工作,控制中心立即报告安保部、公司领导和市公安机关、急救中心。

②发生断电后,按照《大面积停电应急预案》相关程序处理。

(5)控制中心发生爆炸的应急处理

①值班主任立即报告市公安机关、急救中心,同时应急指挥部组织好救援及现场处理工作,立即组织有关专业技术人员进行抢修,先恢复供电、通信功能,至少满足人工调度指挥的条件。

②各调度员立即检查设备受损、受影响情况,根据实际情况发布相应调度命令,尽力保证列车正常运营。

③若现场情况恶劣,控制中心失去对全线行车指挥的控制,采用降级处理的模式维持运营。

5.3 伤害急救管理

一 机械伤害急救

当伤害事故发生后,应立即拨通 120 急救电话,报告出事地点、受伤人员及伤情,同时应根据具体情况对伤员进行现场急救。对伤员的现场抢救包括：

（1）对心跳呼吸停止者，现场施行心肺复苏。

（2）对失去知觉者宜清除口鼻中的异物、分泌物、呕吐物，随后将伤员置于侧卧位以防止窒息。

（3）对出血多的伤口应加压包扎，有搏动性或喷涌状动脉出血不止时，暂时可用指压法止血；或在出血肢体伤口的近端扎止血带，上止血带者应有标记，注明时间，并且每 20min 放松一次，以防肢体缺血坏死。

（4）遇有开放性颅脑伤或开放性腹部伤，脑组织或腹腔内脏脱出者，不应将污染的组织塞入，可用干净碗覆盖，然后包扎；避免进食、饮水或用止痛剂，速送往医院诊治。

（5）当有木桩等物刺入体腔或肢体，不宜拔出，宜锯断刺入物的体外部分（近体表的保留一段），等到达医院后，准备手术时再拔出，有时戳入的物体正好刺破血管，暂时尚起填塞止血作用，一旦现场拔除，将会招致大出血而来不及抢救。

（6）若有胸壁浮动，应立即用衣物、棉垫等充填后适当加压包扎，以限制浮动。无法充填包扎时，使伤员卧向浮动壁，也可起到限制反常呼吸的作用。

（7）若有开放性胸部伤，立即取半卧位，对胸壁伤口应行严密封闭包扎。使开放性气胸改变成闭合性气胸，速送医院。救护人员中若能断定张力性气胸者，有条件时可行穿刺排气或上胸部置引流管。

（8）对骨折者，可就地取材固定骨折的肢体，防止骨折处再损伤。

二　触电伤害急救

1　脱离电源

触电者触及低压带电设备，救护人员应设法迅速切断电源，如拉开电源开关或刀闸，拔除电源插头等；或使用绝缘工具、干燥的木棒、木板、绳索等不导电的东西解脱触电者；也可抓住触电者干燥而不贴身的衣服，将其拖开，切记要避免碰到金属物体和触电者的裸露身躯；也可戴绝缘手套或将手用干燥衣物等包起绝缘后解脱触电者；救护人员也可站在绝缘垫上或干木板上，绝缘自己进行救护。为使触电者与导电体解脱，最好用一只手进行。如果电流通过触电者入地，并且触电者紧握电线，可设法用干木板塞到身下，与地隔离，也可用干木把斧子或有绝缘柄的钳子等将电线剪断。剪断电线要分相，一根一根地剪断，并尽可能站在绝缘物体或干木板上。

触电者触及高压带电设备，救护人员应迅速切断电源，或用适合该电压等级的绝缘工具（戴绝缘手套、穿绝缘靴并用绝缘棒）解脱触电者。救护人员在抢救过程中应注意保持自身与周围带电部分必要的安全距离。

如果触电者触及断落在地上的带电高压导线，且尚未确证线路无电，救护人员在未采取安全措施（如穿绝缘靴或临时双脚并紧跳跃地接近触电者）前，不能接近断线点至 8～10m 范围内,防止跨步电压伤人。触电者脱离带电导线后,应迅速带至8~10m范围以外,并立即开始触电急救。只有在确证线路已经无电,才可在触电者离开触电导线后,立即就地进行急救。

救护触电伤员切除电源时,有时会同时使照明失电,因此应考虑事故照明、应急灯等临时照明。新的照明要符合使用场所防火、防爆的要求。但不能因此延误切除电源和进行急救。

② 伤员脱离电源后的处理

触电伤员如神志清醒者,应使其就地躺平,严密观察,暂时不要站立或走动。

触电伤员如神志不清醒,应就地仰面躺平,且确保气道通畅,并用5s时间,呼叫伤员或轻拍其肩部,以判定伤员是否意识丧失。禁止摇动伤员头部呼叫伤员。

③ 心肺复苏法

触电伤员呼吸和心跳停止时,应立即按心肺复苏法支持生命的三项基本措施,正确进行就地抢救:通畅气道;口对口(鼻)人工呼吸;胸外按压(人工循环)。

④ 口对口(鼻)人工呼吸

在保持伤员气道通畅的同时,救护人员用放在伤员额上的手指捏住伤员鼻翼,救护人员深吸气后,与伤员口对口紧合,在不漏气的情况下,先连续大口吹气两次,每次1~1.5s。如两次吹气后试测颈动脉仍无搏动,可判断心跳已经停止,要立即同时进行胸外按压。

触电伤员如牙关紧闭,可口对鼻人工呼吸。口对鼻人工呼吸吹气时,要将伤员嘴唇紧闭,防止漏气。

⑤ 胸外按压

(1)使触电伤员仰面躺在平硬的地方,救护人员立或跪在伤员一侧肩旁,救护人员的两肩位于伤员胸骨正上方,两臂伸直,肘关节固定不屈,两手掌根相叠,手指翘起,不接触伤员胸壁。

(2)以髋关节为支点,利用上身的重力,垂直将正常成人胸骨压陷3~5cm(儿童和瘦弱者酌减)。

(3)压至要求程度后,立即全部放松,但放松时救护人员的掌根不得离开胸壁。按压必须有效,有效的标志是按压过程中可以触及颈动脉搏动。

(4)操作频率:胸外按压要以均匀速度进行,每分钟80次左右,每次按压和放松的时间相等;胸外按压与口对口(鼻)人工呼吸同时进行,气节奏为:单人抢救时,每按压15次后吹气2次(15:2),反复进行;双人抢救时,每按压5次后由另一人吹气1次(5:1),反复进行。

(5)在医务人员未接替抢救前,现场抢救人员不得放弃现场抢救。

⑥ 抢救过程中伤员的移动与转院

(1)心肺复苏法应在现场就地坚持进行,不要为方便而随意移动伤员,如确需要移动时,抢救中断时间不应超过30s。

（2）移动伤员或将伤员送医院时，除应使伤员平躺在担架上并在其背部垫平硬阔木板，移动或送医院过程中应继续抢救，心跳呼吸停止者要继续采用心肺复苏法抢救，在医务人员未接替救治前不能终止。

三 其他伤害急救

1 化学物品伤害急救

（1）气体中毒

迅速将伤员救离现场，搬至空气新鲜、流通的地方，松开领口、紧身衣服和腰带，以利呼吸畅通，使毒物尽快排出，有条件时可接氧气。同时要保暖、静卧并密切观察伤者病情的变化。

（2）毒物灼伤

应迅速除去伤者被污染的衣服、鞋袜，立即用大量清水冲洗（时间一般不能少于15～20min），也可用"中和剂"（弱酸、弱碱性溶液）清洗。对一些能和水发生反应的物质，应先用棉花、布和纸吸除后，再用水冲洗，以免加重损伤。

（3）口服非腐蚀性毒物

首先要催吐。若伤者神志清醒，能配合时，可先设法引吐。即用手指、鸡毛、压舌板或筷子等刺激咽后壁或舌根引起呕吐，然后给患者饮温水300～500mL，反复进行引吐，直到吐出物已是清水为止。

严重中毒昏迷不醒时，对心跳、呼吸停止者，要进行人工呼吸和胸外心脏按压。同时，迅速送就近医院进行诊断治疗。在送医院途中，要坚持进行抢救，密切注意伤者的神志、瞳孔、呼吸、脉搏及血压等情况。

2 创伤急救

（1）创伤急救的基本要求

创伤急救原则上是先抢救，后固定，再送医院，并注意采取措施，防止伤情加重或污染。需要送医院救治的，应立即采取保护伤员措施后送医院救治。

抢救前先使伤员安静躺平，判断全身情况和受伤程度，如有无出血、骨折和休克等。

外部出血立即采取止血措施，防止失血过多而休克。外观无伤，但呈休克状态，神志不清或昏迷者，要考虑胸腹部内脏或脑部受伤的可能性。

为防止伤口感染，应用清洁布片覆盖。救护人员不得用手直接接触伤口，更不得在伤口内填塞任何东西或随便使用药。

搬运时应使伤员平躺在担架上，腰部束在担架上，防止跌下。平地搬运时伤员头部在后；上楼、下楼、下坡时头部在上。搬运中应严密观察伤员，防止伤情突变。

（2）止血

伤口渗血时，用较伤口稍大的消毒纱布数层覆盖伤口，然后进行包扎。若包扎后仍有较多渗血，可再加绷带适当加压止血。

伤口出血呈喷射状或鲜红血液涌出时，立即用清洁手指压迫出血点上方（近心端），使血流中断，将出血肢体抬高或举高，以减少出血量。

用止血带或弹性较好的布带等止血时，应先用柔软布片或伤员的衣袖等数层垫在止血带下面，再扎紧止血带以刚使肢端动脉搏动消失为度。上肢每60min、下肢每80min放松一次，每次放松1~2min。开始扎紧与放松的时间均书面标明在止血带旁。扎紧时间不宜超过4h。不要在上臂中三分一处和腋窝下使用止血带，以免损伤神经。若放松时观察已无大出血可暂停使用。

高处坠落、撞击、挤压可能有胸腹内脏破裂出血。受伤者外观无出血但常表现面色苍白、脉搏细微、气促、冷汗淋漓、四肢厥冷、烦躁不安甚至神志不清等休克状态，应迅速躺平，抬高下肢，保持温暖，速送医院救治。若送医院途中时间较长，可给伤员饮用少量糖盐水。

③ 休克

（1）平卧位，下肢应略抬高，以利于静脉血回流。如有呼吸困难可将头部和躯干抬高一点，以利于呼吸。

（2）保持呼吸道通畅，尤其是休克伴昏迷者。方法是将病人颈部垫高，下颌抬起，使头部最大限度地后仰，同时头偏向一侧，以防呕吐物和分泌物误吸入呼吸道。

（3）注意给体温过低的休克病人保暖，盖上被、毯。但伴发高烧的感染性休克病人应给予降温。

（4）必要的初步治疗。因创伤骨折所致的休克给予止痛，骨折固定；烦躁不安者可给予适当的镇静剂；心源性休克给予吸氧等。

（5）注意病人的运送。家里抢救条件有限，需尽快送往有条件的医院抢救。对休克病人搬运越轻越少越好。应送到离家最近的医院为宜。在运送途中，应有专人护理，随时观察病情变化，最好在运送中给病人采取吸氧和静脉输液等急救措施。

④ 中暑

（1）中暑的原因

中暑是指人体在高温或烈日下，引起体温调节功能紊乱、散热机能发生障碍，致使热能积累所致的以高热、无汗及中枢神经系统症状为主的综合征。中暑的原因如下：

①环境因素。发生中暑的外界因素主要为高温、高湿、风速小。

②自身因素。主要有产热增加、热适应差、散热障碍。

（2）中暑症状

①先兆中暑。病人常常感到大量出汗、头晕、眼花、无力、恶心、心慌、气短、注意力不集中、定向力障碍。体温常常小于37.5℃。在离开高温作业环境进入阴凉通风的环境时，短时

即可恢复正常。

②轻症中暑。病人除有先兆症状外,有的表现为体温升高至 38 摄氏度以上,皮肤灼热、面色潮红,面色苍白,呕吐,皮肤湿冷,脉搏细弱,血压下降等周围回圈衰竭的表现,通常休息后体温可在 4h 内恢复正常。

③重症中暑。上述症状进一步加重。中暑衰竭主要表现为:皮肤苍白,出冷汗,肢体软弱无力,脉细速,血压下降(收缩压降至 80mmHg 以下),呼吸浅快,体温正常或变化较小,意识模糊或昏厥。日射病主要表现为剧烈头痛、头晕、耳鸣、呕吐、面色潮红、头温 40℃ 以上,体温一般正常,严重者昏迷。中暑高热主要表现为高热,体温高达 40℃ 以上,伴有晕厥,皮肤干燥灼热、头痛、恶心、全身乏力,脉快,神志模糊,严重时引起脏器损害而死亡。

(3)中暑的现场急救措施

①搬移。迅速将患者抬到通风、阴凉、甘爽的地方,使其平卧并解开衣扣,松开或脱去衣服,如衣服被汗水湿透应更换衣服。

②降温。患者头部可捂上冷毛巾,可用 50% 酒精、白酒、冰水或冷水进行全身擦浴,然后用扇或电扇吹风,加速散热。有条件的也可用降温毯给予降温。但不要快速降低患者体温,当体温降至 38℃ 以下时,要停止一切冷敷等强降温措施。

③补水。患者仍有意识时,可给一些清凉饮料,在补充水分时,可加入少量盐或小苏打水。但千万不可急于补充大量水分,否则,会引起呕吐、腹痛、恶心等症状。

④促醒。病人若已失去知觉,可指掐人中、合谷等穴,使其苏醒。若呼吸停止,应立即实施人工呼吸。

⑤转送。对于重症中暑病人,必须立即送医院诊治。搬运病人时,应用担架运送,不可使患者步行,同时运送途中要注意,尽可能地用冰袋敷于病人额头、枕后、胸口、肘窝及大腿根部,积极进行物理降温,以保护大脑、心肺等重要脏器。

想一想

发生地震的应急方案有哪些?

复习思考题

1. 列车应急设备有哪些? 各自的作用是什么?
2. 车站机电设备应急装置有哪几项?
3. 简述突发事件应急救援的总目标和基本任务。
4. 简述大客流的应急处理程序。
5. 简述火灾的应急处理程序。

单元6

城市轨道交通事故及事故处理

教学目标

1. 掌握城市轨道交通事故分类；
2. 了解城市轨道交通事故处理程序；
3. 熟悉安全运营控制体系。

建议学时

8 学时

城市轨道交通作为大容量的公共交通工具,直接关系到广大乘客的生命安全。"安全运营"一直是其完成运输任务的首要目标和基本原则。因此,分析城市轨道交通事故产生的主要原因以及影响程度,制订预防事故相关对策以及突发事故后的救援措施,对于改善城市轨道交通系统的运营安全现状,预防事故的发生和降低事故损失都具有十分重要的意义。

6.1 事故分类

一　城市轨道交通安全运营状态

按照运营的安全水平,城市轨道交通系统运营状态可以分为正常运营、非正常运营和紧急运营三种情况。正常运营是按照排定的运行图和工作秩序进行运营的状态,系统运行正常,运输需求和系统的供给能力相配,系统状态较为稳定。非正常运营状态是系统运营中出现了不良的影响因素,例如列车晚点、区间堵塞、列车故障、早晚高峰客流等,对这些现象和问题应及时制订相应调整方案,积极消除不稳定因素的影响,重视不够或调整不及时可能会导致严重后果。紧急运营状态是指城市轨道交通系统自身出现较为严重的机械、运行、服务故障,或遭遇到严重的外部灾害影响,从而导致系统的运营能力减弱或停止,严重影响系统的稳定性和乘客的人身安全。

城市轨道交通运营状态示意图见图6-1。

二　城市轨道交通事故和故障

影响城市轨道交通系统运营安全和可靠性的因素统称为事件。根据其发生的原因、特点以及造成的后果和影响,可分为事故、故障两类。

故障是因设备质量原因或操作不当导致设备无法正常使用,需人工干预或维修的事件,根据表现和影响程度可分为轻微故障、一般故障和严重故障。轻微故障可以迅速排除,一般不会影响运营可靠性;一般故障将造成短时间的列车运行秩序混乱,部分列车运行延误;严重故障则会导致较长时间的运营中断,严重影响系统运营可靠性。按照设备类型和原因,故障又可分为列车车辆故障、线路故障、供电系统故障、通号系统故障、环控设备故障、车站客运设施故障等。

事故是因故障或工作人员操作不当或管理人员指挥不力而造成人员伤亡、设备损坏,影响可靠性或危及运营安全的事件。事故根据其表现、影响程度与范围,可分为一般事故、险性事故、大事故、重大事故等;按其专业性质可分为行车事故、客运组织事故、电力传输事故。

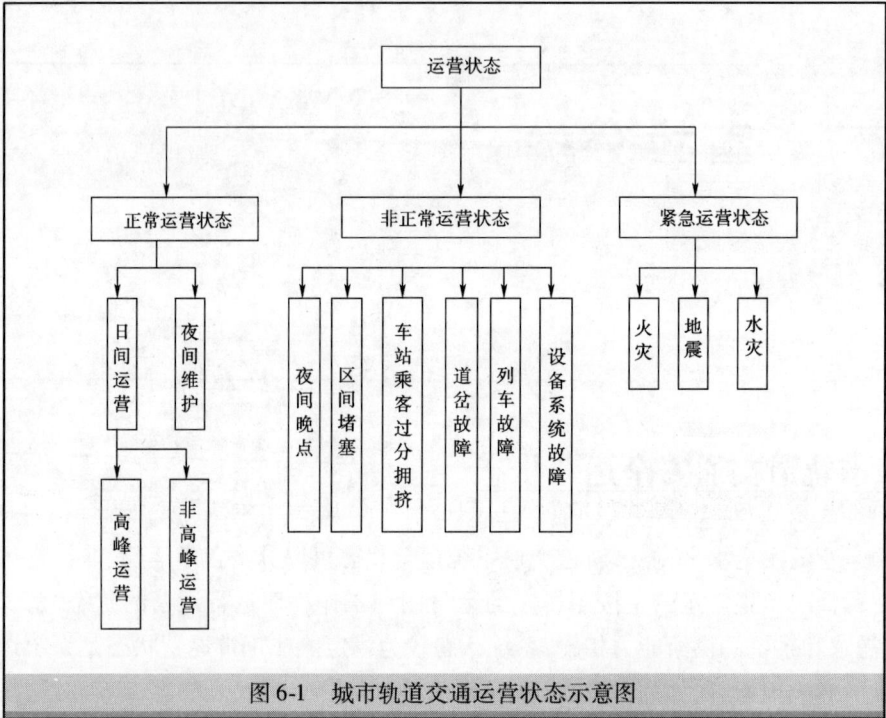

图6-1　城市轨道交通运营状态示意图

引起非正常运营状态和紧急运营状态的原因很多,按照灾害类别分类,分为以下几种:

(1)设备、硬件故障引起的事故。运营中断事故,如车辆故障、线路故障和各种设备故障引起的行车事故。

(2)意外危险事件和各种自然灾害引起的事故。系统内部秩序混乱和运营中断,如火灾事故、水灾事故、爆炸事故、恐怖袭击事件等。

(3)个别站点或中转换乘站突发集中大客流的事件。没有得到预报信息的情况下,产生系统流量骤增、售票厅和通道站台拥堵等现象,发生拥挤踩踏事故;出现运营行车事故、设施设备事故、客伤事故、火灾事故、因公伤亡事故、道路交通事故、运营严重晚点事件。

根据事故和故障导致的后果又可分为可控事件和不可控事件。可控事件是指该时间在发生前是可以控制的,是可以通过一些手段和措施避免的,但是由于人为的疏忽或管理不当导致该事件最终发生。这种事件往往在发生前会出现一些征兆,只要采取合理的措施就可以避免其发生。而不可控事件具有不确定因素,一个点、一个线都可能导致其发生,是人力难以避免的。不可控事件又称突发事件,在城市轨道交通运营中一般是指由故障、事故或其他原因(人为、环境、社会事件等)引起的、突然发生的、严重影响或可能影响运营安全与秩序的事件。根据其影响程度与范围可分为一般突发事件、险性突发事件、大突发事件和严重突发事件等;根据其引发原因又可分为运营引发突发事件、外来人员引发突发事件、环境引发突发事件等。

三　城市轨道交通事故的判定标准

事故一旦发生,可能导致人员伤亡、财产损失、影响公共安全、城市轨道交通非正常运营等后果,这些可能的后果也是城市轨道交通事故的主要判定依据,包括:

(1)轨道交通线路中断运营时间;

(2)人员死亡和重伤人数;

(3)直接经济损失金额;

(4)需要紧急疏散乘客,或需紧急解困人员;

(5)发生在轨道交通路网内,需要相关部门处置和协调;

(6)需要政府机关处置或响应。

不同的城市轨道交通系统可根据各自的运营实践制定不同的事故等级标准。事故等级划分示例如下。

1 运营行车事故

轨道交通运营行车事故按照人员伤亡、财产损失及正常运行造成影响的程度,分为重大事故、大事故、险性事故、一般事故。不同的城市轨道交通系统可根据各自的运营实践制定不同的事故等级标准。事故等级划分示例如下:

(1)载客列车重大事故。列车发生冲突、脱轨、火灾或爆炸,造成下列后果之一时,认定为载客列车重大事故。

①人员死亡3人或者重伤25人及其以上者;

②双线中断(某一站或某一区间及以上上下行行车中断)时间在150min及其以上;

③根据列车、车辆破损的规定,电动客车中破一辆(直接经济损失为现值的40%以上)。

(2)载客列车大事故。发生冲突、脱轨、火灾或爆炸,造成下列情况之一时,认定为载客列车大事故。

①人员死亡或重伤2人及其以上者;

②双线中断行车90min及其以上者;

③根据机车、车辆破损规定,电动客车小破一辆(直接经济损失为现值的10%以上)。

(3)险性事故。凡事故性质严重,造成损害后果或者损害后果不够认定为大事故的行车事故为险性事故。如：列车冲突、列车脱轨、列车分离、载客列车错开车门、运行途中打开车门、车未停稳开车门、载客列车车门夹人动车时、列车冒进信号等。

（4）一般事故。调车冲突，调车脱轨；调车作业冒进信号；列车运行中，因车辆部件脱落或其他原因损坏行车设备；行车有关人员漏乘、漏接、出乘迟延耽搁列车行车造成影响的；错误办理行车凭证发车等，都属于一般事故。

② 设施、设备故障

凡是设施和设备的操作人员在工作中因违章操作、失职或设备隐患等原因，造成设施、设备被损坏且损失达到一定程度或对列车运行造成严重影响的均属设备事故。

（1）重大事故。因违章操作、失职或设施设备故障等原因造成直接经济损失30万元以上的为重大事故。

（2）大事故。因违章操作、失职或设施设备等原因造成直接经济损失10万～30万元的为大事故。

（3）一般事故。因违章操作、失职或设施设备等原因造成直接经济损失5万～10万元的为一般事故。

（4）故障和障碍。因违章操作、失职或设施设备等原因造成直接经济损失5万元以内的为故障和障碍。

（5）电动列车事故等级按《城市轨道交通行车事故处理规则》的规定来确定。

③ 客伤事故

在城市轨道交通运营区域内，凡持有当日当次有效的乘坐地铁有关凭证（持有效证件享受免费乘坐），从验票进站始至验票出计费区检验票闸机外，由公司管辖的附属设施如出口、自动扶梯、通道等区域内因乘客受伤构成的事故，为客伤事故。

④ 因工伤亡事故

因公伤亡事故是指职工在劳动过程中发生的伤害、急性中毒等事件。按照事故伤害的严重程度分为轻伤、重伤、死亡事故。

⑤ 运营严重晚点事故

凡在行车过程中因违章操作、技术设备不良及其他原因造成如10min、15min、30min及以上的晚点事件为严重晚点事故。

⑥ 行车事故中的名词定义

（1）车辆破损范围界定（电动列车以一节车辆为基数）

①报废：直接经济损失为现值的90%以上；

②大破：直接经济损失为现值的60%～90%；

③中破:直接经济损失为现值的 40% ~60% 以上;

④小破:直接经济损失为现值的 10% ~40% 以上。

(2)列车

按规定辆数编组的电动客车的列车,须有规定的列车标志,从车辆或始发站至到发线待发起,直至再回到终点站位置,在此运行过程中的车辆称列车。

(3)列车事故

列车事故包括下列内容:

①轨道车单机或挂有平板车(有车次号)的列车进入运营线路时发生的事故;

②列车与其他调车作业机车和车辆相互冲撞而发生的事故;

③列车在车场内因摘挂和转线而发生的事故;

④列车载客运行时发生的事故。

(4)其他列车

其他列车包括空驶列车、救援列车、调试列车、轨道单车机或挂有车辆开动的列车。

(5)冲突

冲突指列车、车辆、轨道车互相间或与设备(如车库、站台、车挡等)以及其他车辆间发生冲撞,造成电动列车、轨道车和其他车辆破损或破坏。

(6)脱轨

脱轨指电动列车、轨道车、平板车的车轮落下钢轨轨面(包括脱轨后自行复轨)。

(7)列车分离

列车分离包括车钩破损分离和车钩自动分理(含车钩缓冲装置的破损)。

(8)挤岔

挤岔指车辆在通过道岔区段时挤坏道岔设备。

(9)列车冒进信号

列车前端任何一部分越过固定信号显示位置即为列车冒进信号。包括临时变更信号(不论原因)而使列车冒进。

(10)双线中断行车

双线中断行车指在上下行运行线路中,一条线发生某一站或某一区间及以上中断行车的同时,另一条线已发生某一家或某一区间及以上中断行车。

(11)单线中断行车

单线中断行车指上、下行线中任何一条线上有一个车站或区间发生了行车中断。

(12)行车中断时间

行车中断时间指由事故发生时间起至跳读发出线路开通命令时的时间。

(13)应停列车在车站通过

应停列车在车站通过指应停列车未办理有关上下客作业就开走,或列车在车站停车但未开关门上下乘客就开走。

6.2 事故处理

事故的分析、调查、处理是事故发生后的重要环节,目的是为了及时恢复正常,找出事故发生的原因和形成机制,并制订相应的措施、方法与手段,减少和杜绝事故的再次发生。

一 分级处理

根据发生事故的隶属关系和事故的等级分类,对事故按照分级管理原则予以处理。

(1)凡发生下列重特大安全生产事故的,由城市轨道交通安全管理部门或者配合上级有关部门调查处理:

①轨道交通发生重大事故、大事故、火灾、爆炸、毒害等事故;

②造成2人(含)以上死亡的重、特大交通事故。

(2)凡发生下列安全生产事故的,由城市轨道交通安全管理部门具体负责调查处理:

①发生行车的险性事故、涉及两个单位以上的一般事故;

②火灾、爆炸、毒害事故,造成人员伤亡的;直接财产损失达到一定数额的;

③发生因工死亡事故;

④发生重大道路交通事故以上的;

⑤设施设备重大事故、大事故或涉及两个单位以上的一般事故;

⑥在短时间内连续发生多起安全事故;

⑦因人员违规操作或行车设备故障造成严重晚点15min 或30min 以上的;

⑧城市轨道交通安全管理部门安全生产委员会认为要调查处理的事故。

(3)凡发生下列安全生产事故的,由各直属单位具体负责调查处理:

①发生行车的一般事故;

②因人员违规操作或行车设备故障造成晚点10min 以上的事件;

③发生因工轻伤、重伤事故;

④发生设施设备一般事故、故障和障碍;

⑤客伤事故。

二 处理程序

① 事故报告

事故处理直接关系到事故发生后的处置,以及事故发生后能否及时、迅速地恢复运营线路正常行车秩序。良好畅通的信息传递能够使事故损失减少到最低程度。反之,如果由于信息传输程序复杂、混乱,将会引起事故后果与损失扩大、不良印象扩大,延误事故的处理。

事故报告的主要内容包括:

(1)事故基本情况,包括事故经过、人员伤亡、财产损失等;

(2)事故原因,包括直接原因、间接原因、事故性质及认定依据;

(3)事故有关人员的责任认定和处理意见;

(4)事故的教训及采取的防范措施;

(5)员工受教育情况;

(6)其他需要报告的事项。

② 调查分析

各处理职责单位应按照职责要求,开展事故的调查取证工作。

(1)调查分析依据

①根据相关法律法规,分析火灾事故和因工伤亡事故的主要原因,分别以《火灾原因认定书》、《企业职工伤亡事故报告和处理规定》和市、区安全生产监督局制定的和法律文书有关的规定为准。

②分析轨道列车事故、设施设备事故、客伤事故发生的原因,以城市轨道交通企业颁发的各类规章制度为准。

(2)调查分析要求

①查清事故原因。调查事故的原因应从主观原因和客观原因、直接原因和间接原因、管理原因和技术原因等多层次、全方位分析查找,对一时难以查清的,要采用挂牌制度,定时间、排节点,落实负责人,落实有效的安全防范措施,以确保安全。

②组织安全再教育。各单位必须针对随时暴露的安全隐患,通过召开事故分析会、班组学习等形式,有针对性地开展员工安全按教育。要从安全法规、安全意识、安全技能、事故教训、预防措施等方面着手,让每个员工都能吸取教训,举一反三,增强防范意识。安全教育必须做到有内容、有记录、实行备案制。

③实施预防措施。在查清事故原因的基础上,应及时制订并落实安全预防整改措施。预防措施的落实,必须建立安全责任制,落实到责任部门和责任人,做到明确期限,并从人力、物力、财力上给予必要的保证,确保措施真正落到实处。

④调查分析时间要求。调查工作中注意原始操作资料的收集、分析工作,并要求在规定的时间内完成事故(件)的调查取证工作,并提出相应的处理意见的报告。

案例

行车事故的处理程序

不同的城市轨道交通系统可根据各自的运营实践和线路等设备情况,制订不同的事故处理程序。行车事故处理实例如下。

(1)行车事故现场报告内容

无论行车事故的性质如何,在发生有关行车事故(事件)后其报告内容应包括:

①事故概况及基本原因;

②事故发生的时间,包括月、日、时、分;

③事故发生的地点,包括区间、公里、米、站、站场线段等;

④列车车次、车号、关系人员职务、姓名;

⑤人员伤亡情况及车辆、线路等城市轨道交通设备损坏情况;

⑥是否需要救援等。

在紧急情况时,特别是在发生重大事故和大事故时,由于现场情况和环境情况很复杂、混乱,事故当事人可先报告上述部分内容,但必须报告事故发生的地址、事故概况及可能产生的后果,是否需要救援帮助,以利于行车安全管理部门以及有关管理人员和领导决策。

必须进行现场事故抢救和救援时,行车调度员及时通知各相关部门协助进行。各相关部门一旦接到行车调度员以及上级有关领导的指示,需尽快做好救援准备,及时展开救援工作。

(2)行车事故报告程序

①发生重大事故、大事故时的报告程序。

a.在运营正线上发生时:

(a)由值乘列车的司机立刻报告行车调度员,如果由于条件限制不能及时报告时,可由相邻车站行车值班员专报行车调度员;

(b)行车调度员应将发生的情况立刻报告调度中心上级领导,并且判断是否需要出动救援列车;

(c)控制中心接报后应将情况立刻报告总公司主管运营和安全的相关科室负责人。

b.在站场,包括出场线上发生时:

(a)由值乘司机立刻报告车辆段运转部门值班人员;

(b)车辆场运转值班员或信号值班员立即报告车辆场值班调度员与安全运行科,如需事故救援时,由安全运行部门立刻组织事故救援工作的开展;

(c)车场计划调度员和值班调度员接报后立刻报告车辆部门主要领导、总值班室；

(d)总值班室接报后应报告总公司主管运营和安全的相关科室负责人。

②发生行车险性事故及一般事故的报告程序。

a.在运营正线上发生时：

（a）由值乘列车的司机立即报告行车调度员，如果由于条件限制不能及时报告时，则报告最近车站的行车值班员转报行车调度员；

（b）行车调度员接报后立即报告主任调度员，并且判断是否需要事故救援；

（c）总值班室接报后应报告总公司主管运营和安全的相关科室负责人。

b.在站场，包括出场线上发生时：

（a）由值乘司机立刻报告车辆段运转部门值班人员；

（b）车辆段运转值班人员接报后应立即报告运转部主任、车辆段值班调度员与安全运行科，如需要事故救援，则报告安全运行部门，并立即组织事故救援工作的开展；

（c）车辆段计划调度科值班调度要立即通报车辆部门主要领导，并通报总值班室；

（d）总值班室接报后应报告总公司主管运营和安全的相关科室。

（3）行车事故的处理

①行车事故现场处置。

在事故报告程序完成后，有关人员要迅速进行事故现场的处置。若事故发生在线路期间，在专业人员及救援人员到达事故现场前，值乘司机负责引导乘客自救、组织疏散、安抚乘客等工作，等待进一步救援。在有关救援人员到达后，应由事故现场的最高行政领导负责或委任相关专业人员指挥抢救，处理善后工作。

若事故发生在车站时，应由车站站长负责乘客救援、组织乘客离开现场，并保护现场、查找证人、做好记录，等待有关救援人员与相关领导到达后进行进一步救援活动，车站站长应在救援专业人员到达后向有关领导报告，并听从到达现场的最高行政领导和最高行政领导委任的救援指挥员的命令。现场勘查工作由行车管理部门与公安部门按规定进行。

在险性事故和一般事故发生后，值乘司机必须按规定程序要求报告，并且等待行车调度员的进一步命令指示，按要求执行，不得擅自移动列车。如需事故救援时，值乘司机应按照规定请求救援，并在救援人员和设备到现场前负责列车安全、乘客安全等工作。在救援人员到达后，应由现场指挥人员简单报告情况，并按行车调度或指定的事故救援指挥人员的命令执行。对于事故现场的勘查工作由行车管理部门按规定进行。

②事故调查、分析。

重大事故和大事故发生后，应成立专门的事故处理调查小组并邀请各有关部门参加调查、处置、协调、善后、分析等各项工作，包括现场摄、录像及绘制现场草图、设备检测、手机物证、询问人证、调查记录现场情况等。

值乘司机和事故有关人员要积极配合，实事求是地提供当时情况的报告，便于掌握现场真实资料，以评定和分析事故产生的原因及确定事故责任，明确事故责任者和事故关系者，制定防范措施。

险性事故和一般事故发生后,如涉及两个以上直属单位时,由城市轨道交通企业负责调查,在规定的时间内将事故调查报告上报,并提出防范措施。对责任单位无意义的险性事故,由险性事故责任单位组织调查分析,明确原因与责任者,提出处理意见,制定防范措施。对涉及一个单位的一般事故,由责任单位调查分析,找出原因并判定责任,并对责任者进行处理,制订事故处理措施。

与险性事故和一般事故有关的人员必须配合调查分析,如实报告情况,不得隐瞒事实,对推脱责任、拖延调查、隐瞒真相的个人与单位部门,经查实予以从重处理。

对事故涉及城市轨道交通以外单位的调查,由城市轨道交通企业事故调查处理小组与相关单位协调处理,必要时提请司法部门裁决处理。凡行车事故涉及刑事责任的调查、处理,由公安部门负责,事故有关单位、个人协助配合调查工作。

6.3 安全运营管理体系

一 安全控制目的

建立城市轨道交通企业安全运营控制体系的目的是,使城市轨道交通的安全生产与管理达到预先设定的目标,使事故等级和事故频率控制在预先规定的范围内,同时通过安全预防、纠正措施的落实,达到安全运营工作持续改进、不断提高安全运营质量的目的。

建立运营企业安全运营控制体系应遵循法规性、可控性、系统性、程序性和差异性的原则,体现"全员参与、持续改进"的质量管理理念。

安全运营控制体系的具体目标包括:

(1)不发生职工(包括劳务人员)因工死亡及重伤事故。

(2)不发生运营重大事故、大事故和有责乘客死亡事故。

(3)不发生重大火灾事故。

(4)不发生有责交通死亡及重伤事故。

(5)不发生在一定数额内的有责物损的交通事故。

(6)严重晚点率低。

（7）险性事故和一般事故发生率低。

各城市轨道交通企业可根据企业的具体情况和运营特点,选择适合自身安全运营的控制目标,建立安全运营体系,例如某运营企业制订的安全生产指标如下:

（1）杜绝指标

①不发生职工（包括劳务人员）因工死亡及重伤事故。

②不发生重大火灾。

③不发生地铁运营重大事故、大事故和有责乘客死亡事故。

（2）控制指标

①险性事故和一般事故小于4起/百万列·公里。

②15min以上严重晚点小于3次/百万列·公里。

③不发生有责交通死亡及重伤事故,不发生有责物损在20万元以上的交通事故。

二 运营安全预先控制

轨道交通安全运营控制体系包含预先控制、过程控制、事后控制等内容。

1 组织保障

（1）建立健全安全运营管理网络

为了确保运营企业安全管理工作始终处于可控状态,通过完善组织管理措施、建立安全运营管理网络是一个必不可少的手段,同时在组织保障管理体系中应体现安全运营工作"行政第一负责人为安全管理第一负责人"的原则,体现安全生产齐抓共管的管理理念。

（2）建立专门负责安全工作的组织机构,体现安全运营管理主体

在组织结构设置中,运营企业应建立专门负责安全生产的部门,各安全生产管理职能部门应在赋予的工作职能下开展安全管理工作,从而使运营企业安全运营管理工作能规范有序地开展。同时,为了保障安全运营控制体系的实施效果,可成立总公司安全生产委员会,由总经理和分管副总经理为正、副组长,其他各分公司领导为成员,由该组织负责制定安全工作的重大决策、制定总公司安全生产的控制目标并履行重大事件的考核和责任追究等职能,从组织保障上着手落实安全生产工作。

2 安全运营目标管理工作

（1）年度目标管理指标

明确的年度安全运营目标管理指标是确保总公司安全运营始终处于可控状态的重要手段和提高运营生产质量的有力保障。年度安全运营目标管理指标应体现"合理有效、逐步提高"的原则。年度安全运营目标管理指标应根据上年度安全运营的实际状况和本年度运营生产特点,提出切实有效的年度安全运营控制指标,根据总公司的主要特点和现阶段主要矛盾不断修改,逐步提高,与国际接轨。指标的设定应体现"安全第一、确保畅通"的

安全方针。

(2)目标管理指标的分解

在确定总公司本年度安全运营控制指标的基础上,通过责任分解、层层落实,来确保年度安全运营指标的实现。按照"守土有责原则"落实安全责任,推行"千斤重担人人挑、人人身上扛指标"的安全目标管理理念,从总公司领导、分公司领导、部门领导、班组长直到每个员工,均签订安全生产责任书,将安全责任和安全目标层层分解、层层落实,形成职责清晰、层次分明、衔接紧密、覆盖全面的安全生产责任制体系,并将安全生产责任书完成情况作为每层级领导、每位员工的绩效考核、岗位晋升考核标准之一。通过各级安全目标的实现来确保公司年度指标的实现。

(3)目标管理指标的下达形式

确定公司、分公司的安全运营目标管理指标后,应结合公司年度安全生产责任书,通过与各单位行政第一人签约方式承诺下达。

③ 安全运营风险评估及预警

(1)安全运营风险评估

城市轨道交通企业应定期或不定期地对运营情况进行危险源辨识和安全评估,及时掌握当前的安全生产状况和潜在的风险,做到安全管理工作心中有数;根据安全评估的结果,及时调整安全工作的重点;对潜在的风险,制订风险的防范措施,变被动安全为主动安全。对影响安全运营的设施设备难点问题进行专题研究,不断提高设施设备完好率。同时应学习国内外运营安全风险评估体系的先进做法,建立切合本公司运营实际的风险评估体系,并将其作为长效管理手段。

安全运营风险评估工作应确保每年开展一次,遇年度新线投入运营前,应进行开通前的试运营风险评估。安全运营风险评估工作可采用专家组或评估小组的方式进行。

(2)预警工作

公司应建立反应灵敏的预警机制,通过危险源的辨识,变事后补救为事先预防,通过建立设施设备的信息化管理手段,增强设施设备的状态监控;通过安全检查、业务考核等手段,增强从业人员的业务素质,并消除人为隐患;通过采用先进的监控技术,减少灾害天气和突发事件对轨道交通运营的影响;公司应通过强化预警机制的功能,及早发现隐患,力争将事故发生消灭在初级阶段。

④ 规范新线接管程序、把握关键点

(1)规范新线接管程序

现在我国进入了城市轨道交通建设的高潮阶段,顺畅高效的接管程序是确保新线顺利接管、按时开通的重要保障。因此,公司应建立和完善新线接管程序,规范建设、运营的接管节点和职责,明确新线部与相关部室、分公司的各自职责,确保新线接管安全顺畅。为此,要从设计、施工、设备调试、验收等环节介入,不断进行安全评估,并进行总联调。

（2）强化新线接管关键节点的施工安全

在新线接管过程中，随着运营方的逐步介入，会存在主要设备临时代管、施工计划代管、线路运行权交接等关键节点，这些阶段存在着设备处于调试阶段、施工人员多、调度条件不成熟等不利因素，易发生设备、人身安全事故，因此新线接管的关键点必须通过制定严密的规章和落实相关措施来保障。

三　运营安全过程控制

运营安全过程控制就是围绕轨道交通运营生产工作流程的全过程进行过程控制，从运营生产计划和运行图的制订、调度指挥实施、车站客流组织和客运服务、设施设备的保障等各个环节进行全过程控制，通过各个环节有效的监控和正常运转，来实现轨道交通各组成部分的联动和有效运转。建立和强化安全运营"过程控制"，采取积极有效的措施，将事后补救变事前预防，真正体现安全生产"安全第一、预防为主"的原则，同时强化运营安全过程控制是实现公司运营安全目标的重要手段和确保公司运营安全的重要保证。

❶ 行车安全控制

轨道交通行车安全是运营安全生产工作的重点，因此必须强化行车安全控制，及时消除行车安全中的各种设备和人为隐患，严格执行列车岗位标准化、规范化操作。

（1）确保运营安全规章的有效性、适应性、覆盖性

为保障轨道交通安全运营工作，必须根据轨道交通行车工作的特点和设备设施的技术条件要求，建立以安全管理制度为统领，包括安全操作规程手册、事故处理规程、应急处置预案等在内的安全规章体系，以制度来规范安全管理各个环节，以规范化保证安全，确保达到事事有章可循、严格落实安全生产规章制度才是运营安全的保证。各类安全规章制度体系如下：

①操作类安全规章；

②设备操作类安全规章；

③设备保障单位安全运营管理规章；

④事故预案；

⑤安全管理规章。

（2）确保行车岗位人员操作的规范化、标准化

建立规范全面的安全运营规章后，要通过经常性的规章制度培训和学习，让员工清楚理解规章，通过经常检查、督促，让员工严格执行规章；通过经常分析事故苗头、事故隐患、事故后果，让员工认识到遵章守纪的重要性。

❷ 设施、设备保障

运营设施设备质量的好坏，直接关系到列车运营安全与否。因此，必须采用先进的检测

手段,及时发现设施设备的隐患,建立维修管理信息化系统,不断提高设备的质量。按照设备管理控制体系的要求,科学地进行设备管理工作,提高设备完好率和运营保障力度。

(1)完善设备科学化管理、信息化管理机制

设施设备的维修,不仅要保证质量,还要体现速度。要采用先进的设备检测技术和工具,快速检测设备状态,查找故障点,为及时、准确地掌握设备质量状态、处理设备故障提供了保证。

在设施设备维修管理上,要采用维修管理信息化系统,对维修工程中工时、物料、定额、检修规程等,进行全面监控,以保证维修计划的落实,提升设备设施维修管理,提高维修水平。

对设备设施的维修管理,做到精简细修、突出重点。在设备的日常维修保养中,特别抓好车辆、接触网等设备的巡视、检测、紧螺栓、加油、清洁之类工作,以小防大杜绝大故障或事故的发生。同时,集中技术力量解决运营生产中出现的故障或技术难题,要组织跨专业的技术攻关,从设备设施运营质量的角度考虑,为确保运营安全奠定坚实的基础。

(2)完善设备设施规程

标准与规程是设施设备管理工作开展的依据。由于轨道交通设备种类多,且在不断发展变化,因此,要求规程也要不断修改完善,每隔一定时期,运营企业应组织力量更新规程的版本,以便适应实际生产的需要。同时,这些标准、规程作为企业职工技术培训和班组学习的主要内容,能够加强职工的标准化意识,规范日常工作行为,提高整体技术水平,确保设施设备的高质量。

❸ 完善监控手段,提高应急处置能力

(1)进一步加强运营时段现场管理,使之成为确保轨道交通运营始终处于可控状态的重要手段。深入运营一线,靠前指挥,抓小防大,安全观前移,提高现场处置能力。

(2)加强信息管理,提高突发信息传递速度。为提高应对突发事故(件)处置能力,减少事故发生对运营的影响,应规范信息传递制度,理顺信息传递渠道。同时运营企业可发挥快速有效的信息传递系统的作用,提高短信群发系统的稳定性,使各级领导、技术骨干能在第一时间掌握各类运营生产信息。

(3)坚持和完善运营交班会议制度。利用运营交接班制度,能及时将安全生产月的运营情况及时进行分析,协调解决运营生产中的实际问题,并能随时掌握运营安全动态,做到运营安全天天受控。

(4)坚持和完善月度运营例会制度,有利于及时分析安全运营状况和形势,把握安全动态,制订有效应对措施。

❹ 开展安全培训和演练,提高安全素质

(1)制定安全教育制度,明确安全教育内容和要求,通过各种途径和手段加强宣传教育和培训,增强员工安全防范意识,提高安全技能。对新员工落实"三级"安全教育制度,使员

工在上岗前符合岗位安全知识、技能、等级的要求。其次,根据安全生产的实际需要,评定运营生产系统中各个岗位的安全等级,制定各个等级的安全知识和安全技能要求,对员工进行分层培训、考核,实行安全关键岗位持证上岗,同时结合运营实际和国内外同行业的事故事件,通过编制《事故案例》等手段教育员工,不断强化员工的安全意识。

(2)在完善事故预案处置的基础上,组织制订公司演练计划,定期、不定期地组织进行各层级的、切实有效的各种演练,不断提高各级员工对各种预案的熟练程度以及应急应变的能力。

(3)定期开展"城市轨道交通安全宣传周"活动,并结合国家安全生产月的活动,充分发挥车站和列车广播等宣传阵地,进行广泛的安全宣传教育,提高市民对城市轨道交通安全意识的认识和掌握。

⑤ 安全检查

安全检查是安全工作抓落实的重要一环。通过查隐患、查整改、查落实,控制人的不安全行为、车辆设备的不安全状态和环境不良因素对安全运营的影响。同时,各单位仍要坚持日常检查和定期检查相结合,专项检查和综合检查相结合,及时发现各类隐患,并认真抓好整改工作。

四 运营安全事后控制

① 完善抢险救援运作机制

为了能快速、有效地处置运营突发事件,运营企业可成立抢险救援中心,负责整个轨道交通系统设施设备紧急抢修和灾害等抢险救援工作,实行准军事化管理,全天候待命。抢险救援中心设立三个抢险车辆备勤点,抢险车均统一安装 GPS 卫星定位系统。进一步完善抢险救援中心的运转机制,特别是应考虑如何从网络化运营的高度来合理设置抢修点,以期增强应急强修的反应能力。

② 建立事故处理的规范程序

针对轨道交通发生的事故,对事故苗头和安全隐患进行分析和处理,坚持从管理上找原因,查漏洞、订措施,通过分析查找原因、整改隐患、完善规章、改进管理,防止同类事故重复发生。

认真落实"预防为主"的方针,在管理人员中树立安全管理责任意识,切实做到事事有人负责。

③ 安全整改

对于日常运营生产中暴露的安全隐患,以开展"安全隐患整治月"等类似活动为抓手。

对影响安全运营的设施设备的各类隐患进行疏理,开展设施设备专项整治等活动。确保设施设备运营状态。并针对运营过程中暴露出的设备系统问题,组织技术力量进行技术攻关。

④ 完善考核和责任追究制度

考核和责任追究制度包括如下内容:
(1)以职工手册作为职工考核的依据。
(2)月度经济责任制考核制度。
(3)领导干部安全责任追究制度。
(4)运营企业安全责任风险抵押金制度。

五 事故处理预案

城市轨道交通系统一旦发生事故,将成为公众舆论的焦点并带来不利的政治影响和社会影响。人员伤亡、车辆损毁而带来的经济损失也将十分严重。为提高城市轨道交通运营的安全,有效减少事故的发生和降低事故损失,依据上述的事故分析,事故的处理预案可从事前预防对策以及事后处理措施入手,并将重点放在事故发生前的预防方面。

① 事故发生前的预防

(1)加强对乘客和工作人员的教育

①乘客。由于乘客素质对城市轨道交通安全有很大的影响,所以应加强对市民的城市轨道交通安全乘车意识的教育,减少由于乘客的失误而产生的城市轨道交通运营事故。2004年4月出台的《北京市城市轨道交通安全运营管理办法》中,对乘客的各种危害城市轨道交通安全运营的行为作了规定,并且明确了运营单位工作人员应当履行的安全管理职责,明确了要多加强对乘客在紧急情况下逃生自救知识的宣传教育。

②工作人员。统计表明,几乎每一起重大事故都与城市轨道交通工作人员的失职有关。所以务必加强对工作人员的法制教育、技术教育、安全教育和职业道德教育。工作人员要牢记"安全第一"的运营准则,任何时候都不能麻痹大意。韩国大邱市地铁的惨案有一个重要原因,就是平时的安全教育流于形式,没有落实到实处。

(2)先进的设备及其检测体系

城市轨道交通系统的运营涉及众多人员和先进的设备。车辆因素、线路问题、信号标志等设备都直接关系到列车的安全运行。车辆所使用的阻燃材料是否合格、安全装置是否充足有效、车辆是否符合运行要求、车辆技术状况的好与坏等方面,都会直接影响城市轨道交通的运行安全。在韩国大邱地铁事故中,车厢内为了防止触电未安装自动报警设备和自动淋水灭火装置,同时未采用先进的阻燃材料,而易燃材料燃烧后产生了大量毒气和烟雾,导致了事故的扩大和蔓延。

配备事故监控设备有利于防止事故的发生,或减少事故带来的影响。上海城市轨道交通有两套自动防火设施,两级自动监控系统:车站监控和中央控制级监控。自动灭火喷淋系统设有水喷和气体喷两种,可以针对不同的火灾原因进行调控。地下隧道里还设有专门的排烟装置,一旦发生火灾,隧道内的事故风机系统就会启动,在最短时间内排出有毒烟雾,防止乘客产生窒息危险。

北京地铁设有双组变电站供电、紧急照明和应急通风设施,即使在出现两个主变电站同时停电、列车失去牵引力最终停车时,也不会导致出现城市轨道交通"失控"现象。城市轨道交通的指挥系统,如调度电话、通信系统等,在失电情况下仍能正常使用,全部由蓄电池供电。

当在地下隧道或车站内发生意外导致紧急断电时,在突如其来的黑暗状态下,人员极易发生混乱,造成伤亡。所以在断电情况下能持续提高光源十分关键。自发光疏散指示系统完全解决了这个问题。这些安全标志在完全失去光源的情况下仍然能够利用自身的蓄能发光,以便乘客在漆黑一片中找到逃生的方向。

建立和完善设备状况计量检测体系,确保设备运作的安全度。对已出过的事故苗头、灾害险情要及时记录,用系统安全工程的方法进行评价,及时制订切实可行的整改措施,把工作落到实处,尽量把事故和灾害消灭在萌芽状态。

(3)建立自动监视及自动报警系统

为了保证城市轨道交通的安全运行,每个城市轨道交通系统都应配备监测及自动报警系统FAS。FAS对于确保城市轨道交通的安全以及正常运营,具有极其重要的作用,成为城市轨道交通各系统中不可缺少的重要组成部分。受FAS系统保护的具体对象是全线车站、主变电所、车辆段及通信信号楼。城市轨道交通FAS系统必须是一个高度可靠的系统,接线简单,组网灵活,容易维修和扩展。控制中心(OCC)应有全线示意图,能监控全线的报警情况。

例如伦敦地铁在所有115个地下车站内安装了"快速追踪"的火灾探测与报警系统。该设备包括一个探测范围宽广的模拟可寻址烟雾与热量探测系统,以及遥控关门器、应急有线广播系统、防火阀控制装置、检票口等安全防火设施。每个车站内的电脑能对本区段内的消防设施予以监视与控制。通过预先编制的程序,对每个车站的所有消防安全设施进行扫描,在连续不断地进行基础分类后,确认这些设备的特征、位置和所处的工作状况。

(4)应急通信系统

应具备无线电通信设备和有线通信紧急电话,车站工作人员和城市轨道交通司机可通过无线系统或有线电话、站台内的CCTV视频传输系统,向控制中心传递事态信息。车站内应装设全方位的监视器,实时收集站内各方位视频信息,避免出现城市轨道交通发生火灾、爆炸、毒气等紧急事件而控制中心不知情的情况。列车上还应配备紧急报警按钮,发生火灾爆炸等意外事件时,乘客可迅速按压此按钮通知司机。

(5)事故故障的预警

以历史的事故故障信息为基础,结合运营单位对安全及可靠性状况的要求,对运营中的事故故障建立界限区域,实施预警管理。在对预警指标进行量化分析之后,按照确定的预警信号区域边界(即预警界限),将各类预警指标转化为预警信号输出,直观反映当时的运营安全与可靠性状况及发展趋势。根据预警指标的数值大小划分成正常区域、可控区域和危险区域,以分别表示城市轨道交通运营的安全态、病害态和危机态。通过预先识别影响运营安全及可靠性的危险源和危险状态,对超出界限的事故故障进行识别和警告,保证轨道交通运营的有序、安全、可靠,有效地降低事故故障率。

(6)应急方案的制订

事故和灾害是难以根本杜绝的,必须高度重视应急预案的制订。"预防为主"是城市轨道交通安全、正常运营的原则,凡事预则立,不预则废。不同的事故,应急处理方法不同。只有事先制订多套突发事故应急预案,增强突发性事件的应急处理能力,才能把事故与灾害所造成的人员伤亡和财产损失降到最低程度。迅速的反应和正确的措施是处理紧急事故和灾害的关键。

应急预案是对日常安全管理工作的必要补充。主要内容包括:指挥系统组织构成、应急装备的设置(主要包括报警系统、救护设备、消防器材、通信器材等)和事故处理与恢复正常运行。

(7)定期演练机制

对紧急状况进行定期演练,可以使人们对危险因素保持长时间的警觉性,增强全员安全生产意识,提高操作的熟练性,保持对紧急状态的敏感性及处理问题的正确性,使城市轨道交通运营系统长时间保持人物、环境的相互适应、相互协调。逐步提高各有关专业和工种的应变能力、协同配合能力和对事故的综合救援能力。

莫斯科地铁当局基本上每月进行一次指挥部训练,每季度至少一次出动百名员工以及车辆和设备进行"实战演习"。在马德里发生系列火车恐怖爆炸事件后,世界一些大城市如纽约、巴黎、伦敦、东京的地铁纷纷制订恐怖防范计划,进行大规模"实战演习"。我国北京、上海、广州、香港等地的城市轨道交通管理部门,多次会同消防及相关部门进行实战演练,提高处理紧急事故的能力,但却并非经常性的定期演练机制。

2 事故发生后的处理

(1)乘客的安全疏散问题

根据全世界轨道交通重大事故的经验和教训,如果事故发生后乘客没有得到快速、及时、安全的疏散,将会造成严重后果。乘客快速、及时地安全疏散是整个城市轨道交通安全体系中极其重要的内容。完善的乘客安全疏散方案要尽可能详尽和具体。如城市轨道交通系统在 1~2h 不能恢复正常运营的情况下,轨道交通运营企业应尽快联系地面公交部门,在各个轨道交通系统出口处设立对应的公交线路有效疏导乘客。事故发生后,运营部门应担负起告知责任,不能以"故障"为借口,忽视甚至漠视乘客的知情权,导致乘客恐惧不安和混乱。

(2)事故处理专家系统

城市轨道交通事故的分析和处理是一项复杂的、经验性很强的技术工作,城市轨道交通发生事故的原因很多,要求快速、有效、准确地识别故障原因并采取有效措施及时恢复城市轨道交通正常运行。近年来,在安全科学领域中计算机技术已与安全管理、安全评价、风险分析预测等工程技术广泛结合,并且推动了安全科学发展的进程。利用计算机准确及高速度的科学计算功能可以进行安全分析、事故诊断、安全决策等任务。

专家系统内部含有城市轨道交通领域专家水平的知识与经验,利用专家的经验快速给出处理措施,辅助管理人员进行事故处理,提高城市轨道交通的安全经济运行水平。城市轨道交通事故处理专家系统就是建立在这样的基础上的。

(3)事故的快速处理

一旦事故和灾害发生,在线路上运行的列车不能继续按照原先的计划运行图运行,中央控制室必须及时对所有列车运行作出科学、正确的调整。韩国大邱城市轨道交通纵火案中正是由于中央控制室管理不力,没有及时阻止另一列列车驶入已经失火的车站,导致了伤亡人员的增加,死亡人员的多数也是第二列列车的乘客。

未来列车自动控制系统(ATC)中应包括针对发生紧急事故和灾害情况下的列车自动调度系统。这个自动调度系统应该是一个实时专家系统。在紧急情况下,可模拟调度专家的思维方式,根据事实库中的事实,调用规则库中的规则,逐步进行推理。自动调度系统将及时制订出新的列车运行方案,防止灾害的扩大化。

鉴于国际范围内恐怖主义的存在和国内社会竞争日益加剧,今后我国的城市轨道交通运营安全工作任务将十分繁重,面临的安全形势不容乐观。做好运营安全局面的开创,需要全社会的共同努力,需要各部门的齐抓共管。具体来说,需要人的要素、物的要素、安全管理体制要素和社会环境要素几个方面的保障。只有把这些方面有机地结合起来,才能实现安全运营。

①人的要素是指乘客要有较强的安全防范意识,运营的管理者和作业人员要有高素质的职业道德和工作水平。

②物的要素是指系统装备功能完备、性能先进,防灾抗灾能力强,车站和区间隧道建筑结构设计合理,灾害发生时便于逃生。

③安全管理体制要素是指实现安全运营的各种管理制度要规范完备。从保障我国城市轨道交通安全运营的实际情况来看,急需建立和完善地铁灾害应急处理制度、设施设备日常安全维护制度、紧急状况定期演练机制及国民安全教育计划。

④社会环境的要素是指城市轨道交通安全运营问题需要全社会的共同努力,进行综合整治以预防灾难。

随着事故影响因素越来越多,越来越复杂,单独依靠城市轨道变通系统应对事故,尤其是大型、特大型事故,变得越来越困难。目前我国很多城市都成立了轨道交通抢险指挥中心,由市政府牵头,动用社会多部门的力量来共同处理大型事故。

知识链接

案例分析:城市轨道交通火灾处理预案

城市轨道交通系统中尤其是地铁,是依托城市轨道交通枢纽站而建的"地下城",是现代化城市不可或缺的重要组成部分。在城市轨道交通的运营过程中,可能出现爆炸、火灾、重大设备故障等重大事故。城市轨道交通消防安全隐患主要由人为因素所致,如工作人员违章操作或用电不慎、乘客违反安全乘车规定携带易燃易爆物品上车、设备保养不及时等,都容易导致运行在特殊环境下的地铁发生火灾,而且地铁火灾中的伤亡比率和财产损失都将是地面火灾中的数倍或数十倍。

以下将重点分析列车在区间隧道以及车站发生火灾等情况下的安全疏散措施。

(1)列车在区间隧道发生火灾

列车在隧道内运行的时间是短暂的。在一般情况下,列车内的材料、隧道内的设备、电缆、管道以及其他材料是不会燃烧的。在列车的前、后端各有一个紧急疏散门。

如果列车运行过程中如在区间隧道发生火灾时,应尽量驶入前方车站,利用前方车站疏散乘客。如列车不能驶入前方车站,停在区间隧道,必须紧急疏散乘客:车头着火时,乘客从车尾下车后步行至后方的车站;车尾着火时,乘客从车头下车后步行至前方车站;列车中部着火时,乘客从列车两端下车后步行至前、后方车站。并根据事故救援的要求,合理确定隧道内的事故风机的送风方向。

同时,迅速启动隧道通风系统,排除烟气,并向乘客提供必要的新鲜空气形成一定的迎面风速,诱导乘客安全撤离。同时,立即中止本区间的列车运行,另一条隧道线路也应立即停止正常行车。

图6-2、图6-3分别为车站火灾救援处理工作程序、隧道区间内的火灾救援处理工作程序。

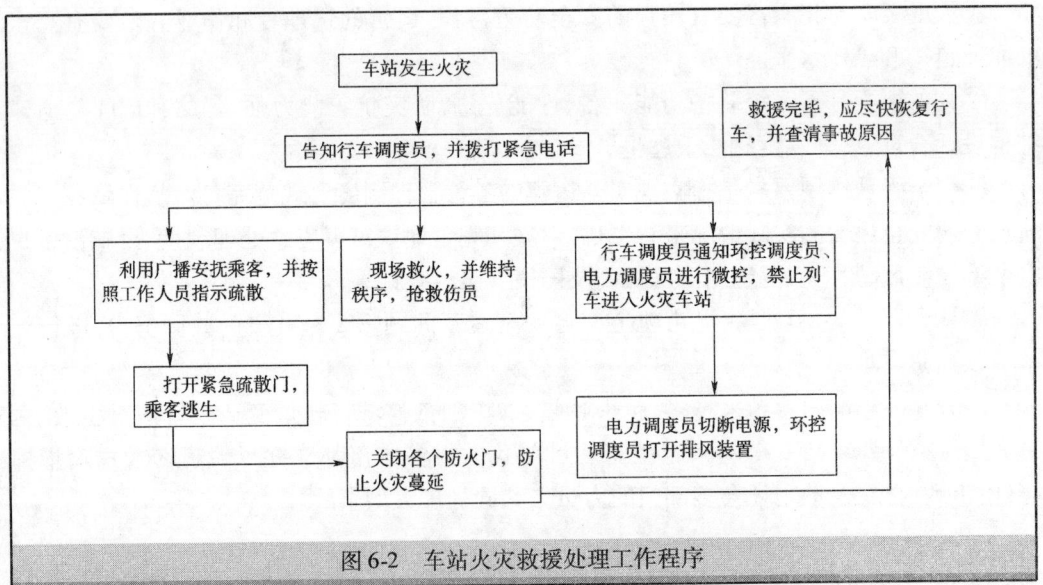

图6-2 车站火灾救援处理工作程序

(2)列车在车站内发生火灾

车站内发生火灾,可分为站台火灾和站厅火灾。无论哪种火灾,都应立即采取紧急措施,第一时间安全疏散乘客,同时停止车站空调水系统,并将地铁车站通风,空调系统转入火灾模式。列车在车站内发生火灾时,可以利用车站楼梯、出入口迅速疏散乘客。

综上所述,在地铁火灾发生时以下技术手段和管理措施是必须具备的:

①列车在运行过程中发生火灾应尽可能驶向前方车站,利用车站站台疏散乘客,利用车站隧道防排烟系统排除烟气;

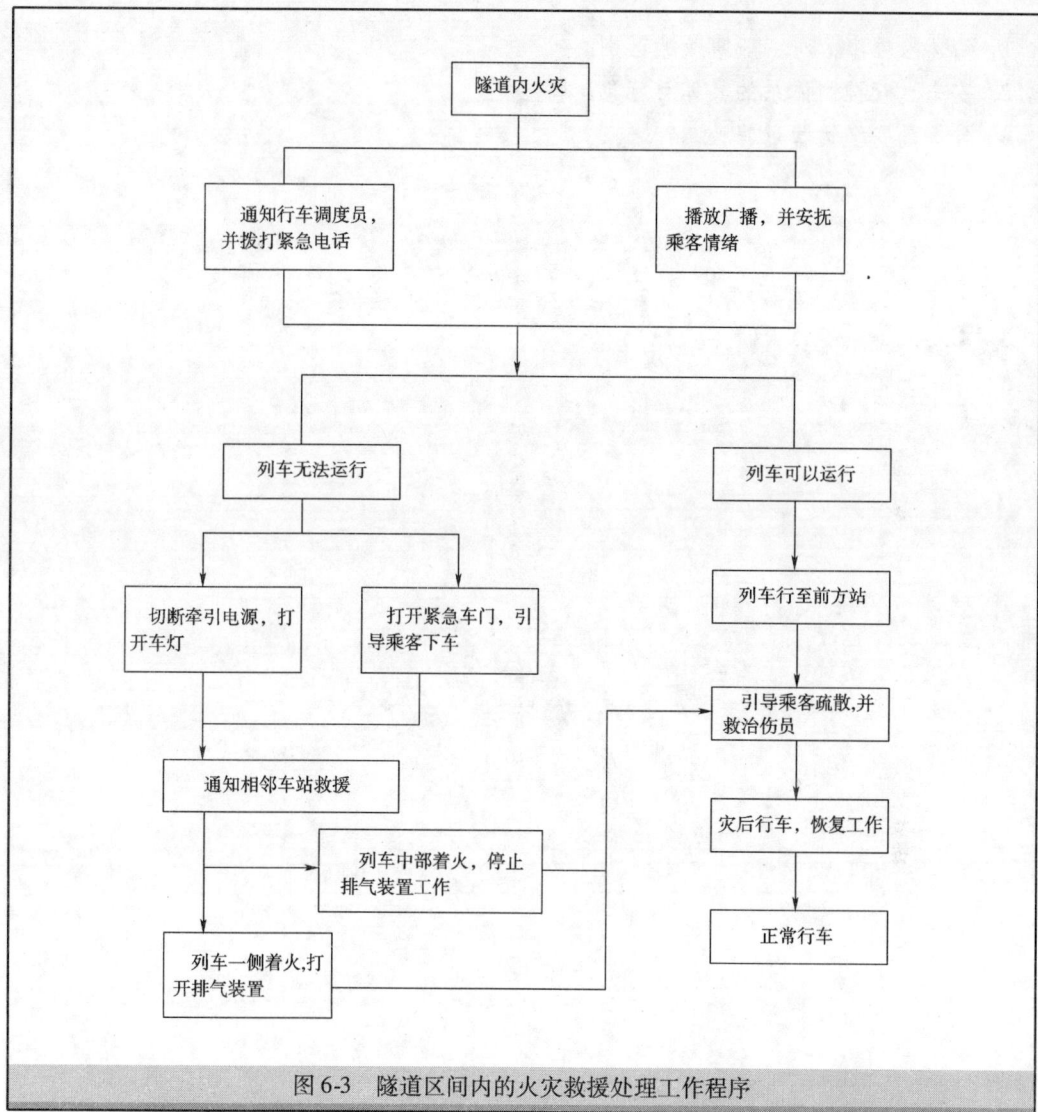

图6-3 隧道区间内的火灾救援处理工作程序

②如果列车停在区间,隧道通风系统根据多数乘客疏散相反方向送风,进风的强度和时间长短应根据实际情况掌握;

③当同一区间的其中一条隧道发生火灾时,另一条隧道也应立即停止正常行车。防排烟系统的火灾运行模式应经过多次实地试验,确定最佳组合;

④火灾安全疏散程序应经常进行模拟演练。不断检查各部门及各工种的互相协调、互相配合以及快速反应能力,提高安全疏散能力和综合救援能力;

⑤工作人员专业知识、受训程度、工作态度以及乘客的安全意识和安全知识。

复习思考题

1. 简述险性事故与一般事故的区别。
2. 安全运营控制体系的具体目标包括哪些?
3. 什么是安全运营过程控制?

城市轨道交通事故
案例分析

教学目标

1. 熟悉城市轨道交通事故类型；
2. 了解城市轨道交通事故发生原因；
3. 掌握城市轨道交通事故防范措施。

建议学时

12 学时

7.1 设备事故

案例一

简化作业流程,带电错挂接地线

1 事故概况

某天,接触网甲班在车辆段配合机电检修作业,需在 A1 区两端封挂接地线。甲班王某接到电力调度员命令后和李某去挂接地线,为节省时间,王某、李某各自单独挂一组接地线。王某来到 A1 区的一端,用验电器验明接触网无电后,立即挂上接地线;此时,在 A1 区另一端的李某,为贪图方便,经问得知王某已经验明无电后,便直接挂接地线,当李某将接地线的上端头往接触线靠近时,立刻听见"砰"的一声响,同时出现火光。王某听到响声后立刻跑过来,经现场确认,李某越过了分段绝缘器,将接地线错挂到带电的 B1 区接触网上,造成 B1 区短路跳闸。

2 原因分析

(1)违反安全操作规程,简化作业流程。李某在得知王某验明无电的情况下,自认为接触网已停电,可以节省验电环节,简化了作业流程,将接地线错挂到带电的接触网上,以致造成事故。这一行为严重违反了安全工作规程。

(2)未执行"一人操作,一人监护"制度。王某、李某两人为贪快省事,各自独自去挂一组接地线,未执行"一人操作,一人监护"制度,违反了《接触网安全工作规程》。

(3)李某走错位置,越过了分段绝缘器,将接地线挂到了带电的接触网上。

3 防范措施

(1)加强规章制度培训,提高员工安全意识,严禁简化作业流程,严格按停电、验电、封挂接地的流程进行接触网挂接地线作业。

(2)接触网挂接地线和倒闸操作时,要严格执行"一人操作,一人监护"制度。

(3)全面进行作业安全检查和整顿,严禁违章作业,特别是对习惯性违章行为必须坚决查处。

案例二

违反操作规程,带接地线合闸造成供电事故

1 事故概况

某日,某地铁运营公司一接触网工班在车辆段列检库 2、3 道进行接触网检修作业,完成作业时已超过检修计划时间,作业负责人王某为了快点送电,早点回去休息,在没有消除"接触网停电作业命令"、没有得到控制中心电力调度员许可倒闸命令、没有监护人、没有确认接地线已撤除的情况下,要求作业组成员李某合上 D77 隔离开关,从而造成接触网对地短路事故。事故造成接触网两处轻微烧伤,钢轨与接地线接触处表面烧伤,两根接地线线夹烧伤。

2 原因分析

(1)违章指挥。作业负责人王某简化了接触网检修作业程序,严重违反了《接触网安全工作规程》,在未办理施工检修结束手续、没有撤除接地线、不具备送电条件且没有电力调度员命令的情况下,违章指挥李某合闸送电,造成本事故。

(2)违章操作。作业组成员李某在没有电力调度员命令的情况下,对作业负责人王某的违章指挥没有拒绝执行或提出异议,违章合闸送电,造成本事故,违反了《接触网安全工作规程》。

(3)作业组成员李某合闸送电时没有严格执行操作隔离开关时"一人操作,一人监护"制度,没有落实"自控、互控和他控"三控措施。其他作业人员对上述违章行为,未能及时制止。

3 防范措施

(1)加强班组作业安全和业务学习,提高员工的安全意识和业务技能。

(2)加强《接触网安全工作规程》的培训,规范作业流程,严禁简化作业流程,拒绝违章指挥和强令冒险作业。

(3)作业过程中要严格执行"三控"(自控、互控、他控)规定,防止类似事故发生。

案例三

未做好安全防护,误送电导致设备烧毁

1 事故概况

某日,某地铁公司区间泵房 1 号水泵出现故障报警,当班电工甲分开电源开关,和乙前往检查维修。到了下班时仍未修好,甲和乙没有将电源线进行包扎处理和防护就返回车站,

由于接班的丙和丁没按时间到车站接班,甲和乙没交班便下班了。丙和丁到达车站后,发现区间泵房1号水泵电源开关在方位,又没有挂"有人工作禁止操作"标志牌,以为是跳闸,便随手合闸送电,开关立即跳闸,经检查,1号水泵烧毁。

② 原因分析

(1)甲分开电源开关检修水泵时,没有按规定挂"有人工作,禁止操作"标志牌,在没修好水泵的情况下,没有做好防护,没有将故障检修情况交给下一班,是造成本事故的主要原因。

(2)丙和丁看到电源开关在方位时,没有查清楚是什么原因,就合闸送电,是造成本事故的直接原因。

(3)员工安全意识淡薄,劳动纪律不强,没有执行交接班制度,没有将故障及处理情况记录在交接本上,没有将没完成且不具备送电使用的情况交给下一班。

③ 防范措施

(1)按"四不放过"原则分析事故原因,吸取教训,举一反三,杜绝违章违纪行为。

(2)加强业务培训和安全教育,增强员工的安全意识,检修作业时要严格落实技术措施和安全组织措施。停电检修时要挂"有人工作,禁止操作"标志牌,并做好安全防护。

(3)强化劳动纪律,按规定做好交接班工作,交接班时要将发现的故障隐患、故障处理情况和未完成的工作交给下一班。

(4)部门、车间要加强作业安全和劳动纪律的检查,防止类似事故发生。

7.2 工伤事故

案例一

未按规定使用劳动防护用品造成工伤事件

① 事故概况

某日,某地铁运营公司当班房建检修工甲接到某站门体故障的报告,便与房建检修工乙前往处理。在维修门体过程中,甲把门推开,此时门后一条约 6m 长的 60mm×60mm 的角铁倒下,甲躲闪不及,左脚大拇指被角铁砸伤,无法走路,乙见状立即送甲去医院检查,照 X 光片发现甲左右足第一趾骨骨折。

②原因分析

(1)物料乱堆放,存在安全隐患。维修人员将废弃的角铁放在门的背后,当甲在维修门体过程中推开门时,门后的角铁倒下,砸中其左脚大拇指。

(2)未按规定使用劳动保护用品。据调查,甲所在的班组已按规定给甲发放了护趾工作鞋,并要求员工在上班时按规定佩戴劳动防护用品,但甲安全意识不强,贪图方便,没有穿护趾工作鞋上岗作业,导致被砸伤了脚趾。

③防范措施

(1)加强员工安全教育,提高安全意识。教育员工遵守有关规定,按规定正确佩戴劳动防护用品。

(2)加强物品存放的管理,按规定存放好物品,物品堆放牢固,严禁随意堆放。

(3)加强劳动防护用品使用情况的检查,杜绝类似违章现象。

案例二

卸石碴作业造成的工伤事件

①事故概况

某日,某地铁运营公司某工班组织 30 人在地面线路进行卸石碴作业,从平板车上将石碴卸下,施工过程中没有统一指挥,卸完石碴后甲和乙在装平板车侧挡板时乙的右手无名指被挤压在挡板和插销之间,他用力往外抽,造成右手无名指指甲脱落,送医院检查发现右手无名指软组织损伤,末端骨折 0.8mm,医生要求马上做皮肉移植手术并住医院治疗。

②原因分析

(1)班组作业管理不到位,多人作业时没有统一指挥,班组安全教育不到位。

(2)甲和乙安装挡板时没有沟通协调,安装挡板时不同步,使挡板将乙的手夹住。

(3)乙安全意识不强,没意识到作业过程中存在的危险,手放的位置不当,导致手来不及抽出时被夹住,被夹住后处事不冷静,随即迅速将手抽出导致右手受伤。

③防范措施

(1)加强员工安全教育,提高员工安全意识。员工的手、脚要在安全位置,以防受伤。

(2)加强班组作业管理,多人作业时要有统一指挥。

(3)加强沟通协调,两人或多人共同做的事(如搬放重物),要由一人统一指挥,避免造成伤害。

7.3 消防事故

案例一

擅自离岗,造成火警事件

1 事故概况

某日,某地铁运营公司某地铁站设备区蓄电池室 FAS 系统报火警,车站行车值班员立即通知值班站长前往现场确认。值班站长和一站务人员到达蓄电池室后,闻到一股焦味,开门时发现钥匙不能插入匙孔,无法将门打开,马上返回车控室拿铁锤破门进入查看,发现充电机柜冒烟后,立即组织人员将火扑灭。经检查发现充电机的一个滤波电容烧毁。

2 原因分析

(1)事发时充电机正在对蓄电池进行充电,因充电电流较大,发热严重,加之电容器使用多年,已老化,绝缘下降,承受长时间的大电流和发热,导致起火烧毁。

(2)充电作业时,作业人员将充电机设置到充电状态后,擅自离开,没有监测设备充电情况。

3 防范措施

(1)加强维护保养,加强充电装置的检查,对存在安全隐患的元器件进行更换。

(2)加强作业安全监督,严禁擅离职守,应严格按规程要求对充放电过程进行监护。

(3)加强钥匙管理和门锁的维护,更换门锁后要及时将钥匙交给车站。

案例二

忽视动火安全造成火灾事故

1 事故概况

某日,某工程承包单位在某地铁运营公司甲站进行组合空调器拆除施工。一组施工人员在拆卸空调器滤网后将滤网堆放在地上,另一组施工人员使用气焊切割组合空调机的出入口钢管,切割时飞溅的钢渣落到堆放在地上的空调器滤网上,造成滤网着火,车站火灾报警系统立即报火警。施工人员发现滤网着火后,立即跑出设备房外拿灭火器来救火,与赶来的车站人员一起及时把火扑灭,未造成事故扩大。事故造成两个控制箱和部分管线被烧坏,9 张空调器滤网被烧毁。

②　原因分析

忽视动火安全,违章操作。某工程承包单位未严格遵守动火安全规定,未办理动火手续擅自动火,动火时防火措施不落实;现场安全责任人责任不明确,拆下的空调器滤网未及时搬走,堆放在动火区域,也没有采取隔离等措施。

③　防范措施

(1)强化作业安全培训,提高施工人员的安全意识。

(2)强化主体责任,加强作业安全的监督,认真落实作业安全防护措施,做好“三控”(自控、互控、他控)。

(3)需动火作业时必须严格遵守动火安全规定,办理动火手续,认真落实防火措施。

(4)动火区域内不得堆放易燃品,不能搬走的,要采取隔离措施。

7.4　行车事故

案例一

未执行“三确认”造成列车挤岔

①　事故概况

某日,某地铁运营公司一列车在洗车线进行洗车,洗车完毕,司机和副司机未与车辆段信号楼值班员联系,未确认进车辆段信号机,亦未确认道岔,擅自动车(当时速度为 15km/h),

将车辆段 5 号交分道岔挤坏。信号楼值班员听到挤岔警示后,立即用电台呼叫司机停车,司机紧急停车,列车在越过 5 号岔尖轨约 30~40m 时停稳,造成了挤岔。

② 原因分析

(1)司机、副司机安全意识不强,动车前未确认信号、进路、道岔,又未与车厂信号楼的信号值班员联系,是造成这起事故的主要原因。

(2)司机、副司机简化作业程序,未认真执行呼唤应答制度。

③ 防范措施

(1)强调"安全第一"的指导思想,各工种密切配合,加强联系。如列车进、出车厂前,司机须与信号值班员联系,确认信号、进路、道岔后方可动车。

(2)司机驾驶中及动车前的呼唤应答不能流于形式,要落到实处。

(3)各级人员继续认真检查、监督规章制度落实情况,切实执行规章制度。

(4)车厂派班员向司机安排作业计划时,同时布置安全注意事项。

案例二

速度过高导致列车撞击车挡

① 事故概况

某日,某地铁运营公司一列车在试车线北端停稳后,报告信号楼要求开始调试作业。信号楼封锁试车线后,回复司机"试车线封锁,司机可以进行调试作业",列车开始调试作业。

列车从北往南进行第一次调试,在制动工况下车组偶尔出现"空转滑行"现象,其他无异常。到达试车线南端停车换端,司机以人工模式从南往北动车,到达试车线北端停车点停车。

司机采用人工模式由北往南驾驶,在制动工况下车组也偶尔出现"空转滑行"现象,其他无异常。列车停稳换端后,司机接到车厂调度员的通知,如果列车无故障就可以回库。司机按其指示执行,准备驾驶车组到试车线北端后结束调试申请回库(在以上行车中司机均未按要求在"一度停车"标前停车再动车)。

司机以人工模式由南向北动车,没有按要求在"一度停车"标前停车。车辆进入北端最后一个轨道区段时,由于速度过高,虽然采取了紧急制动措施,车辆仍然撞击到北端摩擦式车挡,撞毁尽头的混凝土车挡,司机立即报告车厂调度员及信号楼。

② 原因分析

(1)司机严重违反了调试、试验有关安全规定,是造成本次事故的直接原因。

(2)主办部门没有明确调试的内容和要求,没有安排人员跟车指挥调试,对试车工作预想不足,是造成本次事故的原因之一。

(3)司机在本次调试过程中没有按要求在"一度停车"标前停车,是导致本次事故的原因之一。

(4)列车在试车线运行过程中多次出现"空转滑行"现象,由于司机经验不足,未能给予高度的警觉,并及时采取相应措施,是导致本次事故的原因之一。

③ 防范措施

(1)完善试车线使用人工模式驾驶调试的规章制度,调试时要加派一名监控员进行监控。

(2)列车上试车线,主办部门必须派人跟车。试车线两端停车标前要预留70m 的停车距离。

(3)对所有车挡的技术状态进行检查,确保车挡的功能良好。

(4)在雨季和异常气候条件下,加强线路、信号、接触网的巡视,保证设备正常交付使用。

案例三

未确认信号机,列车闯红灯

① 事故概况

某日,某地铁运营公司一列车于17 时35 分进站停稳。接车副司机操作站台打开屏蔽门,接车司机则打开司机室侧门进入司机室与到达司机交接。待乘客上下完毕后,副司机关屏蔽门,司机通知交班司机关客室门,副司机关好屏蔽门后进司机室打开主控钥匙,此时对讲机传来"交班司机已下车",司机复诵后,副司机立即坐到主控台的驾驶座位上打开主控钥匙,没有确认前方信号机,就将方向手柄推向前位,接着推牵引手柄动车。动车后发现列车走向不是直向而是侧向,司机和副司机意识到闯了出站信号机显示的红灯,进错了股道,便立即停车。列车在越过前方信号、压上道岔约11m 后停车。司机没有把情况汇报车站,而将方向手柄打到"后"位,退行越过信号机后进入站内停车。

② 原因分析

(1)该机车班组责任心不强,动车前精力不集中,没有确认信号就盲目动车。司机、副司机没有严格执行标准化作业程序和呼叫应答制度,司机没有对副司机进行认真监控进而在作业中失控,没有凭进路防护信号机的信号显示行车,导致事故发生。

(2)人员管理问题。当值司机是刚从3 号线调到1 号线的第二个班,对1 号线来说也是新司机,至事发时一周换了 4 名司机。司机、副司机相互之间了解不够,使两个新司机配班不妥当。

(3)排班上的问题。该机车班组在 18 时 50 分至次日 1 时 30 分上了一个班;接着在次日 12 时 30 分至 19 时 30 分上第二个班,在第二个班第五个往返时在车站发生冒进信号事故。司机出勤前的休息不充分。

3 防范措施

(1)加强对客车司机工作责任心的教育,严格履行岗位职责和执行标准化作业程序,动车前和客车运行中要认真确认道岔、进路和信号,严格按信号显示行车。

(2)司机应认真执行在信号开放后再关闭客车室门的作业程序。

(3)在行车工作中,各岗位员工必须严格执行呼唤应答制度和车务安全联控措施,做到信号不清不动车,未经确认不动车。

(4)科学合理地安排作业人员的班次、人员之间的搭配,防止行车作业人员出现过度疲劳现象和人为事故的发生。

案例四

线路未出清,工程车压地线

1 事故概况

某日,某地铁运营公司一工程车作业结束,返回某车站上行站台。2 时 20 分行车调度员通过调度电话联系各站,逐站检查上行线路出清情况,各站依次回报上行线路已出清、防护已撤除,行车调度员随即通知车站排列工程车上行反方向回车厂进路。2 时 22 分行车调度员通知工程车凭地面信号动车。2 时 34 分值班主任从洗手间回到中控室,当时工程车已运行两个区间。值班主任询问行车调度员上行线地线是否已经拆除,行车调度员意识到地线还没有拆除,立刻使用无线调度电话通知工程车立即停车待令。2 时 37 分行车调度员询问工程车司机运行线路是否有异常,司机刚使用无线电台答复"线路没有异常",就发现有两名供电人员从变电房开门出来,对地线进行检查,随后司机打开车门,发现离车站头端墙 180m处有一组地线,地线已在机车中部,附近没有红闪灯防护。

2 原因分析

(1)当班行车调度员工作责任心不强,安全意识淡薄,未与电力调度员核对并在登记本上标记地线位置,在未拆除地线的情况下,排列了工程车回厂进路,并盲目指挥司机动车,是造成本次事故的主要原因。

(2)当班值班主任工作责任心不强、安全意识淡薄,对当晚施工组织和行车作业安全预想不到位、安全监控不到位,未能发现当晚施工组织和工程车开行存在的安全隐患,是造成本事故的原因之一。

(3)当班电力调度员未掌握当晚现场地线具体位置,也未与行车调度员核对地线所挂位置,没有做到"自控、互控、他控"三控。

3　防范措施

(1)电力调度员在收到工班负责人挂接地线作业完成的报告后,须与工班负责人核对接地线的数量、位置和挂拆时间,在确认后通知行车调度员,行车调度员在施工作业登记本中对地线位置进行记录。排列进路时,必须检查确认进路上的地线已拆除。

(2)行车调度员与电力调度员确认挂接地线的位置后,应在相应轨道区段设置"封锁区段/道岔"命令,作为行车调度员在准备工程车回车厂进路时的防护。建立施工作业流程表,以卡片的形式规范施工作业进程,防止行车调度员在施工作业过程中忘记某个步骤。

(3)每个调度班组在上中班时,对第二天夜班的施工计划进行审核,对工程车开行、停电区域、拆挂接地线的地点要有一个全盘的了解。在进行夜班交接班会时,值班主任要对重点的施工进行布置,各调度班组之间要沟通好,做好班前安全预想,保证施工安全顺利地进行。

复习思考题

1. 城市轨道交通运营常见事故主要有哪几种类型?
2. 对于"未确认信号,列车闯红灯"事故,应该采取什么防范措施?

附 录 1　城市轨道交通专业术语英文缩写对照表

英 文 缩 写	中 文 全 称	英 文 缩 写	中 文 全 称
ADM	系统管理服务器	GSM	全球移动通信
ADSL	非对称数字用户线路	HMI	人机交互
AP	接入点	ID	身份识别
ATC	列车自动控制	LAN	局域网
ATM	异步传输模式	LED	发光二极管
ATP	列车自动防护	LOW	现场操作工作站
ATPM	有 ATP 监督的列车控制	MMI	人机交互
ATO	列车自动驾驶	NRM	非限制人工驾驶
ATS	列车自动监控	OCC	控制中心
AU	管理单元	OTN	开放式传输网络
BS	基站	PABX	用户交换机
CBI	计算机联锁	PB	停车制动
CBTC	基于通信的列车控制	PCM	脉冲调制
CCTV	闭路电视	PID	乘客向导系统
CDMA	码分多址复用	PIIS	旅客信息与向导系统
CI	计算机联锁	PIS	旅客向导系统
COM	通信服务器	PSD	安全门
CPU	主处理器	PTT	按讲通话
CS	中央处理器	RM	限制式人工驾驶
DCS	数据通信系统	SDH	同步数字序列
DTI	发车计时器	STBY	自动折返
EB	紧急制动	TDMA	时分多址复用
EU	电子单元	TD-SCDMA	时分复用码分多址
FAS	火灾自动报警系统	TOD	列车显示屏
FDM	频分复用	VOBC	车载控制器
FDMA	频分多址	WLAN	无线局域网
GPS	全球定位系统	ZC	区域控制器
GPRS	通用分组无线业务		

附录 2 《城市轨道交通运营安全(第2版)》课程标准

一 前言

1 课程性质

本课程是高职高专城市轨道交通专业的专业主干课程。通过本课程的学习,使学生掌握安全的基本知识,培养安全意识,了解运营安全管理、危险源统计分析常识,熟悉城市轨道交通安全标志,熟练掌握安全专项技术,掌握应急故障处理及运营事故的安全程序和要求,为学生顶岗实习做好准备。

2 设计思路

本课程涉及的各类法律法规及规章比较多,在教学过程中,要着重培养发展学生的安全意识,强调养成"写标准语、说标准话、干标准活"的良好习惯。重点应引导学生掌握和理解与城市轨道交通有关的各类规章内容,扩展学生对运营工作的认识。在教学中,要加强和其他课程的联系,培养学生的横向思维和发散思维,提高学生综合应用知识的能力。

按照情境学习理论的观点,只有在实际情境中学生才可能获得真正的职业能力,并取得理论认知水平的发展,因此本课程要求打破纯粹讲述理论知识的教学方式,实施项目教学以改变传统学与教的行为。每个项目的学习都按运营安全工作任务为载体进行设计,以工作任务为中心整合理论与实践,实现理论与实践的一体化教学。教学效果评价采取过程评价与结果评价相结合的方式,通过理论与实践相结合,重点评价学生的职业能力。

二 课程目标

通过本课程的学习,使学生了解安全基本常识,熟悉运营安全管理知识,掌握安全专门技术和应急故障处理,掌握危险源识别及安全分析评价的方法。

1 知识能力

(1)了解城市轨道交通运营安全常识;
(2)了解城市轨道交通运营安全管理;
(3)掌握运营安全技术。

2 专业能力

(1)掌握城市轨道交通通用安全技术。

(2)能识别城市轨道交通危险源、职业危害并进行防护。

(3)能进行城市轨道交通应急救援。

(4)熟悉安全生产法律法规。

3 社会能力

通过项目训练,提高学生团结协作、吃苦耐劳、实事求是、诚信为本的能力;增强学生事故保护、安全防范意识。

三 课程的主要内容与要求

根据专业课程目标和涵盖的工作任务要求,确定课程内容和要求,说明学生应获得的知识、技能与态度。列表如下。

序号	工作任务	知识要求	技能要求	参考学时
1	掌握城市轨道交通运营安全基本知识	掌握安全的概念及基本知识; 熟悉城市轨道交通运营特点及影响安全的因素	懂得安全的重要性,树立安全意识; 能结合城市轨道交通运营特点进行分析并认识影响安全的因素	6
2	熟悉城市轨道交通运营安全管理	掌握安全管理的概念; 理解安全管理制度; 了解安全有关法律法规; 掌握人员安全管理	会运用安全管理知识制订计划; 会编制安全管理文件; 懂得人员安全管理	14
3	能识别与控制城市轨道交通危险源	熟悉危险源相关知识; 熟悉危险源的种类; 掌握安全评价基本要求	能运用有关知识识别危险源; 会按照安全评价方法对事故进行评价; 认识安全标志的使用	10
4	能正确运用城市轨道交通运营安全技术	掌握行车安全知识; 了解施工安全管理; 掌握消防安全技术; 掌握机械、电器安全	会运用行车安全规章进行行车作业; 规范施工作业,了解工程车开行; 运用机械、电器知识正确操作机械、电气设备	18
5	熟悉城市轨道交通应急设备及常见事故处理	掌握城市轨道交通应急设备; 熟悉常见事故处理程序	会使用城市轨道交通应急设备; 能正确处理常见突发事件	4
6	熟悉轨道交通事故及事故处理	掌握事故的分类、调查、处理; 了解安全运营管理体系	会事故调查、分析判断; 会制订应急预案	8
	机动(含单元 7 城市轨道交通事故案例分析)			12
	合计			70

四 实施建议

1 教材选取

耿幸福,宁斌.城市轨道交通运营安全,2 版[M].北京:人民交通出版社,2012.

② 教学建议

(1)熟练掌握规章。本教材涉及的各类规章比较多,在教学过程中,要着重培养发展学生安全意识。重点应引导学生掌握和理解城市轨道交通有关的各类规章内容。

(2)案例分析。本教材的内容大部分是规章制度式条文,平淡无奇。若照章宣读,死记硬背,课堂必然枯燥无味。在教学中,要多方收集和利用实际案例,在分析案例过程中,学习理解有关的规章。

(3)在教学过程中,教师要多示范,多演示,创造条件让学生多练、多操作、多动手,以切实提高学生的技能水平。

(4)在教学过程中,要加强和其他课程的联系,培养学生的横向思维和发散思维,提高学生综合应用知识的能力。

③ 教学评价

(1)改革传统的学生评价手段和方法,采用过程性评价与目标评价相结合,项目评价,理论与实践一体化评价模式。

(2)关注评价的多元性,结合课堂提问、学生作业、平时测验、项目考核、技能目标考核作为平时成绩,占总成绩的50%,理论考试和实际操作作为期末成绩,其中理论考试占30%,实际操作考试占70%,占总成绩的50%。

(3)应注重学生动手能力和实践中分析问题、解决问题能力的考核,对在学习和应用上有创新的学生应予特别鼓励,全面综合评价学生能力。

④ 资源利用

(1)注重实训指导书和实训教材的开发和应用。

(2)注重课程资源和现代化教学资源的开发和利用,如多媒体教室的应用,这些资源有利于创设形象生动的工作情景,激发学生的学习兴趣,促进学生对知识的理解和掌握。同时,建议加强课程资源的开发,建立多媒体课程资源的数据库。

(3)积极开发和利用网络课程资源,充分利用诸如电子书籍、电子期刊、数据库、数字图书馆、教育网站和电子论坛等网上信息资源,使教学从单一媒体向多种媒体转变;教学活动从信息的单向传递向双向交换转变;学生单独学习向合作学习转变。同时应积极创造条件搭建远程教学平台,扩大课程资源的交互空间。

(4)产学合作开发实训课程资源,充分利用校内外实训基地,进行产学合作,实践"工学"交替,满足学生的实习、实训,同时为学生的就业创造机会。

(5)建立本专业开放式实训中心,使之具备现场教学、实训、职业技能证书考证的功能,实现教学与实训合一、教学与培训合一、教学与考证合一,满足学生综合职业能力培养的要求。

参 考 文 献

[1] 彭冬芝,郑霞忠.现代企业安全管理[M].北京:中国电力出版社,2004.

[2] 顾正洪.交通运输安全[M].南京:东南大学出版社,2009.

[3] 何静.城市轨道交通运营管理[M].北京:中国铁道出版社,2007.

[4] 陈信,袁修干.人-机-环境系统工程总论[M].北京:北京航空航天大学出版社,2000.

[5] 徐德蜀,宋大成.安全科学与安全生产[M].成都:中国劳动保护科学技术学会,1996.

[6] 郑希文.安全生产管理[M].北京:冶金工业出版社,1997.

[7] 金磊,徐德蜀,罗云.中国现代安全管理新编[M].北京:人民邮电出版社,1995.

[8] 何学秋,等.安全工程学[M].北京:中国矿业大学出版社,2000.

[9] 周小楠.城市轨道交通运营安全[M].北京:中国劳动和社会保障出版社,2008.

[10] 耿幸福,宁斌.城市轨道交通运营安全[M].北京:人民交通出版社,2010.